國際占星研究院創辦人
英國、澳洲占星年會唯一華人講師

魯道夫 ｜ 馮少龍
協力著作

香港占星師

FINANCIAL AND ECONOMIC
ASTROLOGY

華文第一本從占星角度解讀與分析世界經濟、金融狀況的占星經典作品

★ 財經占星全書 ★

本書運用占星學來觀察、分析、歸納財經市場的變化趨勢，在星盤中，可以解讀出哪些星相暗示了經濟不景氣，
哪些行星運行跟市場漲跌有密切關係，財經起伏有跡可循，行星和相位皆是重要解讀的符號。
當我們具備正確投資理財觀念，以及解析星盤的占星基礎，便能在浩瀚星海中找到最理想、最適合自己的理財投資模式。
這絕對是一本占星師及占星學習者們不能錯過的專業經典作品！

作者序

「要了解財經占星，不能沒有世俗占星的基礎。」我的老師——相當知名的占星師蘇湯普金老師曾經這麼告訴我，而在我多年的財經占星教學經驗中，我也深深地認同這句話。

這句話的起因是因為我們談到了幾個知名的國際投資機構，這些機構因為想要更了解投資大師姜恩近乎神祕的分析技巧而邀請占星師們去教學。當他們體認到這與占星學的密切相關時，便要求占星師們是否能夠在兩三個月或兩三天內教會他們「財經占星」，當我們說學完這樣的概念至少也要兩到三年時，這些殷切的投資人大半都沒興趣了。

經濟活動與市場投資都是人類社會活動的一環，而政治的變動更是深深地影響經濟與市場的走向。因此想要了解如何從占星學預測股市漲跌的朋友們，我真誠地建議先去了解當前的社會政治以及全球政治的局勢，再進一步地學習如何從占星學預測政治的發展。有了這些基礎之後，我們才有可能了解如何從占星看財經，這是財經占星的宏觀總體層面。

從另外一方面來說，個人的星盤也是一個重要的部分，無論市場如何表現，擁有投資能力與正確投資觀點的人仍然能夠獲利。了解個人的個性，進一步從性格分析個人適合的投資領域，或者從傳統角度看個人的財運，這些都屬於財經占星的個體層面。由此結合世俗占星的宏觀層面，才能夠真正的運用財經占星學。

我從 1997 年開始從事占星教學工作時，就一直關注經濟活動與行星運行的關聯，這本書是我的財經占星課程的一部分內容，這個課程一直受到占星愛好者的歡迎，我邀請我的香港同事布萊恩老師以及 CiCi 老師一同探討，揀選出適合大眾讀者的部分，並由布萊恩老師撰寫個人星盤金錢層面與運勢的分析。

在此要感謝這兩位同事在財經占星學課程與這一本書的貢獻，我同時要感謝小修校長、Jupiter 老師、Amanda 老師、Monique 老師、Karen 老師與許展老師為國

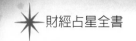

際占星研究院（A.O.A）所做出的貢獻，讓我能更專注在研究與教學的領域。

魯道夫

2017 年二月・台北

導論

「你可不可以預測某股票的走勢？」

「你可不可以幫我選股票？」

　　相信這是每次當我提起「財經占星學」時最常聽到的問題，而答案其實比較傾向是否定的。或者有人會說：「如果不能選股，那還叫什麼財經占星學呢？」我並不認同這說法，原因是某公司的股價會以其營運好壞做爲標準，我們當然可以預測股票價格的漲跌，如果我們看到一家公司營運良好，那麼我們可以先買它的股票，等它獲利的時候獲得股利分紅，而如果它不獲利的話就把它的股票賣掉。這裡的取決標準，跟那家公司的經營狀況、老闆本身的狀況、他的生日及運勢、還有公司的成立日期都有著密切關連；此外，這也同時跟國家、區域的經濟影響有關。我研究的是財經占星學，這門學問是從占星的角度去觀察世界的經濟及金融狀況，而股市的運作只是其中的一部分。

　　我學過一點經濟學，知道最基礎的經濟學原理，例如市場供需概念，但我不是股市專家，我只是一名占星師，雖然我知道經濟發展的要素，但坦白說我並未有太深入掌握股票市場的細節，我帶給大家的是**怎樣運用占星學去觀察財經市場的概念**，可是我沒有辦法在此書中深入剖析經濟或金融界的操作方式，我認爲這部分應該交給其他眞正深諳投資理財的專家。不過，我能告訴大家怎樣從占星學去觀察經濟市場的**變化趨勢**，而你們必須同時具有投資理財的概念及能力，當兩者兼備，你自然能夠做出正確的投資判斷，你們可以去上課或購買相關書籍學習投資理財的理論及操作，從中慢慢建立一些概念，但在星盤中，我們需要知道的則是當中哪些星相暗示了經濟不景氣。如果你個人沒有投資理財的正確觀念及基礎，只學習財經占星學只會讓你獲得一半的能力，所以我希望在本書最初的這一部分說明，關於任何投資理財細節的部分，或許可以留給各位讀者跟別人討論，我沒有資格給予關於投資理財的建議，因爲我研究的是占星學，關注的是行星運行跟市場漲跌之間的關係。

在本書的第一章，內容將提及非常多的世界局勢，當中重點在於如何預測某區域及國家在一年或一季期間其政治、社會、經濟及局勢的好壞，鑑於篇幅所限，我會為大家介紹相關技巧，讓大家自行研究。可能有人會問：「為什麼我們要知道這些世俗占星的技巧呢？難道我們不能夠直接預測市場狀況嗎？」其實道理跟我上述所提及的答案是一樣的。舉例來說：如果你的公司在泰國，這時候泰國的政治動盪，工人不上班，貨物也無法送出，那麼，即使公司或老闆本身運勢再好，公司營運還是會受到一定影響。正因如此，所以我們必須放大格局，從歷時比較長的景氣循環去觀察。第三章的內容會從中長期的景氣循環出發，從而討論如何找出一個月中最適當的投資時間點，所以，我們第二章討論的是大型、長期的景氣循環及全球經濟局勢，第三章則把規模縮小到區域、國家、地方以及一個月左右的時間點並做出研究，看看哪些時間點暗示了較激烈的投資活動，或哪些時間點則會帶來恐慌。

有人可能又會問：「是不是我看完這本《財經占星全書》就能夠確保投資一定獲利呢？」

請大家注意一件事：我畢竟是一名占星師，學的是占星學，在占星學概念中每人都有自己的本命盤，當中也會討論到自己的財運狀況，如果你今年財運不好，又或是你跟我一樣本命盤中沒有非常棒的理財跡象的話，那麼，你可能有機會跟我一樣，即使得到非常棒的投資資訊，但運氣可能很不好，經常在錯誤時間點投資。豐富的資訊能夠幫助你避免在錯誤時間點投資，但是如果你本命盤沒有非常棒的財運的話，那麼，很有可能你在進行投資操作時會需要比別人更加小心。我希望告訴大家的是：本命盤仍然是相當重要的，現在就讓我們一起從個人命盤的財務部分來認識財經占星的基礎。

CONTENTS

Chapter 4　進階財經占星技巧

Chapter 5　2016年變盤時刻

Chapter 1
從本命盤觀察個人投資理財傾向

相信你之所以購買這本書，必然是希望能夠藉著占星學的技巧來預測財經市場，或是對這門占星學問感到興趣，如果你是前者的話，想必你也對投資深感興趣。本書主要目的當然是跟大家討論占星學中可以預測經濟市場的實用技巧，但在開始之前，讓我先問大家一個問題：「你適合投資嗎？」又或者我應該問：「你適用怎樣的投資風格呢？」

我們討論的畢竟是占星學，而占星學中最廣為大眾所知的部分當然是本命盤。本命盤就像是我們的人生藍圖，很多人喜歡從中找尋人生方向、個人潛能發展等看似宏大的主題，但本命盤畢竟描述的是活於現實世界中的人，所以我們當然也能夠從中知道一個人在世俗事務、尤其財務方面的表現、才能及特質。也許這世上並不存在完全適合或完全不適合投資的人，重點在於你是否理解自己的投資態度，並且了解星盤中有哪些行星原型左右你的投資決定。如果你不了解自己的投資態度，任由自己單憑直覺買入賣出，甚至一不小心讓市場投資成為了自己心理投射的對象，導致最後賠本收場的話，那應該不是你想得到的下場。如果你有自信學習財經占星學這種相對複雜的占星技巧的話，在此之前，何不先觀察一下自己本命盤、更加了解自己投資方面的主題呢？

以下會集中討論金星及木星之星座及相位，以及第二宮及第八宮之表現，畢竟這些占星主題跟投資理財有最直接關係，在行星主題方面的論述也會集中於相關層面之上，如果你對這些占星符號在本命盤中其他範疇感到興趣並想要深入了解的話，不妨詳細參閱《占星全書》（魯道夫著／春光出版）。另外，以下內容只就單一行星討論，實際上我們必須整合整張星盤方能做出分析觀察，不建議憑單一星象斷定一切。

✴ 金星及木星之星座及相位

在占星學中，跟財富及金錢有最直接關係的行星非金星跟木星莫屬，守護金牛座的金星跟物質有非常密切的關聯，它是金錢、價值、財富，當然也跟愉悅逸樂有關。大師麗茲・葛林認為，金牛座之所以追求穩定及堆積物質財富，目的是為了從中得到愉悅、滿足及自我價值，這統統都是金星所掌管的關鍵字詞。這同時也告訴我們，人類為什麼會追求財富及投資，目的不外乎是為了滿足金星的需求。我們從金星的星座及宮位中找到這些價值及滿足，同時也在這些位置中透過金星追求更多的價值和滿足。

至於木星，也許很多占星初學者都會把它視為跟信念、宗教、膨漲、擴展有關，不一定理解到這種擴展及膨脹其實除了在自我意識或精神上呈現之外，也可以在物質生活中表現。自古以來，木星就跟金星一起被視為吉星，它代表了幸運，同時也象徵從那裡可以獲得較多的利益，這特質對於投資者來說可說是非常重要。也當然，因為木星是社會行星，平均來說差不多一年才會移動一個星座，它也就是中國人所稱的「太歲」，所以基本上同一年出生的人木星星座不會相差太多。

金星星座及相位

金星牡羊座的人在財務投資方面可能會直接而衝動，這些人總是充滿勇氣及行動力，當他們看到喜歡的東西時也會想要馬上得到。因牡羊座是火象星座而且是開創星座，他們相當重視直覺，也有著強烈的冒險精神，因此，當他們斷定某市場或某股票會帶來回報的時候，往往會把風險視為這次冒險中的一環，依循自己的直覺做出判斷；正因為這些決定往往是迅速而大膽的，所以他們可能很快又會因為投資失利而感到後悔，這種急性子可能不太適合做長線投資。牡羊座也相當強調個人性及行動力，在自己重視或喜好的事情上容易以自己為中心，所以他們可能不太會聽從別人關於投資的意見。

當**金星在金牛座**的時候，它回到了自己的守護星座，也就是說，這裡是金星最能夠發揮其特質之一的位置（金星另一守護星座為天秤座）。金牛座以穩定及緩慢見稱，它是一個重視感官享受的星座，當金星在這裡，這些人會喜歡舒適的生活，也因為他們不喜歡經常更

動，因此比較適合穩健的、長線的投資發展；當然，喜歡累積資源的金牛座也可能根本沒有投資的打算。在金星的影響之下，金星金牛座的人對藝術、服裝、飲食這些跟感官有關的項目也有相當高的鑑賞力，所以他們在這些領域可能會有比較獨到的眼光。

金星雙子座的人會對文字、學習、閱讀、流行、傳播、人際關係等感到喜愛，資訊恐怕是這些人認為最有價值的事物。好奇心驅使他們一直吸收不同領域的最新資訊，雖然不一定每項都精通，但他們的確比較懂得掌握市場的流動及其背後相關的新聞跟八卦。金星雙子座同時也會強調人際關係及資訊中的流動性，這些人交遊廣闊，社交生活豐富，但往往在吸收資訊的背後不做出任何行動，拿不定主意的他們也不太擅長做長線投資，當然他們可以投資跟上述雙子座相關領域的市場或項目，但如果你跟他們討論某某市場的最新概況，即使他們本身光說不練，可能也會給予你一些值得參詳的消息。

金星在巨蟹座的人擁有豐富的幻想力，在文學、詩詞、藝術上有不錯的表現，既喜歡閱讀及欣賞藝術，也重視居家生活，他們既喜歡被保護滋養的感覺，同時也喜歡保護滋養別人。巨蟹座跟「家」有著密切的關連，這可以延伸到「家國」及「文化」歷史之上，金星巨蟹座的這些人可能會相當熱愛歷史及文化，並因此對於古董及文物有著比別人更深一層的認識，在投資方面，這可能會是他們可以考慮的其中一個可能。

當**金星落在獅子座**，這些人非常喜歡各種表演娛樂，電影院、夜場、酒吧、劇場、演唱會等等都是他們喜歡的場所，他們同時也熱愛創作、喜歡表演，當然也喜歡於表演中被注視崇拜的過程。獅子座是一個相當擅長把事情戲劇化的星座，這不一定是壞事，火象星座的獅子座可能會讓這些人嘗試在投資過程中成為主角或英雄。此外，獅子座的人也會鍾情於華麗的珠寶首飾及豐厚的財產，這些物質讓他們得到大眾的注視及仰望，所以投資的時候金星獅子座的人也許可以考慮這方向，他們也的確可能為了增進資產而投資。

就像其他土象星座一樣，**金星處女座**的人喜歡大自然，而且他們也懂得欣賞一些能夠讓日常生活或工作更便捷的產品，並喜歡精緻的手工藝品。大眾一般都知道處女座是所謂的「完美主義者」，其實他們強調的是「分辨」，評估事情的好壞並加以分析判斷。而做為變動星座，這些人當然在金錢的運用上

相當靈活，相對地在投資方面理應也會有具彈性的判斷，但因為他們相當注意細節，所以任何有機會獲利的投資項目他們都不會忽略，並從中慢慢淘汰不適合的項目。話雖如此，但他們對於財務一般都比較小心，因此通常在投資上不容易出嚴重狀況。

金星在天秤座也是回到自己的守護星座，他們對流行事物有著敏感觀察力，所以當他們做投資的時候，也許會比較在意當下最夯的投資產品。當然，我們都知道天秤座有多重視人際關係，這包括合作及伴侶關係，跟伙伴或伴侶合作共同投資也許是可以參考的選項。畢竟要天秤座做決定不是一件易事，他們比較擅長衡量兩者的好與壞，而天秤座的人一般都不介意跟別人共享達至雙贏局面，當金星在天秤座，也有可能代表伴侶會為他們帶來金錢上收入也說不定。此外，畢竟是金星守護星座，金星天秤的人對藝術也有一定鑑賞力，可以考慮相關的投資項目。

當金星來到天蠍座，這會是他其中一個弱勢位置（另一個是牡羊座），天蠍座對探索祕密、神祕學、醫學等深感興趣，而且性格激烈的他們一旦對某件事有興趣，一般都會持續挖掘更多。這對投資來說不一定是壞事，不少投資老師都會建議我們多了解市場跟投資項目的背景，天蠍座對於危險及危機也相當敏感，這些挖掘跟敏感的確有可能減低風險。當然，他們也可以考慮投資跟藥物或醫療科技相關的公司，這會是其中一個可以考慮的可能性。另外，天蠍座本身也跟死亡有著密切關聯，金星天蠍的人也許可以考慮投資保險或跟生死有關的項目。

金星在射手座的人對於外國文化、長途旅行、國外事務、戶外活動等都深感興趣，不排除他們的投資項目也會跟這些主題有關。這些人在金錢上很大方，加上生性逍遙樂觀，當他們感興趣的時候，他們可能會很大方投資，但他們同時又很快對事物感到乏味厭倦，市場的瞬息萬變可能會吸引他們，但也有機會讓他們很快把注意力轉到別的事情上去。因為射手座本身跟國外事務有密切關聯，所以不排除他們有可能會比較容易在國外市場中獲利。

摩羯座是嚴肅、保守又現實的星座，當金星來到這裡，這些人要投資的時候可能也會相當強調這樣的一種態度。他們可能不會太進取，但必定會以專業的眼光看待，又或是他們會把這種態度外投，聽從權威人士的意見投資也說不定。摩羯座同時也跟傳統文化及傳

統行業有關，也因為它跟巨蟹座在同一軸線的關係，金星在摩羯座的人也會對於傳統文化、歷史文物或傳統行業深感興趣，這也可以是他們考慮投資的項目，例如投資古董或古玩等等，這些強調摩羯主題的物品可能會是帶來金錢收入的途徑。

金星在水瓶座的人對各種新奇事物都感興趣，而且思維與眾不同也不易被影響，在現今世代，所謂的新奇事物很多時候都跟統稱為 3C 的產品有關，某程度上這些電子行業或電子產品也跟水瓶座的守護星天王星有著密切關聯，所以這些人可能會以這些行業或商品做為投資項目。朋友及社交圈子也是水瓶座所強調的人際領域，因此金星水瓶的人也有機會透過朋友迎來收入，而且這些人的喜好及投資態度也可能會相當與眾不同，畢竟水瓶座本身就相當強調這種態度。

金星在雙魚座是擢升位置，基本上這的確代表金星的特性將在雙魚座完全發揮，例如以感受性、無遠弗屆的方式發揮它的愛和情感。但同時我們也無法否定雙魚座是一個比較夢幻、比較多幻象泡沫的星座，它們也很容易在財務上迷失或混亂，這會是他們理財及投資時特別需要注意的。而如果他們跟別人有

財務上的合作的話，也需要注意帳目是否清楚，因為雙魚座容易被說服也具有同情心，也許他們需要在財務上提高警覺，劃清楚自己與別人之間的界線，或在投資的時候提醒自己時刻遵從一些原則或規則。

接下來，我們會討論金星於本命盤中的相位將如何影響一個人於理財投資方面的表現，同樣地，實際上我們必須整合整張星盤做出分析觀察，不建議憑單一星象斷定一切，也不建議各位運用宿命論的視野去看待相位。並不是強硬相位就一定是壞事，它可能象徵一個人非做到某件事不可，當中的壓力跟張力其實同樣也可以被視為強大的行動力；相對地，柔和相位也不一定是好事，一個人擁有某種自然而然的天賦，可能就覺得事情是理所當然的，這個人也有可能因此什麼都不去做也說不定。

太陽跟金星最遠只會相距 48 度，因此它們只可能形成合相、半六分相跟半四分相。日金合相的人可能天生就相當懂得自己渴望什麼，他們可能重視物質，甚至把物質視為自我認同的一部分，物質跟金錢對他們來說就如同自己的手腳，這些人也可能重視享樂，而現

今世代中享樂往往跟金錢掛勾，但日金合相不一定代表這個人很會賺錢，也有可能代表他們很愛自己。半六分相的人可能會在個人跟財務之間忽視了其中一方，他們可能只著眼於物質，或者忘了自己是需要金錢去支撐生活的，這或許會是他們需要學習的；至於半四分相，這些人在財務上也許很容易會跟別人產生衝突。

月亮跟金星兩者都是女性象徵，也強調了一個人日常生活中所重視的、感到滋養的、並從中建立安全感的主題。月金合相的人可能很難把安全感跟物質分開，對他們來說，帳戶裡的存款要有一定程度才能讓自己安心，又或是他們必須花費一筆錢去令生活達到一定程度的舒適，自己才會感到被滋養；月金的柔和相位可能代表著相當擅長花錢，購物跟消費能讓他們感到滿足，但當然這些人也可能很會賺錢，這可以透過當事人的成長背景與及原生家庭背景做進一步探索；至於月金強硬相位則往往有機會因為物質或財務而讓自己焦慮或感到壓力，尤其是跟家人、母親或女性，這裡暗示的財務困境也有可能跟消費主義有關。

水星跟金星彼此間不會超過72度，水星強調的是學習和辨析能力，不論是合相、半六分相或六分相，它都暗示著這個人有著學習投資的可能性，如果星盤有其他具支持性的主題的話，不排除會是一個出色的財經分析師，同時他們也懂得聽從拍檔或伴侶的意見加以分析學習。此外，這些人一般來說也擅於表達自己的喜好。如果水星跟金星形成半四分相的話，這或許會讓他們在學習或分析財務的時候感到一定的不自在或刺激。

金星跟火星的相位在伴侶關係上舉足輕重，火星可能是競爭心，也可能是生存本能，當然它也是天蠍座的傳統守護星，而天蠍座某程度上也跟財務和投資有著密切關聯。金火合相或四分相的人可能會覺得自己一定要在財務或投資上達到什麼成就才行，又或是像月金合相一樣，認為物質是自己生存必須的，但這裡的迫切性會更強烈一點。金火三分相或六分相會相當懂得運用自己所擁有的資源去爭取或得到些什麼，視乎金星跟火星星座方可得知這些人在投資上會是急性子還是比較沉穩，在土元素的三分相會比火元素冷靜。至於金火對分相，不得不注意自己有否因投資或財務而引起危機或衝突，這些危機或衝突也有可能發生在伴侶或伙伴身上，又或是跟他們因這些主題而爭執。金火強硬相

位也可能暗示了衝動的消費或浪費行為，容易帶來財務拮据。

正如上面所述，**金星跟木星**都跟財富有關，金木合相的人相當慷慨和善，木星也會把金星的主題擴散，不排除暗示了這些人擁有相當豐富的資源財富，甚至可能是天生就擁有的財富。但必須注意的是兩顆行星都比較不強調行動力，所以可能讓人比較懶散。三分相、六分相及半六分相帶來正面愉快的想法，也讓這些人樂於幫助別人，但跟合相一樣，這些人仍然有可能比較懶散，雖然金木同樣跟財富有關，但除非有其他行星的介入，否則跟投資能力或理財能力關係不那麼大。至於強硬相位，雖然金木兩者都不會帶來傷害或衝突，但這些人可能透過會帶來壓力的方式去擴張金星主題，例如毫無節制的花費、奢侈浪費，甚至因此欠債，金木敏感相位則可能需要在身邊那些貪婪或放縱的人跟自己的財務狀況中取得平衡，有可能是身邊人一直向自己借錢，得學會拒絕免得犧牲自己。

雖然土星是蕭條跟收縮的，但**金星跟土星**的相位不一定會帶來貧窮，土星也可能是保護或權威，金土合相的人可能深信得到金錢就能成為權威，也可能是他們非常保護自己的財產，並且在自己跟別人的財產之間劃下非常清楚的界線。這種保守意識當然也會延伸到投資理財的態度之上，而這種意識有可能源自於覺得自己貧窮或不足的想法，它也可能讓人透過伴侶關係或人際關係達成自我對名利與物質的追求。柔和相位會為這些人帶來穩健的財務狀況，我們不會期待這些人在投資上有多積極，但這也不是壞事，他們只是理解自己的極限，也為自己的財務負責任而已，但不論是柔和相位還是強硬相位，金土相位的確暗示了這些人如何透過身邊人去得到成就或財富。柔和相位的人可能會優雅地創造出雙贏的局面，而金土強硬相位容易因經濟因素而影響伴侶關係，或相反地為了伴侶而導致財務狀況，他們可能很常遇到拮据的狀況，而且對財務也傾向悲觀，四分相會尤其強調周轉不靈。

在財經占星學中，天王星象徵資本家，但在個人盤的詮釋上可能仍然著眼於其帶來改革及難以預測的變動之上比較好。**金星跟天王星**的合相可能帶來突如其來的變動，但不一定是橫財，雖然也有這可能性，但也可能是突然破財的暗示。天王星本身具有強烈的理想主義特質，不排除會被結合到個人的理財之上，也可能是他的投資取向或理財方式

相當與眾不同。柔和相位會讓這些人對電子、高科技與身心靈活動都有興趣，這可能影響他們的投資取向；至於強硬相位，我們可能需要關注天王星的「切割」主題，它可能在這裡暗示了這些人跟金錢切割，其理想主義或反社會思想讓他深信金錢跟物質都是不重要的，當中尤其以對分相為甚。

海王星會把界線消融，為事情帶來如夢似幻的特質，**金星海王星**有相位的人可能需要對自己的投資及財務狀況份外關注。當然，海王星也象徵狂熱，金海合相有可能暗示一個人對金錢的瘋狂著迷，但同時這相位也許代表了一個人如何戴上「玫瑰色的眼鏡」去看待自己財務狀況，把事情都想得過於美好，而且也會比較慷慨；強硬相位會更加強調這個人財務有多混亂，他們可能跟別人的帳目不清不楚最終導致自己吃大虧，又或是為了幫助別人而讓自己背負債務。不論是哪種相位，金海相位的人都應該注意自己的犧牲傾向，不論是財務上、人際關係上還是伴侶關係上。

金星跟冥王星相位也許會讓人對於財務投資抱有熱情專注的態度，而且這會是具壓迫性的。冥王星往往象徵一種強大的、不可違抗的力量，金冥合相可能表示這些人認為金錢會賦予他們這種力量，於是他們才會迫切而熱情地投放心力在投資財務之上，當然，冥王星也可能代表恥辱，金冥合相的人也可能排拒金錢，原因可能是他們感受到這背後的巨大力量並感到害怕。四分相可能暗示了這個人會為了免於死亡而覺得自己不盡力賺錢不行，又或是覺得不投資的話就死定了；對分相則可能暗示了於合作關係及伴侶關係中潛伏的強烈情緒，或容易在這些關係中產生激烈的衝突，但這些人往往最後都能夠強大地承受這些衝擊。

金星合軸也會為這個人帶來強烈影響：金星合上升會讓人以富金星特質的眼光看待世界或以這種特質呈現自己，當然這可以意指令人喜愛的特質或具魅力的外表，也可能是能說善道的社交手腕，但也可能是財務或投資上的眼光。合下降點的時候可能就會把這些特質投射到伴侶或合作伙伴身上，或是這些人會為你帶來投資機遇或收入。金星合天頂會讓這個人相當重視自己的外表或魅力，尤其在職場之中，他們也可能特別容易於職場中察覺到良好的投資機遇，並從中帶來收入；至於合天底的時候，可能是家人或家庭環境相當重視財務及投資，這個人從小就被灌輸相關的概念，讓他也重視如何管理自己的財富。

當本命盤出現金星逆行時，由於金星象徵金錢、情感和興趣，這當然暗示了人們情感表達能力會受阻，但逆行本身其實象徵往內的檢視、重覆的審視等特質，當這特質引伸到金錢、投資及理財時，這個人對於花錢會步步為營，但他也可能會對於物質享受及收入感到卻步，需要反覆的思考這當中的價值，這或許會被視為浪費很多賺錢的機會，只是他們需要花很長時間才能清楚知道自己想要得到的是什麼。

木星星座及相位

木星牡羊座的人自信、勇敢而且富冒險精神，他們人生所重視的可能正是如何達成自己的目標，他們追求的可能也是充滿挑戰的未來及人生。也因為這種人充滿自信及熱情，而且欲望直接而強烈，他們可能為別人帶來麻煩，但無可否認的是火元素的人往往具有企業家精神，如果星盤中有重覆暗示的話，木星牡羊座的人可以是成功的老闆或投資者。

木星金牛座強調的信念是其象徵的物質、財富、金錢及資源，當木星在固定星座的時候，這些人的信念、其所相信的事情很難被動搖分毫。古人視木星為吉星，當它來到象徵金錢物質的金牛座，當然暗示了這些人在物質及財富上的運氣，木星在第二宮也有相似的暗示，但是也請不要以偏概全，木星在金牛座或第二宮也有可能暗示這個人在金錢上揮霍無度。因為木星同時也象徵宗教，這些人不排除也相信自己日常生活所享受的一切都來自神。

當**木星**來到弱勢的**雙子座**，其擴展、向遠方探索、尋求高等知識及哲學這種縱向特質會讓強調橫向的雙子座較難發揮。正如很多人都說雙子座的人懂很多可是都沒有深入研究一樣，木星在這裡可能正反映了這種主題。雙子座強調的是資訊的收集、文字、知識、短途旅行，不能說這方面相關的運氣或信念跟財富完全沒有關係，但木星雙子的人可能進行市場的比較分析方面比較在行。

木星在巨蟹座是強勢位置，我們都知道巨蟹座跟家、家族、父母有關，當然也可以延伸到祖國或家鄉，甚至是跟祖國的歷史文化有關係的一切東西，都會是賦予木星巨蟹的人信念及人生方向的地方，同時不排除這些主題的投資會是他們運氣所在的地方。另外，因為巨蟹座象徵「家」，這些人很可能會從家族或父母身上繼承或得到可觀的財富，當然這需要視乎星盤中其他重覆暗示，

但是家人很可能會是為他們帶來運氣的來源。

木星在獅子座既強調創造、創作，同時又象徵娛樂，當它在這裡或在第五宮，也許會在娛樂方面有一點運氣，也就是俗稱的「橫財運」，或是這些人會透過創作去追尋自己的信念，同樣地，這個人的創作可能會為他帶來運氣及財富。木星在第五宮可能也會強調子女或孩子，這裡強調的可能是孩子或子女會為你帶來財富及運氣，但木星在獅子座的時候不一定會有這樣的暗示。如果木星在獅子座的人成為老闆的話，他們也會希望自己的事業（某程度上也是自己的「孩子」）能夠領先同儕（獅子座的領導精神）。

木星在處女座是另一個弱勢位置，他們強調的是服務精神及細節，也強調流動性及彈性，如果一定要跟投資拉上關係的話，一些生產日用品的公司或服務業公司如果有上市的話，或許他們可以考慮一下，一般來說，運氣比較可能會出現在他們的日常生活裡面，以及服務別人的過程之中。處女座強調細項，木星則強調「大」及「遠」，所以跟雙子座一樣，木星在這裡也比較難發揮其特質。

天秤座象徵的是人我互動、合作及伴侶關係，當**木星在天秤座**，其中一個可能性會是所謂的「貴人」幫助，與別人的合作互動往往會是你的運氣所在，當然伴侶也有這一種為你帶來財富的可能。在他們追求信念的過程中，可能會得到多於一種的選項，或明白到這世界很多事情都是多元的，「以和為貴」可能成為了他們的哲學觀，但當需要投資理財的時候，這種希望兩者兼得的心態也許會是他們需要注意的。

木星天蠍座的人追求的可能是神祕學或是有著危險氣息的事物，也會是他們追求人生哲理的方向。需要注意的是，天蠍座同時也象徵與別人共同管有的財產，換句話說，這裡可說是其中一個最強調投資理財的星座位置，他們擅長將財產重新分配並從中獲利，也可能從事保險（跟生死有關）或投資相關的工作。如果他們有合作伙伴或伴侶的話，木星在天蠍座或第八宮也強調了伙伴或伴侶的資源或財富會是這些人的運氣所在，並可能暗示他們想要擴展這些人的資源（理財）。

木星於射手座回到了自己的家，兩者同樣掌管宗教、哲學、教育、長途旅行、國際關係及傳播等等，他們樂於追求人生中的高等知識，也有強烈的好奇

心，容易在學習、宗教哲學及旅遊期間得到好運。木星射手的人一般相當樂觀，而且也抱有願景，而火象星座一般都比較具有冒險及創業精神，當考慮整張星盤之後，投資跟射手座有關的項目不排除會是帶來財富的方式之一。

木星在摩羯座放大的會是「傳統」，包括傳統文化、傳統價值等等，這一點也許會有著跟巨蟹座差不多的意味，歷史文化可能會是他們追求信念的方向。木星在這裡是落陷的位置，摩羯座象徵的是成就，他們希望能夠出人頭地。木星的本質是樂觀而擴展，摩羯座卻是樸素、傾向消極而且蕭條的，木星在這裡擴大的可能是這些特質，也可能正因為這些相對貧困的現實條件，才讓他們追求成就也說不定。摩羯座同時也象徵了長輩及權威人物，這些人可能會為木星摩羯的人帶來運氣或財富。

木星跟水瓶座都同樣強調「未來」，但同時水瓶座也暗示了不按常規、破舊立新的態度，而且相當重視人文主義的思想，他們講究「和而不同」，因此這些人非常有可能集合一些信念不同的人在一起，並跟這些人一起追求有著強烈水瓶座色彩的願景。此外，木星在水瓶座的人也很容易接受新事物，甚至可以說追求新事物是這些人

的信念之一。水瓶座也象徵新科技，木星在這位置的人有機會透過科技產品或科技發展而得到運氣。

木星在雙魚座的人重視精神與靈魂，也重視宗教或靈性生活，木星在這裡回到了另一個守護星座，這些人浪漫又富想像力，他們追求的東西有時候可能難以名狀，木星也會放大雙魚座的同情心及犧牲精神，義工或慈善工作可能會是這些人找到自己信念的地方，也可能會是他們運氣所在，當然這些人也可能會從靈修、藝術活動及跟化學相關的行業中找到自己的人生方向。

接著會是木星於本命盤相位對於個人信念及運氣的影響，跟金星相位一樣，我們必須整合整張星盤做出分析觀察，不建議憑單一星象斷定一切，也不建議各位運用宿命論的視野去看待相位。

太陽木星相位的人本身總有著樂觀的氛圍，他們重視個人自由及信念，這些信念讓他們更能夠把自己的存在感散播開來。此外，他們一般也慷慨大方，亦有可能很自然的跟外國文化或事務有密切關聯。木星同時也是幸運之神，日木合相的人也許天生就有幸運之神的眷

顧，但這類人可能也會有得過且過的僥倖心。柔和相位的影響可能跟合相差不多，至於強硬相位則可能讓這些人揮霍無度不知節制，又或是這些人可能會比較貪心。此外，日木強硬相位往往暗示了自我膨漲，甚至認為自己就是上帝，這種自視過高的態度對於投資決定可能會比較危險。

月亮木星相位可能會把人的內心感受放大，這些人可能會關心社會，他們也傾向是樂觀的，只是月亮畢竟是多變的，所以這些人的情緒變化也有機會被木星放大，或是他們可能擁有一個樂觀自由的母親或家庭氛圍。當月木合相時，信仰可能在他們的日常生活中扮演重要角色，也有可能暗示他們會在外國生活或不安於室。柔和相位的人會樂於與別人分享，至於強硬相位也有可能會讓人過著奢侈的生活，或可能會為了自身信念而讓自己難受，或是感情用事，以情緒去決定自己想做的事情。

水星木星相位擅長傳播個人思想，也是推銷能手，他們擅長研究分析，也有暗示高學歷或豐富知識的可能性，雖然不排除他們的思維模式會過分樂觀，但是幾乎可以肯定的是這種人視野不會太狹隘。水木合相的人可能會對學習國外事務文化深感興趣，也可能很喜歡去旅行，又或是從小開始就有虔誠的宗教信仰。柔和相位讓人談吐充滿自信及遠見，往往能夠很自然地表達自己所相信的想法，或是以目標為本有方向地思考，而且他們知道的相當多，因為水星本身已經強調資訊收集，木星更是放大這種特質。但這裡不代表他們所學會的有多深入，只是範疇可能會比一般強勢的水星更加厲害。強硬相位可能讓這些人只著眼於遠方而看不見面前問題，他們可能會把事情想得太理想，這在投資上可能需要分外注意。

當同樣跟財富有某程度關係的**金星和木星形成相位**，一般來說這些人本身強調愉快歡樂的氛圍，並且也懂得感染身邊人，而因為金星及木星都不是行動力太強的行星，所以這相位可能會讓人比較懶散。金木合相的人傾向慷慨大方，此相位也可能暗示了他們在財富上的運氣，也有可能代表信仰是這些人價值觀重要的一部分。柔和相位讓人愉快正面、樂於助人；強硬相位可能暗示了這些人毫不節制的花費，同時也有情感上不專一的傾向，他們有可能把伴侶關係跟金錢掛勾，並把揮霍的花錢習慣推卸到伴侶身上。

火星木星相位會讓人為了自己所相信的事而行動，他們富有冒險精神，木

星也會擴展火星的勇氣及行動力，讓這些人能夠馬上行動，而且每次行動都充滿信心。不過這種行動理智往往見仁見智，同時也不代表他們的行動可以持之以恆，除非兩顆行星其中一顆在固定星座。火木合相的人尤其很難靜下來；火木柔和相位的人會不畏困難，敢於為自己的信念而戰；至於強硬相位則可能會放大這些人的壞脾氣，或暗示了因著過度樂觀的想法而做出的行動，尤其火木相位可能會把這種衝動或壞脾氣投射到合作伙伴或伴侶身上。

接下來會是木星跟外行星相位於個人星盤的可能性，注意不要把以下內容跟財經占星預測中的外行星相位搞混，兩者是截然不同的觀念及影響。因為外行星運程速度不快，我們一般會同時強調他們在本命盤中所落入的宮位，外行星相位於個人盤所暗示的影響相對地是世代性的，是一代人同時經歷的集體經驗。。

木星土星相位在財經占星預測技巧中舉足輕重，而在個人星盤中，這兩個本質相反的行星會讓人嚴肅看待自己想要追求的事物，他們也可能會放大自己背負的責任，或者是樂觀面對。木土合相可能會讓這些人刻苦追求自己的目標，而且往往能夠踏實前進，他們有時候覺得信心滿滿，有時候可能又會突然覺得自己一無是處。柔和相位會相當關注社會政經議題，而後進退得據，收放自如，並且容易得到不錯的財富收入或成就。強硬相位的人可能會有比較艱苦的成長，四分相也許暗示了期待跟現實之間的落差，對分相則可能讓他們為了別人的期待或理想而背負責任。

木星天王星相位的人擁有的目標及遠景往往會與大眾不一樣，兩顆行星都跟自由及未來有關，這個世代的人很有可能先建立自己的信念或自人生早期開始已擁有信仰，然後再跟這些舊有的信念切割，以新的信念取替，甚至也有可能讓這些人成為無神論者。木天合相於個人星盤中也有可能暗示了突如其來的好運；柔和相位賦予這些人獨特的視野，他們也可能對於科技及新事物有較高的接受力。至於強硬相位，則可能是這些人過於前衛的想法無法讓一般人接受，木星可能會把天王星的突發性及另類特質放大，這些人可能會被視為所謂的「怪咖」。

木星跟海王星都跟慈悲及宗教有關，他們可能相當強調精神生活，甚至可能終其一生追尋所謂的人生意義，這些人有很多不同的想法及願景，但這相

位本身並沒有強調任何跟「實現」有關的主題。木海合相可能暗示了為理想做出犧牲，而且這些理想可能會相當夢幻。柔和相位可能強調了跟藝術相關的工作，也相當適合從事創作；強硬相位可能會特別強調木海相位當中虛無的幻覺，他們追求的目標可能是根本無法達成的，當木海相位象徵巨大的泡沫，而這泡沫因現實而爆破的時候，這些人可能會對人生感到相當失望。

木星冥王星相位強調的可能是被放大的權力及財富，也可能暗示了本質極端的信念，或是人在極端狀況中所建立的、對未來的期盼。木冥合相除了有機會象徵財富被放大之外，同時也象徵了不能見光或沒有曝光的財富，這些財富可能是來自地下資源的，例如礦產、石油等等，也可能是家族的遺產。冥王星本身的極端特質也可能強加到木星所象徵的運氣之上，又或是讓這個人擁有非一般的野心，柔和相位可能暗示了這些人會在向著目標前進的道路上挖掘更多潛能，至於強硬相位則可能代表這些人在追求目標的過程中有機會採取極端手段。

木星合軸也許會為個人帶來相當強的運氣，木星合軸上升讓人自信樂觀，也可能會不知節制，但這些人基本上自

出生起就有不錯的運氣。當木星合軸下降點，運氣及財富主要來自合作伙伴及伴侶，而且有著相當愉快的人際關係。木星合天頂基本上代表了非常強大的事業運，非常容易取得成功，至於木星合相天底，則代表了父母及家庭會為這些人帶來廣闊的視野及強大的運氣，這些人也可能出生於宗教氣息濃厚的家庭環境。

本命盤中的**木星逆行**暗示了個人對於信念、哲學及宗教抱持審慎態度，往往需要反覆思考才能歸納出自己相信的答案。

華倫‧巴菲特（Warren Buffett）是美國非常有名的投資者、企業家及慈善家，他是世界上最成功的投資者之一，被喻為「股神」，於 1930 年 8 月 30 日下午 3 時於美國內布拉斯加州的奧馬哈出生，這項出生資料的羅丹評級（Rodden Rating）為 A，表示這出生資料為引述自當事人的記憶或是新聞提及的，算是可信的程度，而羅丹評級最高級別為 AA，代表資料來自出生證明，例如出世紙或醫院紀錄，又或是有紀錄證明的資料。

案例：「股神」巴菲特的本命盤

Warren Buffet
Male Chart
30 Aug 1930, Sat
15:00 CST +6:00
omaha, Nebraska
41°N15'31" 095°W56'15"
Geocentric
Tropical
Placidus
Mean Node

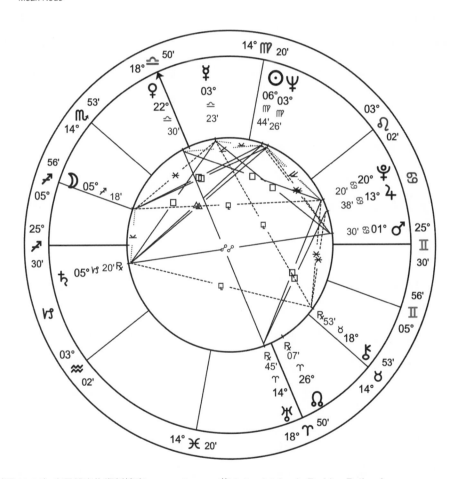

（圖 01-01）本星盤出生資料摘自 www.astro.com 的 Astro databank, Rodden Rating:A

　　巴菲特是波克夏‧海瑟威（Berkshire Hathaway）的董事長暨執行長，擁有經濟學學士及碩士學位，雖然身為世界首富之一，但於 2006 年，他決定死後把大部分遺產捐給人道組織及慈善組織，而不是留給子女，某程度上，他於

這一年建立了相當龐大的慈善事業，這是他事業生涯中相當重要的一頁。

從巴菲特的星盤中，首先我們會看到金星於天秤座合軸天頂，木星則於巨蟹座，不難發現這兩顆行星都在其強勢位置，金星在其守護星座，木星則在其擢升位置，這暗示了他的財務表現及運氣應該不弱。之前說過天秤座的金星重視合作及伴侶關係，跟伙伴或伴侶合作共同投資也許是可以參考的選項。巴菲特最初於1956年成立的巴菲特聯合有限公司是一個投資合夥事業，他後來又陸續創立了幾個合夥事業，到1962年，當他購入波克夏·海瑟威的股權後，當時任職波克夏副總裁的查理·芒格後來成為巴菲特重要的生意伙伴，這也是巴菲特經常公開表明的，非常符合金星天秤座的特質。至於木星巨蟹座對於家庭的強調，巴菲特生在一個富裕家庭，父親是兩任美國國會議員與成功的商人，巴菲特11歲已經開始在父親的證券經紀商工作，也頭一次買進股票，木星在這裡的暗示，除了財富來自家庭外，出生在這種家庭環境也許會對他的信念及人生哲學有著重要影響。

他的金冥四分相也許反映出其展現於投資上的力量，投資及商業成為他的終身事業之一，讓他投放相當多的心力在投資之上；木冥相位也帶來相似的氛圍，至於其金星合軸天頂也讓他於事業中強調合作關係，社會也看到他的理財能力，他也察覺到良好的投資機遇並從中帶來收入。

巴菲特的第二宮位於水瓶座，第八宮則在獅子座。水瓶座本身跟人道主義、利他主義及社會慈善公益等主題有關，這本身已經相當呼應他的慈善事業，而且他不願意讓大量財富代代相傳，這算是相當不傳統的想法，甚至曾經表示：「物質生活原本就不是我所追求的」，反映出水瓶座跟物質、資源切割的心態，他認為：「你能夠獲得的好處都是取之於社會，而你也必須回報給社會。」第二宮的守護星分別是土星及天王星，土星位於第一宮，天王星則合軸天底，兩者均反映出巴菲特相當重視自己的這一套價值觀。至於在獅子座的第八宮，強調的是在合作關係中如何發揮領導才能，或如何富創意地管理共享資源，第八宮的守護星太陽也在第八宮，巴菲特也的確在自己的企業王國裡表現卓越的現金流管理及資產負債表管理能力。

✳ 第二宮及第八宮之宮首星座

星盤除了行星及星座外，也有十二個宮位，這些宮位掌握了我們人生中不同的領域，而每一個宮位的宮首都必定會落入某星座之中，這星座的主題及特質會爲那一宮所掌管的事物帶來影響。在這十二個宮位之中，跟投資及理財有著最直接關係的宮位會是第二宮及第八宮，這兩個宮位剛好在星盤中位於彼此的正對面，並因此形成了一條軸線，這兩個宮位的宮首星座往往也反映了一個人的理財及投資態度，尤其不是每個人的第二宮跟第八宮都有行星提供或補充更加明確的資訊。

第二宮的關鍵字是「價值」，雖然它象徵的不單是金錢、財富這些物質價值，更包括個人價值、才華等等心理學議題，不過在這本書中我們會專注於理財、金錢事務上的討論，因爲這會與財經及投資有比較直接的關聯。而在第二宮對面的第八宮，它象徵的是「他人的資源」，這裡所指的他人基本上包括父母、伴侶、合作伙伴等等，所以這一宮掌管的包括字面上的「他人的資源」外，也包括了遺產。而第八宮也暗示了

你與他人的財務合作或糾葛，在心理學上，第八宮包括了跟別人建立親密關係所附帶或衍生的議題，包括恐懼、死亡、性愛等等，不過同樣地這些不是我們於本書中所討論的範圍。

第二宮跟第八宮的宮首星座基本上會是相隔六個星座的組合，例如牡羊跟天秤，金牛跟天蠍等等，不過星盤可能會因爲不同宮位制或當事人出生經緯度的影響，讓星盤出現截奪的狀況，那時候第二宮跟第八宮的宮首星座就可能會出現其他可能性。

第二宮牡羊座、第八宮天秤座

第二宮在牡羊座的人在處理金錢及財務議題上往往會有著一種冒險挑戰的元素，並且會展現火元素的自信及勇氣，也會直接了當地追求自己想要得到的。牡羊座的人往往以目標爲本並且不怕挑戰，會按捺不住馬上行動去爭取。這些人一般來說上升星座會是雙魚座，帶著夢幻的眼光去看待世界，如果他們看到的是一個富裕的未來，他們真的會咬緊牙關去拚命賺錢，可是，第二宮牡羊座的人其實也有可能花錢花得直截了當。

第八宮在天秤座的這些人，在處理

自己財務時可能會比較衝動，當他們要處理別人的財務或要跟別人共享資源時，通常也代表那是基於人際關係的緣故，而不會是他們自發想要做的事。而因爲這些人有著比較理想化的目光，並且有機會以樂觀勇敢的態度毫不猶豫地花錢，天秤座在這裡可能暗示了他們在投資事務上可能跟別人一起合作會比較好。

第二宮金牛座，第八宮天蠍座

金牛座本身跟資源有著密切關係，他們往往有明確的目標，但不至於像太陽牡羊座的人一樣衝動。他們不一定懂得累積財富，而這是他們需要學習的，他們需要明白這些資源是他們往前冒險的資本，沒有資源就沒有往前邁進的本錢。而金牛座本身也是一個行動緩慢的星座，對於這些以行動爲主的人來說，耐性也許會是他們重要的資本之一。

這些人的第八宮在天蠍座，跟他們的上升星座牡羊座有著同一顆守護星火星，天蠍座的行動方式可以是強勢而激烈的，這些人在投資上往往不怕危險，甚至可說是視死如歸，畢竟這也符合了他們本身那愛冒險的精神。但要注意的可能是這些人必須察覺自己金牛座特質的重要性，要記得累積一定的物質資源做儲備，畢竟第二宮宮首跟第一宮宮首有著半六分相的關係，不是每個人天生就能夠察覺到自己第二宮中的資源。

第二宮雙子座，第八宮射手座

第二宮的雙子座強調二元及流動性，上升星座金牛座的他們會相當重視物質享樂，收入及支出也會像雙子座的特質一樣不斷流動，一方面一直賺錢，另一方面又一直花錢。同時，雙子座的守護星水星本身也是交易之神，這些天生就懂得看到別人或事物身上價值的人，當他們察覺到自己這種讓財務流動交易的天賦，他們很難不成爲成功的生意人或投資者。但前提是，他們會否因著上升金牛的特質就一定只囤積資源而不花費投資。

第八宮的射手座強調的是愉快及流動的火元素特質，重視探索未知的精神，而且目光往往放在遠方，不一定會關注到面前可見的事物或現實，這種態度可能會是他們投資時先要注意的，而且射手座往往是樂觀的，很容易興高采烈地投入一件事。此外，因爲射手座也與國外事物有關，這些人可能比較適合進行國外投資。

第二宮巨蟹座，第八宮摩羯座

第二宮巨蟹座的人以充滿好奇心的眼光看待這個世界，但是他們本身在財務上很需要得到安全感，他們經常擔心錢，雖然他們看待世界的目光是理性的，但面對財務他們卻往往未能做到這一點。一直到處跑動的他們，也許需要對某人或者某事物衍生歸屬感、駐足停留，那會是他們需要發掘的特質。歸屬感可能會成為他們賺取收入的條件之一，有一個能夠服務奉獻的對象對他們來說可能會是好事。

第八宮在摩羯座的人，他們的投資態度會傾向保守踏實，雖然他們以輕鬆的態度去看世界，但是這些人也明白世界是瞬息萬變的，這或多或少影響了他們的投資態度，加上這些人很容易擔心自己的財務狀況，這會讓他們的投資態度更加審慎。此外，因為摩羯座本身象徵的事物相當實在，這些人的投資目標可能也會以實際的商品較好，例如房地產。

第二宮獅子座，第八宮水瓶座

這些人的上升星座在巨蟹座，這星座強調的往往是滋養別人、照料別人，第二宮宮首的獅子座強調的卻是自己、自我價值及自己的創作才能，他們其實有很大的潛能去創造自己的財富，只要他們明白自己除了為別人而活之外，其實也可以讓自己走到鎂光燈之下，自然便能夠吸引更多的財富。當然，獅子座本身也是一個奢華的星座，這星座渴望成為主角，所以二宮宮首在獅子座不排除暗示了這些人會為了家或家人花大錢，讓他們成為主角。

水瓶座比較強調理性、抽離的面向，因此這些人在個人財務層面上雖然有可能一頭熱，但是當需要處理別人的財務及投資時，他們可能會以抽離客觀的態度看待，不排除上升巨蟹座讓這些人只顧以家庭為先，根本沒有想過進行投資發達，所以才冷漠以待。當然水瓶座本身也象徵了一種非主流的態度，而且強調新穎的想法，所以也有可能暗示了這些人發揮了自己的創意，以嶄新的理財或投資態度取得財務上的成功。

第二宮處女座，第八宮雙魚座

第二宮處女座的人可以運用其勤勞及分析力去處理財務及賺取收入，上升獅子座的人會以大鳴大放的華麗姿態踏足世界，但是處女座的低調內斂特質可能是他們在理財時需要學習的。當然，這些人有可能為了面子而大破慳囊，事

後又後悔不已，不過他們更應該在顧存面子的同時，以具彈性及務實的態度去調動自己的資源，而且處女座所象徵的辨識能力及巧手，對於這些人的生意投資可能有著不可或缺的幫助或影響力。

第八宮雙魚座的這些人在投資上可能要格外小心，畢竟兩個星座都有過分理想化的特質，雖然二宮的處女座是一個擅於應變分析的星座，但就像之前所說，第二宮的特質不一定能夠被察覺到，如果這些人沒有學會以務實、低調而且重視流動性及應變的態度去理財的話，八宮雙魚座的人有可能會在投資中虧損甚至一敗塗地。此外，獅子座本身強調創作才華，而雙魚座也是一個強調藝術性的星座，可能藝術品會是這些人適合的投資目標。

第二宮天秤座，第八宮牡羊座

上升處女座也許會讓這些人比較害羞內斂，但是二宮宮首的天秤座強調這些人的社交技巧及人際關係，能讓他們得到自己想要賺取的財富。天秤座重視平衡，處女座擅長分析判斷，天秤座則擅長審視兩邊輕重，這些人在理財上有著相當不錯的態度。天秤座也可能暗示人際關係、合作關係及伴侶關係會是這些人賺取收入的一個重要特質，但須記

得在財務上，當跟別人合作時，不要覺得自己是為別人服務，要堅持合作平等的態度。

當八宮宮首在牡羊座，這些人在投資上往往有明確目標，而且會勇敢地行動，有趣的是雖然牡羊座是一個衝動、比較不強調理性的星座，但是在這星盤配置中，在上升星座處女座及第二宮的天秤座的卓越分析力輔助下，八宮宮首的牡羊座往往暗示了不俗的投資表現。

第二宮天蠍座，第八宮金牛座

天蠍座本身象徵地下資源及神祕作風，當它出現在第二宮，除了天蠍座本身強調的理財能力，也暗示了這些人其實相當善於處理危機。雖然天秤座跟天蠍座也象徵了某種層面的人我關係，但天秤座強調的是人我關係的建立及互動，是比較社交性的面向，天蠍座則是當二人建立親密關係、共享對方資源或於這種關係中所感受到的黑暗面。二宮天蠍座可能暗示了你跟別人建立深層連結的能力，這種信任會是你得到收入的特質之一，當然天蠍座也象徵了神祕的行事作風。

上升星座的天秤座本身不是一個急於做決定的星座，第八宮宮首的金牛座

強調的也是緩慢及累積資源的特質，這暗示了這些人的投資作風會是保守穩健的，尤其當他們明白到投資及理財當中有可能出現的各種危機。當這些人沒有把財富及收入視爲恐懼來源，他們會在穩健的投資中得到相應的收入。

第二宮射手座，第八宮雙子座

當第二宮在射手座，知識、願景、探索精神及外國文化會是你賺取收入的主題之一，第一宮的天蠍座雖然有可能在現世中看到眾多危機，但是他們也有可能在這些危機中看到不少商機。配合二宮宮首的探索精神，加上射手座本身也是一個變動星座，有一定程度應變能力，因此這些人的理財能力不低，最重要的是當他們看到危機的時候，會同時看到當中的哲理及希望，這會是他們造就財富的方式之一。

第八宮的雙子座可能進行多於一項的理財投資，而且雙子座本身追求變動的資訊，所以這些人可能會傾向進行短期投資買賣，但要注意的是雙子座本身重視的是資訊的廣泛性而非深入，他們有機會因爲道聽塗說就進行投資決定或處理別人的金錢，這可能會是他們需要注意的。但無可否認的是，二宮的射手座跟八宮的雙子座都強調了這些人在理財方面的靈活性。

第二宮摩羯座，第八宮巨蟹座

摩羯座強調權威及務實的取向，也強調規則及規範，他們的上升星座射手座並不是一個守規矩的星座，基本上是哪裡有趣就到哪裡的類型，又或是會以宗教或某種哲學觀去看待世界的人。這些人需要明白的可能是理財其實需要規矩，不可以隨心而爲，也需要明白錢是需要努力賺的，天上不會掉下錢來給你，你也不是到處跑就能夠撿到錢的。當然，摩羯座本身也是一個相當強調時間的星座，這些人也許天生會比較缺乏資源，但是隨著時間及不同的冒險，他們會慢慢獲得成就及資源。

當第八宮宮首在巨蟹座，這些人的投資心態很大程度會取決於其家庭狀況及家人。第二宮及第八宮位於摩羯座及巨蟹座的時候，當這些人建立自己的家庭時，父母的角色會大大影響他們的理財及投資取向，他們無法忽視自己身上的責任，並且努力想在探索世界的自由自在、以及爲家庭負責兩者之間取得平衡。巨蟹座也不是一個進取的星座，相反，它的自我保護色彩相當強，因此不會進行風險太大的投資。

第二宮水瓶座，第八宮獅子座

這些人的上升星座摩羯座重視過去或傳統，但二宮的水瓶座強調的卻是未來及新事物，摩羯座的權威感需要得到別人的認同，水瓶座的人文主義卻是與人合作求同存異，所以這些人的理財觀往往會跟他們如何看待這世界有著明顯分歧。兩個星座的守護星都是土星，而土星並不是一個強調資源的行星，水瓶座本身的態度亦是客觀、抽離而冷漠的，因此，這些人一般來說並沒有太依附金錢及物質，算是知足的配置。

同樣地，這些人的第八宮宮首位在獅子座，獅子座強調的並非金錢或物質，而是自己的尊嚴、榮耀、創作才能及自性，這些都跟投資沒有太直接的關係，加上二宮水瓶座的特質，因此這些人不見得會很想要在投資上榮耀自己。當然，在星盤其他主題的重覆暗示下，若這個人真的對物質及資源產生強烈認同的話，那麼在投資上可能會有著只許勝不許敗的心態。但問題是投資並沒有所謂勝敗，而水瓶座也讓這些人的金錢觀念比較抽離，這就可能比較危險了。

第二宮雙魚座，第八宮處女座

當第二宮宮首在雙魚座，他們的上升星座也就在水瓶座，水瓶座相當重視自由及利他主義，而雙魚座是一個消融界線的星座，暗示了同情心及犧牲精神，這些水瓶座不重視的特質可能正是這些人賺取收入或理財時強調的主題。但是這些人的確也有可能在理財上把自己的資源也當作是別人的，隨意跟人分享讓人使用，也有可能一直看不清自己的財務狀況，或理財一片混亂，這都是他們需要注意的。

在第八宮的處女座強調分析，上升星座的水瓶座也是一個理性研究的星座，基本上這些特質都可說是對投資有利的配置，不過二宮的雙魚座畢竟會對金錢感到混亂，這些人可能比較擅長財經研究分析，但可能不建議他們自己親自參與。

✳ 第二宮及第八宮內之行星

當本命盤中有行星出現於第二宮或第八宮，這些行星原型會是一種指標，告訴我們於這些宮位所掌握的領域中可以發揮的主題，這些主題可以是天賦或才華，又或是一些我們需要面對或接受的特質。我們都知道第二宮跟金錢和財產有關，因此第二宮的行星可以看出一

個人在財務、個人技能、資源上的一些特色。相對地，第八宮是「他人的價值」，所以落在第八宮的行星暗示了我們如何處理別人的財務，又或是我們與他人分享的事物。

太陽

當太陽出現在第二宮，象徵自尊、自信及人生方向，他們的自我認同往往跟金錢及資訊相關，並認為財富能夠證明自己的地位及身分，又或是透過獲得金錢、財產去增加自我價值，或證明自己的能力。第二宮的行星也可以是個人本身所擁有的資源，所以這些人也可以運用自身或自己的創作力去賺錢。太陽所象徵的力量甚至是「父親的角色」，這種心理議題也會是他們可以發揮的才能，會是他們所重視的特質。

至於當太陽落在第八宮，這些人會樂於處理他人的財務，例如保險、稅務、遺產及共同投資，也可能是一個稱職的仲介，原因是他們渴望在與別人建立緊密互動中尋找自我認同。另外，第八宮象徵的畢竟是他人的財富，因此太陽在第八宮的人往往會從事跟商業、金融、投資及財務有關的工作，又或是發現自己對於投資相當感興趣，因為這會是他們找到自信的領域。

月亮

月亮在第二宮往往會透過財富、物質及資源獲得安全感，這些主題會是他們獲得滋養或滋養別人的方式，物質的穩定會直接影響他們的情緒，所以不排除他們會囤積資源，務求讓心理比較踏實一點。除了經濟上的穩定性外，家人也會是他們重視的資源，亦是他們花錢的主要對象。由於月亮是變化及移動最迅速的行星，月亮在這裡暗示了這些人財務上的多變及陰晴圓缺，這再次強調了財務穩定性對他們安全感的重要性。

在第八宮的月亮會分外在意自己如何處理他人的財物或金錢，而這種過程也會是他們得到滋養的方式，他們很需要與別人建立互信，也相當容易察覺到別人的情緒，這類人相當適合從事投資經紀之類的工作，因為他們會視別人的錢為自己的。由於月亮本身象徵家庭，所以第八宮可能也暗示了家裡的遺產對他的影響或幫助。

水星

水星強調的是教育、知識、學習、資訊、短程旅遊等等，暗示了他們主要花費在書本、學習及交通上，也可能透過寫作、授課及開車賺取收入，而且這

些主題也是他們重視的個人才華。他們重視知識及資訊的流動性，也重視與別人的交流。雖然水星本身是交易之神，但是單憑水星在第二宮不可以斷言這些人善於交易，這需要星盤中其他配置的配合。

在第八宮的水星會對投資資訊相當敏感，也往往很懂得隨機應變做出決定，水星讓這些人擁有無比的好奇心，去研究第八宮相關的事物，這包括投資、財務，也包括那些不能曝光的種種。這些人很適合憑著自己的好奇心、分析力及研究精神進行深入的研究，也會蠻適合從事調查工作，他們可能會是相當稱職的財經分析員。

金星

象徵財富及金錢的金星落在第二宮，於財務上會是一個不錯的位置。他們最重視金錢，也相當重視物質享受及舒適的生活，也會花很多錢在奢華的生活上，例如化妝品、服裝等等，也重視藝術和美感，這些主題也可以是他們賺取收入的主題。當然，金星也是天秤座的守護星，社交生活跟卓越的人際手腕也是他們的重要天賦之一，這些人有可能從事市場推廣或公關等行業。

在第八宮的金星可能暗示了透過伴侶或合作伙伴而得到金錢或收入，第八宮掌管的是別人的資源及財產，在這裡的金星可能暗示這些人樂於運用他人的資源，又或是象徵了這些人對於探索他人祕密及財富的熱愛。當然，如果金星象徵的是金錢，因此不排除跟別人或伴侶的生意合作或投資合作，會是他們最容易賺錢的方式之一。

火星

火星跟求生意志及求生本能有關，在第二宮的火星暗示了這些人相當緊張自己的錢，彷彿沒有錢就會讓自己沒有辦法生存下去，他們可能會為了生存而拚命賺錢。另一方面，他們在花錢方面也可能比較衝動，並且會直接表達自己想要什麼。此外，他們的勇氣、進取心及行動力也會是他們可以賺錢的重要才能。

當火星在第八宮出現，在財務上可能暗示了兩個可能性：這可能是把別人的財富視為自己的生存動力，並因此努力的守護別人的財富，又或是很容易為了別人的財富而引起爭端。當然兩者可以同時發生，而爭執的起源很可能是其中一方衝動地花掉另一方的錢。這些人也會容易因為跟財務、投資、遺產、保

險等事項而引起爭執。

木星

當幸運的木星出現於第二宮，這類人往往不需要太擔心自己的財務，當然木星偶爾也暗示了這些人揮霍無度的花錢方式，但這需要以整張星盤做考量。另一方面，因為木星具有哲學觀，也有著擴充、發展的意涵，木星在第二宮的人可能會以賺錢為己任。另外木星也暗示了宗教及國外事務，所以他們可能會以自己的信仰為資源，或是可以透過國外事務賺錢。

木星出現在第八宮會讓這些人的運氣出現於處理他人財產資源的過程中，稅務管理、遺產管理、保險等等會是適合他們的工作。因為第八宮也有投資的暗示，不排除這些人有機會透過投資致富，不過同樣地，也可能暗示在投資上太過貪婪。因為第八宮也代表伴侶或合作伙伴的金錢，所以這些人的財富可能來自於另一半，跟別人的生意合作對他們來說也會是好選擇。

土星

土星嚴肅保守的態度會加諸於第二宮的財務金錢議題之上，他們在金錢上相對保守穩健，而且一般會踏實地慢慢賺錢，不會想一步登天。土星的蕭條特質也會在這裡體現，他們可能出生在貧窮的家庭，或是對於貧窮的生活環境感到恐懼，並因此讓自己在事業上有一定成就，賺取收入讓自己免於陷入這種局面。這些人保守而努力的作風及面對現實的風格，也是他們重視的個人特質。

出現在第八宮的土星則暗示了財務管理上的穩健作風，他們非常提防危機的發生，可能會因此而發展出非常慎密的理財手段。不過這種發展的背後是源於他們曾因為與別人的財務合作、或因伴侶的財務而讓自己陷入困境，這種心態有可能影響他們的投資取向，甚至因恐懼而不敢投資。土星的防範心態也可能會讓這些人難以跟別人有財務上的合作，但這種作風往往也暗示了他們其實是理財專業方面相當合適的人選。

天王星

不按常規出牌的天王星來到第二宮暗示了突如其來的收入，但相對地也暗示了突如其來的破財機會，金錢往往會來去匆匆，他們也可能透過科技及新事物賺錢，或是以比較少人從事的行業及賺錢方式賺取收入。天王星重視自由，所以這些人有機會跟自己的金錢切割，

變得不重視，而他們的自由、創新視野及富有人文主義的眼光，也會是他們能夠發揮並賺取收入的方式。

當天王星出現在第八宮，往往暗示了投資上的大起大落，也可能因著商業合作或婚姻而讓財務狀況發生突如其來的巨大轉變。他們可能有著不一樣的投資態度，也可能對投資或財務完全不感任何興趣。

海王星

海王星本身是虛幻，但也象徵狂熱及嚮往，因此，在第二宮的海王星暗示了這些人可能會以虛幻的眼光去看待自己的財務，也可能對於金錢及財富有一種狂熱。而且海王星不強調界線，他們可能會把自己的錢當成別人的錢，因此讓自己亂花錢；也可能誤把別人的錢當成是自己的，或是在財務上做出誤判。這些人也可能透過海王星的主題去賺錢，例如藝術、靈性修行、治療、化學等等。

當海王星出現在第八宮，這不能說是相當適合投資的暗示，他們在這方面也許會需要格外留神，與別人的財務合作也需要非常小心，不然他們很可能因為投資上的失誤而為別人犧牲自己。當然，他們可能也很嚮往與別人共享資源，但要小心問問自己是否把事情想得過於美好，不然當夢幻的泡沫爆破，受傷害的會是他們自己。

冥王星

冥王星是看不見的東西，而且它往往會有一種命運弄人的感覺，他們可能把金錢視為禁忌，與金錢議題保持距離。另一方面，冥王星也跟生死有關，這些人不一定一開始就明白自己擁有什麼，甚至可能要終其一生不斷挖掘、尋找自己的才華及價值，明白自己為什麼會把金錢視為禁忌、恐懼或危險之源。此外，這些人也可能從事跟生死議題或神祕主義相關的工作，例如殯儀、礦業、狗仔隊、偵探及醫學等等。

當冥王星出現在第八宮，這可能暗示了相當多不同可能性的議題，可以是跟別人的合作中因為財務而出現權力角力，也可能是個人對於與別人共享資源或運用他人資源的恐懼，當然也可能是他們對於投資的抗拒。他們可能需要深入挖掘這種恐懼背後的原因，又或是認真了解何謂理財投資，以更加掌握這些恐懼背後的原因。

✳ 個人流年財務運勢

前面內容中所討論到的，是個人本命盤中關於行星、星座、宮位所暗示的財務投資可能性，以及個人有可能的投資取向。本命盤描述的是個人天賦、潛能、性格等特質，不過相信研究命理的人都會知道，畢竟人各有際遇，相信你也聽過很多人說自己明明很有天賦卻遇上了不好的時機。當然，本書主要討論的財經預測技巧可以協助大家做出更精確的投資判斷，但那畢竟是以投資及商品市場做預測及研究對象，那是全球性、世俗性的，有多少人在市場中一時誤判做了完全相反的決定？因此，在配合財經預測的同時，我們也需要同時觀察自己本命盤的流年運勢。

在進行個人流年預測之前，有幾件事情是需要大家先記住的。首先，必須要先仔細觀察本命盤的各種特質及可能性，也需要記得一個占星符號往往蘊含了多種可能性。從之前的內容，我們應該已經知道某些星盤配置的確闡明了一些清晰的投資取向，例如土星會讓人步步為營，天王星則可能讓人以抽離的眼界去看待金錢財務，在明白這一點之後，我們再開始進行流年預測。

現代占星學中有很多不同的流年預測技巧，當中最常見的包括行運、二次推運、太陽回歸及太陽弧正向推運。很多人喜歡使用單一技巧就馬上跳到結論，事實上也不能說這做法是錯的，但我們同時也要明白一件事，不同的預測技巧其實有著各自強調的重點，建議最好至少使用兩至三種預測技巧，綜合當中歸納的結果，最後再得出一個所謂的流年預測結果。而且，建議把著眼點放在行星的符號語言之上，不要急於把可能性局限於所謂的「準確性」之上，這會限制預測的可能性，我們畢竟不是神，只是占星師而已。

以下簡單介紹這幾種流年預測技巧，如果想深入了解的話，請參閱魯道夫老師的著作《占星流年》（春光出版）。

二次推運法

方法是將出生第二天同一時刻的行星繪製成一張星盤，用來預測出生第二年的運勢。如果可以仔細推算出月亮的移動速度，並除以十二，再以內插法算出平均每個月的月亮位置，就能更精確地算出該年每個月的運勢。

在進行二次推運預測時，不妨把注

意力主要放在月亮之上，因為它是二次推運法中移動最明顯的行星，其所在的星座、宮位都會明顯地影響我們的需要及對生活的態度。也因為它的移動速度比其他行星都來得快，因此月亮往往也扮演了觸動本命盤中強硬相位的角色。當月亮在二次推運星盤中變動星座或宮位的時候，那也往往代表可能會出現重大的人生變化。

從前面的討論中，我們已經知道第二宮跟第八宮會跟財務及投資有著密切關聯，當二推月亮經過這兩個宮位的時候，也許那會是我們需要密切注意財務狀況的時候；而如果它同時跟其他二推行星形成強硬相位，甚至月亮觸動了本命盤中的強硬相位的話，那就更需分外當心了。最後，注意二次推運盤中宮首星座的變換，例如當上升或天頂變換到跟你本命盤不一樣的星座，或是當它們從某星座變換到另一星座的時候，這暗示了我們的生活重心將會出現明顯變化。又例如如果第二宮宮首變換星座的話，那當然也暗示了金錢、物質等主題將會產生變化。

太陽弧正向推運

這個技巧是將出生當天太陽移動的度數，做為未來推運時星盤上所有移動

星體的基數，其中包括上升、天頂及全部宮位。假設每一天太陽會移動一度，那麼要看兩歲星盤時，就將本命盤所有星體及宮位移動兩度；要看三十歲的星盤，則把所有星體、上升、天頂都移動三十度。這技巧有強烈的「象徵」特質，其星體移動完全是虛擬的，只是以太陽象徵性的一天移動一度來做為每年運勢預測。

當我們進行太陽弧正向推運的時候，觀察重點在於當中變換星座的行星及宮位，這象徵了該行星相關的特質會出現變化，也可以注意它們有否觸動本命盤中的強硬相位，或是它們是否與本命盤行星形成強硬相位。若這些星體在象徵某年移動時與本命盤行星產生相位，那麼顯示這兩顆行星所掌管的事件將會沾上另一顆行星的色彩，這時候也必須注意這個相位所代表的影響，並研究它們所掌管的事件、宮位及相位的特質等等。

在各行星及軸點的移動中，特別注意外行星出現在四角的時候，那往往暗示極為重大的人生變化，可能會面臨嚴重的危機或生離死別的時刻。至於推運軸點如果變換星座，則暗示了我們的重心出現了明顯的變化。

行運

行運是眾多流年推算法中最常被應用的一種，我們只需要有一張本命盤，以及要預測日期當天的行星位置，就可以預測當時的事件及心理狀態。在觀察流年時，我們必須從本命盤下手，因為行運行星在黃道的位置對大家來說都一樣，例如大家都同樣面臨水星在摩羯座，但每個人可能有不同的反應，原因是每個人對水星的感受不一樣，他們受到刺激的反應也不同，要謹記所有預測的基準都要以本命盤為主，要注意當下行星的移動與本命盤的對應關係。

外行星行運的影響時間往往長達數年，它們最主要在兩個層面呈現：首先是外界的變化，它們可能會透過在外界社會、國家、文化、公司等發生的事情對我們帶來影響，尤其當外行星經過本命盤軸點或跟本命盤行星形成強硬相位的時候；另外，從心理學來說，它們可能象徵你內心當中某一個部分跟這些變化連動，這些主題可能是你過去沒有注意的，而這些外界的變化提醒了你一些事情，例如「父親給你很大壓力」，而你把這些轉移到領導人帶來的壓力上去了，這其實反映了一個人內心渴望成長的部分。行運也可能會透過一些特別勾起你情緒的事情去呈現，這些事情令你特別有同感，它們可以是外在的、周遭人事的運作，事後當個人冷靜下來時，可能會發現這其實都是發展的機會。

三王星和凱龍星的過運都會幫助我們打開生命的大門，敞開我們的心胸去看外界的事情，它們象徵強烈改變的可能性，並會以它們的方式去打破我們生命中的自我限制和界線。因為有些時候如果我們緊緊抓住過去的習慣或依靠的話，我們便沒有辦法去成長或改變，天王星、海王星、冥王星和凱龍要我們必須切斷或正視自己跟過去的關係。當它們在本命盤中跟行星產生強硬相位，人們都會有被挑戰的感覺，它們會以透過一連串內外的事件迫使我們改變。

內行星在行運中扮演「觸發」的功用，特別注意強硬相位、半四分相及八分之三相。太陽跟火星的觸動不妨多加注意一下，因為一來兩者都比較慢，二來它們象徵的主題都比較易察覺；水星和金星的行運則會比較溫和。

太陽回歸

「循環」的概念在占星學中舉足輕重，從黃道的觀點上來看，每顆行星都會在一定年份完成公轉後回到同一位置

之上，占星師們會利用這些循環做爲從此時到下一次循環之間的事件預測，而太陽回歸是其中一種最常用的回歸圖。太陽大約經過一年之後就會回到出生時的位置上，占星師認爲當太陽回到出生時的黃道位置時，此刻的行星關係及星盤將會影響未來一年的運氣，這正是所謂的太陽回歸圖。

當畫出一張太陽回歸盤後，我們可以運用剖析本命盤的手法去進行，如果一個人的本命盤沒有風元素，卻在這張太陽回歸盤當中看到有行星落在風元素，那麼，這可能暗示這一年他會透過這些風元素的行星去展現他對風元素的重視，但是影響也只有這一年而已。另外，在太陽回歸盤中，我們非常重視天頂的星座，因爲它是最重要的位置，代表太陽於最高空、最獲得眾人仰望的位置。太陽回歸盤的重點專注在太陽的路徑及循環上，太陽回歸是看得見的、意識得到的，它所帶來的主題很容易被察覺。

在分析太陽回歸盤的時候，我們可以跟分析本命盤一樣關注其元素、性質等等，如果星盤本身有很豐富的開創特質，在太陽回歸盤當中卻欠缺的話，這就表示這個人在今年生活中缺乏開創性質或動力，他也不斷在尋找動機或動作。而假設本命盤欠缺某元素，太陽回歸盤中卻有很多行星落入該元素的話，那麼這一年可能是他學習該元素的大好機會。

此外，也可以注意太陽回歸盤的上升和天頂落在本命盤的哪個宮位，這表示來年哪些生活領域是我們跟外界接觸的地方。而如果太陽回歸盤中有行星跟本命盤的四軸合相，或跟本命盤的行星產生強硬相位的話，那都會是應當注意的重點。

案例：川普的商業生涯

Inner Wheel
Donald Trump
Male Chart
14 Jun 1946, Fri
10:54 EDT +4:00
Jamaica, NY
40°N41'29" 073°W48'22"
Geocentric
Tropical
Placidus
Mean Node

Outer Wheel
Donald Trump
Event of 14 Jun 1991
Sec.Prog. SA in Long
14 Jun 1991, Fri
05:33:34 EDT +4:00
Jamaica, NY
40°N41'29" 073°W48'22"
Geocentric
Tropical
Placidus
Mean Node

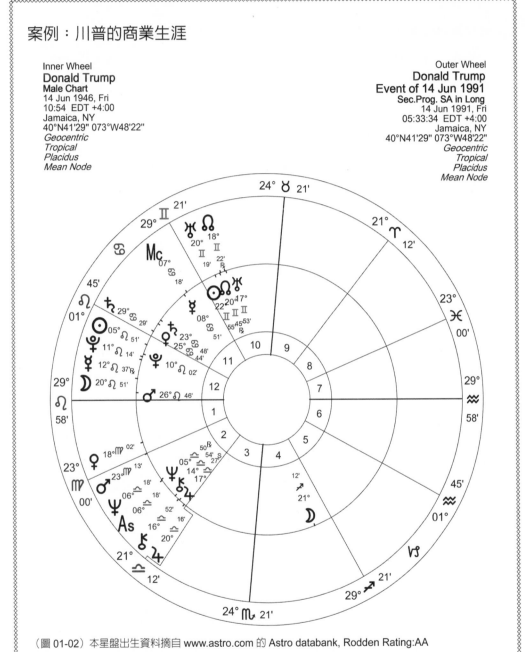

（圖 01-02）本星盤出生資料摘自 www.astro.com 的 Astro databank, Rodden Rating:AA

　　在這本書出版的時候，川普應該已經就任美國總統了。但在這裡我們不是要討論他的政治生涯，而是看看各種運程預測技巧如何呈現他人生中重要

的經濟起伏事件，尤其他在九十年代曾經破產並欠下巨債。

在進行運勢預測前，我們永遠要記得先了解及分析本命盤。川普的本命盤資料在羅丹評級是最高的AA，因此這本命盤應該算是非常可靠。這裡只會討論與他財務相關的面向，我們會先分析第二宮、第八宮、金星及木星的主題，歸納出他這個人的理財態度。

上升獅子的川普第二宮在處女座，第八宮則在雙魚座，在這種配置之下（圖01-02），我們看到上升獅子座的他到底有多大鳴大放、有多高姿態地呈現自己。之前說過，第二宮的特質跟表現不一定每一項都能夠被當事人察覺得到，我們不能完全否定川普在商業上是否有分析力及應變手腕，畢竟他在商業上有一定成就；同時我們也不知道他是否曾經為了面子而做出奢侈的財務決定然後後悔。但有幾件事是我們可以確定的：川普出生於一個相當富有的家庭，他父親是一位相當成功的商人，川普第二宮的木星也許暗示了他出生時就已經擁有相當豐富的資源，而且他在累積資源及財富上是有一定的運氣的，而他大半輩子也一直專注於擴展自己的財富。

但有趣的是，第二宮同時出現了海王星跟凱龍，凱龍暗示了這個人的價值觀可能會被社會視為「另類」，我們也知道他的想法及發表的談話當中所反映的思想有多驚世駭俗，凱龍除了跟「邊緣化」有關之外，其象徵的主題也往往跟父母或祖先的傷口有關。川普母親的身世有可能反映了這一點，他的母親曾經過著非常窮困潦倒的生活；此外，海王星跟木星在第二宮雖然沒有合相，但它們可能同時暗示了過度理想化的財務觀念，也暗示了個人對於金錢的狂熱。海王星跟木星同時也是第八宮的守護星，再度強調了財務對他的重要性，而川普可能不論對自己的個人財務還是對於投資、商業中都戴上了玫瑰色的眼鏡，很多時候都把事情看得過於美好。

川普的主要投資及商業活動是在房地產發展上，這算是以非常貼切的方式呈現了金星巨蟹座的特質。雖然川普的第二宮跟第八宮所呈現的特質過度理想，但他的金星與土星的合相，兩者也同時跟天頂六分相，這或多

或少為這種過分理想化的特質設了安全網，當然也或許讓川普成為一個更加拜金的人。

根據資料，川普曾經在 1990 年至 1992 年期間面臨非常嚴峻的財務問題，他當時靠額外的貸款支撐自己的生意並延後支付利息的期限，但於 1991 年增加的負債仍然讓川普的事業破產，並讓他個人瀕臨破產邊緣。我們可以觀察一下他 1991 年的各種運勢預測星盤，看看當中有沒有任何明顯的暗示。

首先，要記住 1991 年其實已經是他當時財務問題的中段，問題從 1990 年已經開始，所以當中某些相位可能已經是出相位，那代表相關主題從較早前已經開始呈現。

這張星盤的外圈是川普 1991 年的二次推運，內圈則是他的本命盤。在這張推運盤中，有兩件事相當值得注意，首先是於 1990 至 1991 年期間，二推月亮經過了他的本命冥王並曾經產生合相。冥王星是他的第四宮守護，第四宮象徵的可以是家或家人，也可以是一個人的「根」，象徵根本價值；冥王星也跟投資、財務、危機等象徵有關，這個合相對川普而言有著一定程度的威力。二推上升點也非常緊密合相二宮的海王星，別忘了海王星也是川普的八宮守護，投資、財務等事項會是他當時需要注意的。

另一項值得注意的是，二推火星於 1991 年正式踏入川普的第二宮，為他的財務帶來了危機的意涵，而二推天頂合相二宮守護水星，也可能暗示了川普的財務狀況會呈現於大眾眼前，事實上當時他的財務狀況也被媒體廣泛報導。此外，在這張星盤中，我們看到二推金星相當接近二宮宮首，二推金星在 1996 年進入了川普的二宮，根據資料顯示，華爾街在 1996 年曾經把川普酒店及賭場飯店的股份炒至 35 美元以上，二推金星在這裡也許暗示了財務上的轉機；另一方面，雖然二推土星跟十二宮宮首只有兩度距離，但事實上，二推土星要到 2009 年才會進入十二宮，當時川普跟他的女兒辭去了川普娛樂集團董事會主席和董事的職務，原因也是跟財務有關，而我們知道川普的本命盤中金星和土星都跟他的財務有密切關聯。每當二推行星轉換星座及宮位，往往都會有明顯的變化呈現。

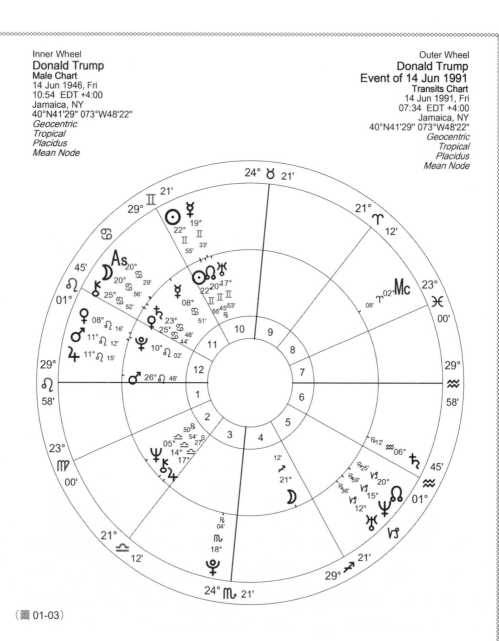

Inner Wheel
Donald Trump
Male Chart
14 Jun 1946, Fri
10:54 EDT +4:00
Jamaica, NY
40°N41'29" 073°W48'22"
Geocentric
Tropical
Placidus
Mean Node

Outer Wheel
Donald Trump
Event of 14 Jun 1991
Transits Chart
14 Jun 1991, Fri
07:34 EDT +4:00
Jamaica, NY
40°N41'29" 073°W48'22"
Geocentric
Tropical
Placidus
Mean Node

（圖 01-03）

接下來，我們會討論他1991年的太陽回歸盤跟行運，因為理論上太陽回歸也是行運的一種。在這一年的太陽回歸圖中（圖01-03），行運金星、火星跟木星非常明顯地跟冥王星合相，這無疑呼應了二推圖中二推月亮合相冥王的主題，而金星及木星除了本身都象徵財富外，木星也是川普

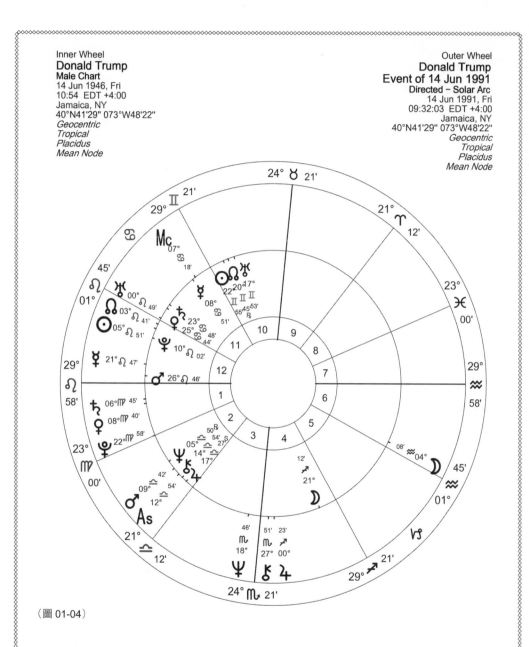

Inner Wheel
Donald Trump
Male Chart
14 Jun 1946, Fri
10:54 EDT +4:00
Jamaica, NY
40°N41'29" 073°W48'22"
Geocentric
Tropical
Placidus
Mean Node

Outer Wheel
Donald Trump
Event of 14 Jun 1991
Directed – Solar Arc
14 Jun 1991, Fri
09:32:03 EDT +4:00
Jamaica, NY
40°N41'29" 073°W48'22"
Geocentric
Tropical
Placidus
Mean Node

（圖 01-04）

第八宮守護星。

　　這一年的太陽回歸盤相當強調財務主題如何以危機的方式呈現於他面前，而冥王星在第十二宮的人可能本身並沒有多大的危機感，但他的危機也許已經呈現於全世界眼前。同時，行運冥王星也會於接下來的幾年一步步接

近他的天底，我們知道財務危機一直伴隨著他，斷斷續續的沒有離開過。另外，行運月亮跟凱龍緊密合相川普的金土相位，再度強調了其財務問題。

值得注意的是，川普的本命凱龍本身就位於第二宮，所以在這張太陽回歸盤中，凱龍爲川普的財務狀況或個人價值所帶來的傷痛，其本質或多或少也跟金錢或資源有關。另外，行運海王星也跟他本命第二宮的凱龍形成緊密的四分相，海王星的相位往往會持續好幾年，海王星是他第八宮守護星，重覆地反映了川普於財務上遇到的危機。

最後，行運土星亦即將跟二宮守護水星形成十二分之五相的敏感相位，到目前爲止，我們在二次推運圖及太陽回歸圖中看到了非常多的重覆暗示，而太陽回歸圖亦反映出當時川普所經歷的行星行運狀況。

接著，我們可以觀察他當年的太陽弧正向推運圖（圖01-04），因爲我們一般使用的角距容許度是1.5度，所以推運天頂嚴格來說在這一年並沒有跟二宮守護水星合相，但我們知道這只是遲早的問題，財務相關的議題會是他之後一年需要面對的。

推運火星其實於1986年開始已經慢慢跟本命海王星形成合相，財務狀況畢竟不是一時半刻就可以導致發生的，也許當時就已經有一些遠因慢慢醞釀中，我們知道它會陸續跟本命凱龍及木星合相，直到1998年才離開川普二宮內的所有行星。值得注意的是，因爲太陽弧正向推運的角距容許度比較窄，而川普本命木星跟海王星其實相距一段距離，因此，於1996年左右的時候，火星其實並沒有跟這兩顆行星形成任何相位，那也是我們在前面二次推運時提到過的，他於1996年時曾經歷其股票上漲的階段。

而當1998年火星合相木星的時候，他的股票股價跌至個位數，別忘了木星跟海王星都是其八宮守護星。另外，推運凱龍不但剛剛經過本命盤天底，也已經跟金星剛完成三分相，記住1991年是他財務難關的中間，所以推運凱龍的這些相位象徵了之前已經發生的事，推運凱龍跟金星的三分相也許暗示了雖然發生難關，但川普當時畢竟沒有真的破產，這有可能是當中三分相的意涵。

Chapter 2
世俗占星學與財經占星學

財經占星學跟世俗占星學是兩門密不可分的學問，如果沒有世俗占星學的基礎，就沒有辦法體會財經占星學。具有金融投資經驗的人都知道，世界局勢跟投資市場是互相影響的，當要觀察一個國家或公司的時候，我們必須考慮全球的經濟及政治局勢，政治不穩定可相對地讓投資者看清楚當地的投資市場，例如當中東地區發生戰亂，原油價格就會不斷急升，原因是取得原油的困難度會因戰亂而相應增加，當原油價格上漲後，很多需要運用石油生產的商品價格也會上漲，例如塑膠製品。所以我們必須有一個概念，我們在財經占星學中進行的不只是預測股價，而是要有一個大格局的概念，我們要預測的是某地區有沒有動盪或自然災害，我們必須觀察人類整體環境、及與每個行星之間的關連。當中尤其重要的是外行星，外行星的星座及彼此間的相位象徵了非常重要的主題，當中包括人類社會的政治、文明、經濟的改變，所以，我們不能把經

濟及金融市場的預測從世俗占星中切割。如果你希望觀察某個地區的大格局，或希望預測某一地區的局勢時，你需要先學習世俗占星學。

很多占星師都認為世俗占星學才是占星學最早的形態，古時在美索不達米亞平原生活的巴比倫人，他們把天上的行星視為天神的代表，行星的位置則是天神想要傳遞的訊息，這可能是飢荒、災害、國王的生命力及其運勢吉凶的預兆。而在中國，當西方占星術還未出現之前，也有自己的占星預測，許多古老的概念告訴我們，透過彗星、日月蝕與行星跟星座之間的互動關連，我們可以預測世局政治的變化與及自然災害。因此，世俗占星學的應用其實相當廣泛，它包括了政治占星學、財經占星學及研究自然災害的「占星氣候預測」，它們事實上都歸屬於世俗占星學。

世俗占星學的英文是 mundane astrology，mundane 一字意指「世間的

事情」，我們必須用一個大的格局來看待，各種自然災害都是古時占星師的研究對象，當時沒有衛星、雷達或觀測站，他們只是根據行星的位置、日出日落的方向去預測洪水、飢荒或乾旱，這些災害會影響經濟、政局及收成。所以我們必須了解的是，世俗占星學研究的是大格局，丹恩·魯依爾（Dane Rudhyar）也告訴我們，行星的星座宮位其實有著幾種層面，包括個人生活、社會部分及靈性部分，社會部分正是分析政治局勢變化的學問。

日月蝕的預測與四季入境圖在占星學中是預測世俗事件中相當重要的一環，它們既做出區域性預測，也跟全球性預測有關。當占星師根據某一地點畫出日月蝕盤或四季入境盤，他就可以預測每年或每季當地需要注意的細節。我曾在台灣聽到有老師教導年度運勢時都只用冬至圖，過去我也只用春分圖，但事實上夏至跟秋分同樣有著重要影響。

世俗占星學有非常多的預測技巧，基本上我們必須從外行星的星座、外行星彼此之間的相位做出全球的觀察，這些影響是全球性的，並且是財經占星的基礎，我們會在後面的章節詳述。我們也會觀察入境圖與日蝕月蝕新月滿月星盤，這幾種技巧我們會在稍後說明。除

了四季入境圖、日月蝕及新月滿月之外，每個國家也有自己的國家盤，我們經常搭配外行星的位置與四季入境圖還有日月蝕與國家星盤一起觀察，國家星盤如同一個人的本命盤，是預測該國發展的重點。更重要的是每個國家可能有兩到三張以上不同影響的星盤，千萬不要以為一個國家只能有一張星盤才是對的，因為我們有可能不知道國家真正的成立時間。像是中國最常用的國家星盤資料是 10 月 1 日，也有人使用 9 月 27日，當中沒有對錯，只是常用與否或有沒有密切關聯而已。同樣道理，台灣該用 1912 年元旦民國成立，還是 1947 年國民政府憲法通過的時間點來建立星盤，到目前為止也沒有一個標準定案。很多台灣人都會說 1911 年 10 月 10 日是台灣國慶，也就是武昌革命那一天，雖然那天不能算是國民政府開始的時間點，但很多人仍然會選擇使用。也有很多人選擇使用台灣光復節，也就是日本移交台灣予國民政府的一天，但這其實也不恰當，台灣真正重要的日子，應該是 1912 年 1 月 1 日凌晨，孫中山先生在 1 月 1 日晚間 11 點多才就職，但我目前還在搜尋資料真正證實的時間。

香港的國家盤時間則因為非常近代，所以很容易找得到，但當中也有

1997 年 7 月 1 號凌晨 0 點還是 1997 年凌晨 1 點半的不同說法。前者是移交儀式開始的時間點，但當時特區政府到一點半才宣誓就職，要使用哪個時間點視乎占星師自己的看法，記得保持開放及彈性的眼光去看待這些星盤。我們必須研究國家跟星盤之間的關連性，例如當大型災難或政治動盪發生的時候，該星盤有沒有出現相關的訊息；又如果那是一個比較新的地區，例如深圳，如果你找到深圳成立的時間，那會是非常有趣的，你可以找資料看一下，例如深圳成立特區開始運作的那一天。

我們可以把所有應用於個人星盤的技巧應用到國家盤之上，例如二次推運、太陽弧正向推運、行運、太陽回歸等等。另外，很多國外占星師會使用國家領導人的星盤去預測選舉等等，記得要小心使用，很多人只憑觀察某人的行運就簡單地認為他會否當選，但那行運星相可能也只代表他會去某大機構當總裁！行運不能決定一個人會否當選總理，我們必須考慮他的個人星盤跟國家星盤之間的關係，才能知道他為這個國家帶來什麼、他跟人民的關係等等，然後才能知道他是否適合、或能否得到人民喜愛。例如當經濟環境不好的時候，我們會需要一個比較有錢或一個能夠給

我們信心的領袖；但當人民被保護太久之後，國家又可能會選出一個能改變一切的領袖。當領袖跟國家盤的月亮產生相位，不論是三分相、六分相還是合相，他都能夠讓所有國民相信他能夠帶來改變，法國前任總統正好就是這種案例，雖然他沒有改變法國，但卻讓人民相信他會帶來改變。

在所有上述預測技巧中，日月蝕及四季入境圖都可以畫出占星地圖，顯示哪些地區在日月蝕或四季入境圖中有行星正在當地地平線或天頂。這些行星會對這地方帶來三個月到一整年的影響，占星地圖可以廣泛地應用在這上面。如果你有國家領導人的星盤，你甚至可以看他本命盤的占星地圖，從而得知他跟其他國家的關係，柴契爾的星盤就有經過福克蘭群島，布希跟東尼‧布萊爾的火星線則同樣經過阿富汗，我們能夠從占星地圖得知領袖對哪些地方友善或不友善。

✳ 世俗占星學中的宮位

很多人都懂得看個人星盤，而一個國家也會有自己的星盤，每當我們打開一張日蝕圖或春分圖的時候，它們都可能暗示著這地方、地區、國家最近需要

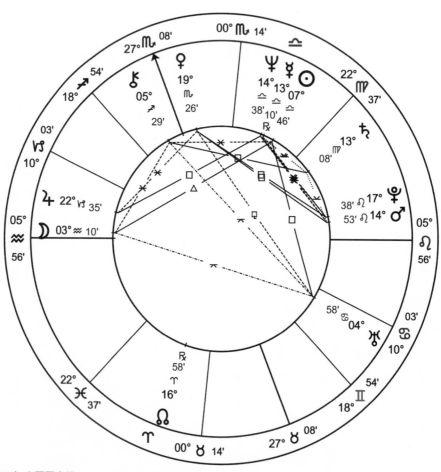

China – National Chart
Event Chart
1 Oct 1949, Sat
15:15 AWST –8:00
beijing, China
39°N55' 116°E25'
Geocentric
Tropical
Placidus
Mean Node

（圖 02-01）中國國家盤。

注意的事情。在絕大多數時候，我們看到的國家星盤都跟個人星盤大同小異，但是我們解讀的方式，或一些宮位所代表的主題則可能不大一樣。例如當我們要觀察一個人的金錢狀況時，多半會去看第二宮及第八宮，這會是我們的主要考量；而當考量某國家或地區的經濟狀況的時候，我們同樣會主要專注在國家盤、四季入境圖或日蝕圖的第二宮及第八宮，並討論如何透過這些技巧得知一

年或一季的經濟狀況。首先，讓我們以中國為例子（圖 02-01），認識一下在一張跟國家盤或重大國際事件的星盤上，每個宮位到底象徵什麼主題。

第一宮

與個人星盤一樣，第一宮象徵這個人及其外貌和身體，在國家盤中則象徵了這個國家給人的印象及國家整體的發展特色，當有行運行星經過這裡，可能就會對國家主體或是給外界的印象造成影響。中國的上升點是水瓶座 5 度，它的第一宮要到雙魚座 22 度 37 才結束，算是一個相當大的宮位，我們知道目前有海王星跟凱龍在這裡，所以，目前全球在看中國時，都會看到海王跟凱龍的印象。

第二宮

凱龍目前在雙魚座 17 度，離中國第二宮非常近，第二宮象徵國家的金錢及財富，所以，貨幣、經濟、商業狀況及經濟發展會是屬於第二宮表象的呈現。國家擁有的資源，包括任何生產力、競爭力、礦產、農產、資源的貧瘠及肥沃都歸第二宮守護，所以絕大部分經濟活動都跟第二宮有關。當你打開國家星盤、四季圖或日月蝕圖的時候，不妨優先觀察第一宮及第二宮，雖然土地本身屬於第四宮，但資源跟第二宮有關，而土地也是資源的一部分，所以它依然有一部分歸第二宮所守護。

在占星學中，沒有一件事情會只由一個宮位或行星代表，例如漁業跟第四宮、月亮、海王星及雙魚座都有關係，所以，土地肥沃與否、能否種出東西都跟第二宮有關，而土地本身同時也跟第四宮有關。

第三宮

某程度上，這象徵了國家的基礎教育、陸地交通狀況、傳播、通訊及郵政，有時候，國家盤的第三宮也象徵了這個國家跟鄰國的關係。

第四宮

第四宮是土地，當中包括國家的房屋政策及土地疆域，如果有邊界紛爭，就可能跟第四宮有關。此外，地底下的任何東西也跟這一宮有關，所以地下資源及礦產同時屬於第二宮及第四宮。通常來說，如果強調的是第二宮，那麼它的意涵就不只是地下資源那麼簡單，但如果強調的是第四宮，那麼就絕對是跟土地、房屋及礦產有關。

第五宮

第五宮是福利及娛樂事業，是我們於世俗占星學中比較不重視的。另外，有人說第五宮跟股票市場有關，但我個人不這樣認為，雖然第五宮在傳統占星學中象徵賭博，但很多人其實都誤解了當中的意涵，這裡的賭博並不是為了錢，而是為了娛樂，如果你買股票是為了好玩的話，我會建議你繼續使用第五宮。

第六宮

第六宮多半代表勞工、工人、中下階層、工廠及生產線，它特別跟重工業及勞工狀況有關，這裡關注的是勞工權益及勞工階級之間的議題，而不是國家本身的生產力。另一個相關主題是軍警及消防隊員，很多占星師認為第六宮在個人星盤中跟健康有關，因此在國家星盤中這裡可能暗示了公共衛生系統、重大的傳染疾病或公共安全事件相關議題，在某些層面上，第六宮的確可能涉及了醫療的議題，但我認為不是那麼完全的著重在這層面上，必須同時考量第十二宮。

第七宮

第七宮多半是這國家的外交關係，就像個人星盤的第七宮暗示了他的人際關係。我們可以看到在中國的國家盤中，土星、火星及冥王星都落在第七宮，這暗示著外交關係對中國來說會是一個比較艱辛的工作，也暗示了一些在外交關係上容易遇到的挑戰。

第八宮

關於國家盤的第八宮有非常多的說法，它可以代表經濟，但第八宮也跟一個國家可能遇到的危機及危險有關。此外它也跟死亡率有關，出生率則屬於跟第五宮管轄。如果有行運行星進入第八宮，多半暗示了一些重大事件，有可能是公共災害或大型傷亡事件，但在一些傳統占星學的觀點中，第八宮可能是其他國家的錢，在金融及財經上，這正正就是外匯。

第九宮

一般來說，第九宮是國際關係，在個人星盤中，這一宮跟海外事務有關，至於在國家盤中，我認為這一宮跟整體法律、國際情勢、航空工業、宗教、高等教育及旅遊業有關。一個國家的外交

關係可能跟這一宮也有微妙關聯，但關於外交關係主要仍然是觀察第七宮，而如果涉及一個國家跟鄰近地區的紛爭，有時候則可能需要同時透過第三宮或第四宮去觀察邊界爭議的跡象，占星學畢竟不是那麼簡單的學問。

第十宮

第十宮代表了執政政府，這通常象徵首領、領導及執政黨，同時也象徵國家領袖。但特別要注意一點，除了等宮制的星盤之外，大多數星盤中第十宮起點都被稱為天頂，第十宮裡的行星、天頂星座及天頂守護星到底落到哪裡，這些都需要我們的考量。例如中國的天頂落在天蠍座，天蠍座守護星是火星及冥王星，因此它們可能都跟中國的天頂有關。

當進行財經占星學的預測時，於春分圖、日月蝕圖及行運圖中，天頂都有著重要地位，它被稱為這個國家或地區的「整體經濟獲利狀況」，跟「獲利」有關。古人在學卜卦占星時，當問題涉及一宗買賣會否賺錢，除了第二宮之外，他們也會注意跟獲利相關的天頂，天頂守護星的好壞與其落入的宮位多半都暗示了獲利狀況。例如當火星在牡羊座或摩羯座的時候，它可能告訴你這國家的獲利狀況是正面的，如果天頂在天蠍座，火星卻在巨蟹座、金牛座或天秤座的話，那麼這一年的獲利狀況則可能會比較負面。

有一些老師會說物價指數或房地產指數要看天頂，我個人認為第十宮的位置大致上暗示了人們能否在這裡獲得利益賺到錢。的確，古人會簡單的說一個地方某年的物價高低可以從天頂觀察到，但關於天頂到底是物價還是獲利狀況其實有兩派不同說法。美國的 Benjamin Dyke 博士認為天頂及第十宮跟這地區的物價有關；英國的 Deborah Houlding 老師則認為根據古典文本記載，第十宮關注的不是價格而是獲利狀況，她相信這才比較符合第十宮的意涵。我非常欣賞 Benjamin Dyke 老師，但在這裡我傾向支持 Deborah Houlding 老師的觀點，我認為第十宮不應該是價格，而是利益或獲利狀況，第十宮暗示了這個國家賺到的錢，我建議要把它視作整個地區的經濟活躍程度。

第十一宮

在古代，第十宮是國王，第十一宮則是國王的幫手及顧問，也就是內閣。因應不同國家制度，它也代表了不同單位：在英國，第十宮是首相內閣，第十

一宮是下議院；在美國，第十宮是總統及其政治團隊，第十一宮是參議院及眾議院；在台灣，第十宮是從總統府到行政院整個政府單位，第十一宮則是立法院；在香港，第十宮是特首及香港政府，第十一宮是立法會；在中國，第十宮是國家總理及其團隊，第十一宮很有可能就是人大代表。有些時候，第十一宮暗示了國家的社會福利政策、社工、及一個國家對未來的計劃，同時第十一宮也代表著國家當中的地方政府。

第十二宮

在傳統概念中，第十二宮跟監獄及醫院有關，雖然第六宮跟醫療略有關係，但是第十二宮才是最主要跟醫療系統有關的宮位，第六宮則跟重大公共衛生、公共安全有關。第十二宮也跟看不見的活動有關，例如黑幫、黑社會活動、黑錢流動跟其他見不得光的事情。

需要注意的是，國家稅收絕對跟第八宮無關，它反而跟第二宮及第十一宮有關，因為政府是第十宮，稅收是政府能夠運用的資金，因此，基於傳統占星學中的轉宮觀念，那會是第十一宮。但整體經濟走勢其實都跟第二宮有關，所以無論看國家盤、四季入境圖或是日月蝕圖，我們都可以這樣觀察。

✳ 世俗占星學中的行星

當觀察星盤時，我們必須有著守護星的概念，例如當國家盤中第一宮宮首落入水瓶座時，土星及天王星會是其守護星；如果它們跑到第七宮處女座及第五宮巨蟹的話，這代表跟國家形象有關的事務跑到這兩個宮位。中國第二宮宮首在雙魚座，它有木星及海王星做為其守護星，我們看到海王星在天秤座第八宮，這可能暗示第八宮的危機、危險或整體經濟；木星落入第十二宮摩羯座，這除了涉及建設外，也可能跟第十二宮的醫院有關。另一個例子，假設我們要觀察中國的土地政策，第四宮的行星會是需要注意的。中國的第四宮起點是金牛座，金星於是會跟中國土地政策有關。

接下來，我會介紹各行星的象徵：

太陽永遠跟領導人有關，有些時候也代表知名人士。在占星學上，太陽的金屬是黃金，也因此許多占星師認為黃金的價格與太陽在星盤當中的相位有關。基本上這是正確的，不過黃金價格仍有許多重要細節需要考量，我們會在稍後說明。

月亮永遠代表人民，同時**南北交**也代表人民及潮流，要記住，南北交在財經占星學中極度重要。月亮也跟女性有關，它可以象徵女性、人民、國家婦女政策、海洋政策或農業政策，這些東西都跟第四宮有著一定程度的連結，因為月亮本身代表糧食、農產、漁業、人口、百姓等等。

水星象徵交通、通訊、電訊網絡及互聯網網絡，也象徵學生、車子、陸地交通及郵政。

金星多半跟金錢、財富及國家的外交狀況有關，如果要觀察時尚產業的話，它有時候會跟金星有關。此外演藝事業也跟金星有關，因為金星跟娛樂有著一定程度的關連。

火星是國家盤的敏感點，它象徵軍事、犯罪及警察。

木星象徵法律當中的道德層面、司法宗教、教育、大學及航空。

土星象徵司法系統的執行層面、權威、政府及政權。

天王星象徵能源，特別是核能、也象徵著核武及科技產業，更重要的是，天王星在財經占星學中象徵了資本主義及資本的自由運作，也包括了那些有錢的資本家及中產階級。

海王星多半暗示漁業、化學、藥品、海洋政策、污染、醫療、藥物及霾害，影視行業可能也有一點跟海王星相關，但這行業多半比較貼近金星。此外，宗教及慈善團體也跟海王星有關。美國占星師認為原油波動跟海王星有關，因為在占星學中海王星守護石化工業，塑料及化學用品都是從石油的輕油煉解而來的，所以也因此而有一部分關連。

冥王星很有可能是這國家所受到的威脅，它通常暗示重大災難及大量的人口傷亡，也象徵埋在地下的東西，包括礦產、原油及石油。

凱龍象徵傷害、傷痛及弱勢社群。

要記住，國家盤中最重要的不只是宮位，行星之間的相位可以暗示非常多的事情，也不要忘記四個軸點，在任何星盤中，如果四個軸點附近出現行星的話，它們暗示了重要意涵。在中國的國家盤中，落在上升點的月亮強調人民，它只差兩度就跟上升緊密合相。第一宮象徵國家主體及形象，中國的國家全名是中華「人民」共和國，第一宮月亮水瓶座清楚地說出了這名字。此外，第八宮的行星強調與國外的債務，第七宮的

行星則似乎暗示外交張力及緊張，這些都是我們可以從中觀察到的。接著我們可以把日月蝕、行運和推運套用在上面，首先，有兩個有趣的概念需要我們先探討及釐清：

1. 當我們透過重要的國家大事去看行運、日月蝕及推運的時候，**國家時間越長久，我們越能看到推運的影響**。例如在中國，我們可以運用引發全國注意的重要事件去觀察，例如 2011 年在中國發生溫州動車事件，這些重要事件可以讓我們去觀察中國星盤的推運的影響

2. **越動盪的國家會擁有越多不同的星盤**。中華民國目前在台灣的政權就有非常複雜的星盤。當你問台灣的占星師他們使用哪個台灣國家盤的時候，一半人會說 10 月 10 日，那是武昌革命的時間點，也是國民黨推翻滿清的起點，但我對此抱有很大的懷疑，因為那只是革命的日子而不是國家奠定的日子。另一個可能的台灣國家盤日期是 1945 年 10 月 25 日，那是日本戰敗後把台灣歸還國民黨的時間點，也就是台灣光復節，我們或許可以用這日期來看台灣跟中國的關係，但不會是用來觀察台灣的發展。

當討論國家盤的時間點時，我們必須回到法律的層面，一般國家法則告訴我們必須要有人民、領土及主權，但另一件必須考量的事情是，如果國家成立時沒有憲法，要到後來才制訂的話，那麼，憲法制訂的日期便相當重要，因為憲法是國家的大綱，國家的施政及方向都跟憲法有關。當觀察台灣政治事件時，我個人會堅持用 1912 年 1 月 1 日或 1947 年台灣實施憲法的時間，當研究世俗占星學及國家盤時，這些會是你必須擁有的政治學概念。

香港目前比較多人使用的國家盤有兩張，第一張是 1997 年 7 月 1 日 0 時 0 分，那是英國把香港歸還中國的時間，我過去一直使用這張國家盤，但是香港的 Jupiter 老師告訴我她使用 1997 年 7 月 1 日凌晨 1 時 30 分做為香港國家盤的時間，因為這是特區政府宣誓就職的時刻，那麼，這張星盤的確會比較貼近香港的狀況。透過香港發生的重大事件，我們可以觀察到底哪一張星盤的呼應會比較明顯，例如 2003 年 2 月底開始至 3 月底，香港大規模爆發非典型肺炎，當時香港無論景氣及人民都受到嚴重打擊，那可以是測試香港國家盤的重要時間點。

此外，有人甚至選擇沿用香港開埠時的星盤，也有人選擇使用南京條約簽

訂的日期，如果你把這視為香港的起點的話，那它仍然會有影響，因為那是這個地區開始發展的星盤，特區政府的影響則從 1997 年開始。

英國有兩張經常使用的星盤，一張是 1066 征服者威廉在西敏寺登基的星盤，另一張是 1801 年英國與愛爾蘭合併成為聯合王國的時間。不同的英國占星師有著不同的看法，基本上我們認為 1066 年與英國的皇室活動有著比較密切的關連，而 1801 則確切地反應英國的國情。不過，前幾年行運冥王來到英國 1066 年星盤天頂的位置時，對英國的經濟造成非常大的打擊，而接下來天王星也即將運行到上升點的位置，對於國家的整體狀況可能會有一場翻天覆地的變化。這張星盤可以針對皇室、傳統文化、民族性的議題做為基準進行觀察。而 1801 年的星盤時間則是在英國統一了英倫三島的時候，可以針對政治因素做為觀察。

其實國家星盤具有很多不確定性，但重要的是，如果那一天是被大多數民眾所接受所相信的日期，那麼這個日期的星盤以及其行運推運就會有效應，並且產生一定的影響。做世俗占星預測的時候必須要釐清這個概念。

如果國家成立的時間不確定的話，很多老師會選擇使用凌晨零時，因為現代人的時間概念都從半夜開始，因此，二十及廿一世紀的事件都可以使用半夜時間，特別是跟法律通過的相關事情。因為很多法律事項條文都從某年某月凌晨開始，例如歐元正式實施於市場上被視作貨幣當天，那天就會是歐元的生日，我們可以使用凌晨零時做為星盤時間點，但問題是那些更古代的時間，特別是自然事件或人為事件，這些情況下可以使用日出做為星盤時間點，因為日出是一般人概念中的「新一天」，特別對古人而言，當時的占星師觀察的是日出而不是半夜。

關於美國國家盤（下頁圖 R2-0001），我們要先知道一件事，那就是美國開國時有幾位非常有名的科學家及哲學家，他們都是共濟會成員。事實上，美國社會高層的精英依舊有著共濟會的思想，這也解釋了為什麼美國的大學有兄弟會及姊妹會，而且有入會儀式，那是英美社會菁英的運作方式。美國開國之初的經濟實力都落在這些人身上，富蘭克林其實也是共濟會成員，美金鈔票上的生命之眼出現在強調科學的鈔票上，而共濟會也是相當占星學的組織，所以，我相信事實上美國星盤

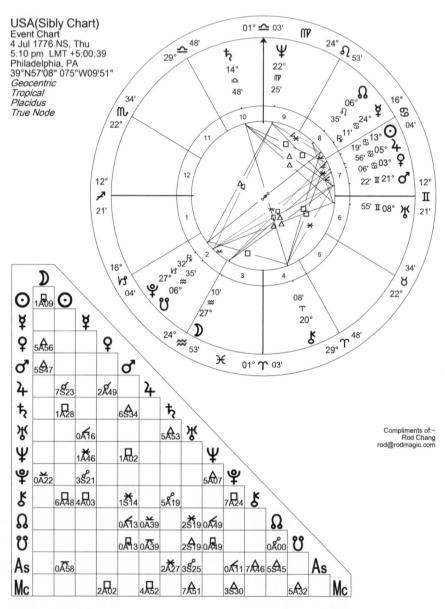

USA(Sibly Chart)
Event Chart
4 Jul 1776 NS, Thu
5:10 pm LMT +5:00:39
Philadelphia, PA
39°N57'08" 075°W09'51"
Geocentric
Tropical
Placidus
True Node

Compliments of:-
Rod Chang
rod@rodmagic.com

（圖 R2-0001）美國國家盤。

的成立絕對有擇日。

　　美國獨立宣言的宣布時間是美國重要的開端，相信這些共濟會的成員不會不看日期及時間就隨便開始。雙子座 8 度的上升絕對是主流，此外，射手 12 度上升則是另一張經常被使用的星盤，這是占星師西伯里校正過的美國國家星盤，占星師們稱射手座 12 度的星盤為西伯里星盤（Sibly Chart）。

國家領導人的本命盤其實也可以反映出國家的狀況。所謂國家領導人，指的是實際運作國家的人，根據英國憲法，王室是象徵性領袖，他們沒有實際干涉的權利，自從光榮革命後，很多證據顯示王室干預政治的狀況不多，人民大都希望王室不要干政，所以，看英國的星盤時也應該以首相為主。有些國家有雙首長制，例如德國就有總統及總理，但我們絕對不會知道總統是誰，因為他沒有出來做事，真正執行工作的是總理；法國也有總統及總理，但他們的

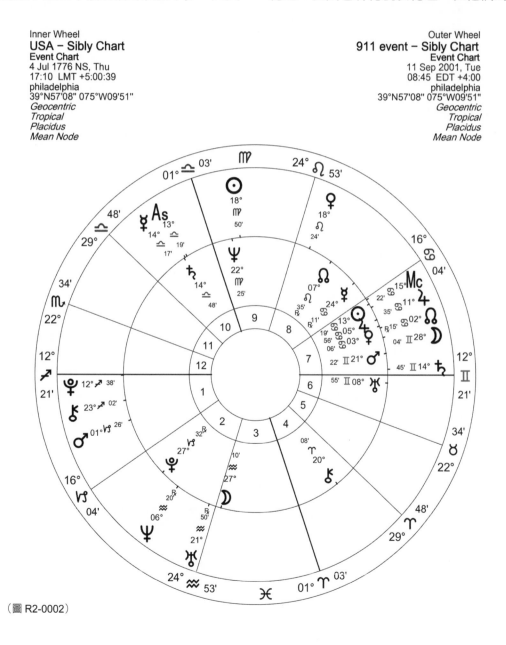

Inner Wheel
USA – Sibly Chart
Event Chart
4 Jul 1776 NS, Thu
17:10 LMT +5:00:39
philadelphia
39°N57'08" 075°W09'51"
Geocentric
Tropical
Placidus
Mean Node

Outer Wheel
911 event – Sibly Chart
Event Chart
11 Sep 2001, Tue
08:45 EDT +4:00
philadelphia
39°N57'08" 075°W09'51"
Geocentric
Tropical
Placidus
Mean Node

（圖 R2-0002）

任務不一樣，總統比較像決定全國性事務的人，總理則是內政部長或施政的人，而且總統還有實際權力，所以我們必須注意哪個才是當家的人，然後從他的本命盤中可以觀察出一些影響。

如果一個國家有重大動盪或事件發生，那麼這個領導人的星盤應該也會有所顯示，這是根據我們對於國家治理的聯想，如果一個國家有事，領導人理應也會面臨一些重要影響。所以，當觀察國家的狀況時，除了之前討論的技巧及國家盤之外，國家領導人的星盤也會有著重要而特殊的關聯。我們需要觀察的是他在那段時間的運勢狀況，看看是不是真的有一些需要注意的地方，這對我們來說可能是相當重要的資訊，也可能是我們用來判斷星盤的重要方式，所有的技巧都可以用來判斷國家領導人的星盤跟國家際遇之間的一些關聯。

如果我們要觀察一個國家的經濟狀況，我們需要看國家的行運，讓我們以美國國家盤以及九一一事件為例：

上一頁圖 R2-0002 內圈是我們最常用的美國國家盤，名為 Sibly Chart，時間為 1776 年 7 月 4 日下午 5 時 10 分，地點是美國的費城，這張星盤之所以被驗證為可靠，原因是美國的九一一事件。

外圈是九一一事件的星盤，這張星盤時間點是 2000 年 9 月 11 日上午 8 時 45 分的紐約，當時恐怖份子（冥王星）用飛機（射手座）撞毀了雙子塔（土星雙子座），自此之後，很多占星師開始使用 Sibly Chart。之前美國國家星盤至少有六至七個不同版本，如果這個 Sibly Chart 星盤正確的話，美國國家盤的第二宮起點會是摩羯座 16 度，敏感的人就會知道目前冥王星正在那裡徘徊，很快就會進入 Sibly Chart 的第二宮，我們可以觀察一下接下來的市場狀況。很多人目前都估計美國經濟大好，但冥王星就是冥王星，當它來到美國第二宮的時候，我們大概可以知道接下來會發生什麼事。

另外，事實上，我們可以在國家盤上使用所有的預測技巧，太陽弧正向推運以及二次推運都經常被使用，也有許多占星師使用傳統占星學的小限法或主限法。

✴ 日蝕圖及月蝕圖

除了國家星盤外，我們也經常運用日月蝕及四季圖進行預測。日月蝕的

資料可以簡單地從占星軟件中找到，基本上有占星師使用日蝕月蝕開始的時間（可以在天文網站上找到，例如NASA），也有占星師使用日蝕的日月合相時刻或月蝕的日月對分時刻。

在古代，日蝕象徵了一年的運勢，一年有兩次日蝕，與兩到四次的月蝕，加起來共有四至六張星盤，它們可以透露一些跟國家有關的重要資訊，得知未來一年中會發生什麼事情。如果我們要觀察一個國家，可以以其首都為主去繪製日月蝕圖，但如果那個國家幅員相當遼闊，例如中國、美國或俄羅斯，以中國為例，中國的權力集中在北京，所以很多時候我們從北京的角度繪製星盤來觀察中國不會有太大問題。但在美國，除了用白宮為主要的繪製星盤地點之外，每州政府都各自有不同行動，東西岸、南北部反應都不太一樣，所以有些時候，我們真的可以以城市為焦點去觀察日月蝕圖。我們必須仔細的觀察日蝕及月蝕，以發生日蝕的時間為主。

所有日蝕都發生於農曆的初一，因為日蝕是新月，至於月蝕則會是滿月，也就是農曆十五。日月蝕發生的時候，北交點通常會在太陽月亮的正對面或在它們附近，當繪製日蝕及月蝕圖的時候，星盤時間必須是太陽月亮真正合相的一刻。坊間有兩種計算日月蝕發生時間的方式，有些人在計算日蝕的時候，或者如果是由非占星師的人去計算的話，他們所提供的資訊會是日蝕開始的時刻，而不是日蝕真正形成新月正相位的時刻，這兩者當中有些差別。因為對占星師來說，日蝕是一次新月，月蝕則是滿月，所以我習慣運用新月跟滿月去進行探討，因此也必須找到太陽跟月亮真正合相正相位的那一刻去繪製星盤。另外，於日月蝕圖中，如果星盤四個軸點有重要行星出現的話，多半暗示了那行星的事件會跟這地區有關。

案例：2013 年馬航事件（1）

我們先探討一些比較簡單的日月蝕觀察，然後再討論其他比較有趣或深度的技巧。

首先，當觀察日蝕圖的時候，可以用一種仔細的態度去觀察。圖02-03 是 2013 年 11 月 3 日發生於吉隆坡的日蝕，我選擇這張日蝕圖的原因是因為 2014 年春天馬來西亞航空發生了一次飛機失蹤事件，在這次事件中，中國也受到牽連，因為那是飛往北京的航班，所以對中國及馬來西亞都有顯著影響。

在這種飛機失事的事件中，我們可以觀察航班兩邊目的地的星盤，我個人認為如果這兩個地方在日蝕圖或四季入境圖都有顯著暗示，尤其當星盤四個軸點有受到影響的時候，往返這兩個地區的航班可能就需要注意。

我們知道日蝕的影響將為時一年，日蝕也代表太陽及月亮同時靠近月亮交點的時候，所以從上面這張星盤中，它幾乎是一次日全蝕，太陽跟月亮距離北交點只有三度，代表那是一次相當飽滿的日蝕。這裡之所以會使用 2013 年的日蝕而非 2014 年，原因是這次意外發生的時候，2013 年這次的日蝕仍然具有影響力，它的影響力會持續到 2014 年 11 月，因此也可以說是跟這次事件有關的主要日蝕圖。

在這張日蝕圖中，我們看到海王星及凱龍緊密合相天頂，這明顯不是一件好事，為什麼會得出這個判斷？首先，我們靠占星符號，看看這兩顆行星象徵什麼：海王星象徵化學、海洋污染及毒品，凱龍是任何的傷痛。另外，如果這地方是台灣、智利或日本這些靠近太平洋火環的地區的話，任何合軸星或任何跟災難有關的暗示，都有機會聯想到地震。如果是香港，因為它不處於地震帶，所以不需要聯想到地震。我們要運用一點常識，要明白我並不是說任何行星合軸於台灣星盤都會暗示地震，如果那地方位處地震帶或斷層帶，那麼你的確可以把災難跟地震拉上關係，但如果並沒有明顯跡象的話，我們則需要考量哪些行星會跟地震有關。天王星、

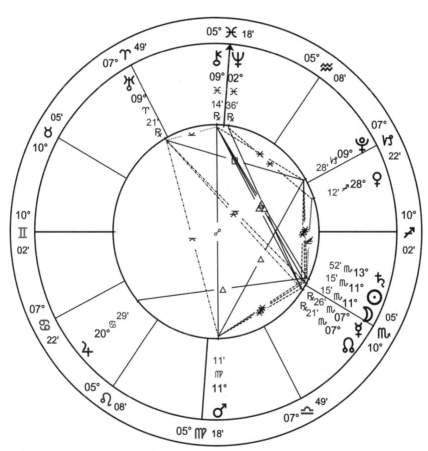

Solar Hybrid Eclipse (NM)
Natal Chart
3 Nov 2013, Sun
20:49:56 AWST -8:00
kuala lumpur, Malaysia
03°N10' 101°E42'
Geocentric
Tropical
Placidus
Mean Node

（圖 02-03）

海王星及冥王星幾乎都跟地震有關，甚至合軸水星也可以暗示地震，因為水星是傳統的地震象徵星，冥王星多半暗示重大傷亡。

下頁圖 02-04 是吉隆坡當時的月蝕圖，我們看到土星跟水星合相，水星靠近上升點，這裡並沒有重要的跡象，我個人的觀點是月蝕的影響力雖然有六個月，但這張月蝕圖並沒有充分的跡象顯示一些重要的事件，但不代表月

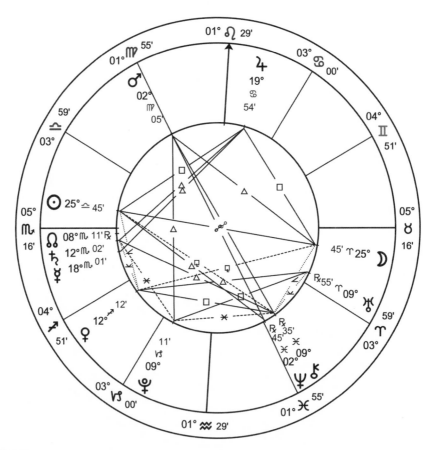

Appulse Lunar Eclipse (FM)
Natal Chart
19 Oct 2013, Sat
07:37:39 AWST –8:00
kuala lumpur, Malaysia
03°N10' 101°E42'
Geocentric
Tropical
Placidus
Mean Node

（圖 02-04）

蝕圖在預測技巧中不重要，所以仍然需要注意。

圖 02-05 是 2014 年 4 月 15 日，也就是馬航事件發生之後的月蝕圖，有時候我會觀察事件發生之後三個月內所發生的月蝕，但這裡並沒有看到明顯跡象。

圖 02-06 是 2014 年 4 月 29 日的日蝕，發生於第九宮，水星也在第九

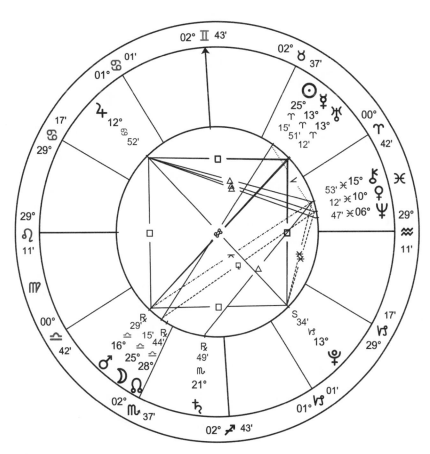

(圖 02-05)

宮，雖然沒有任何行星靠近天頂，但土星靠近天底。記得我曾經發表過一篇
文章，那就是所有人聽見飛機失事時，就打聽飛機失事時間去繪製星盤，那
其實是錯誤的做法。我們絕對不應該以飛機失事一刻去畫星盤，而是應該以
飛機起飛的時間。至於使用哪個時間呢？現在雷達都非常精確，無論延誤多
久，空管局通常都有它真正起飛的時間，很容易就能夠在網路上找到，飛機

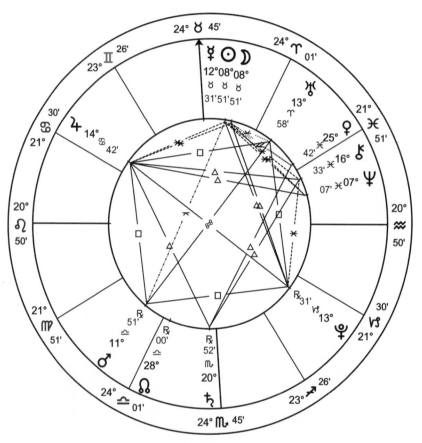

Solar Annular Eclipse (NM)
Natal Chart
29 Apr 2014, Tue
14:14:19 AWST –8:00
Kuala Lumpur, Malaysia
03°N10' 101°E42'
Geocentric
Tropical
Placidus
Mean Node

（圖 02-06）

起飛的城市及時間才是我們應該注意的。

　　Deborah Houlding 老師認爲，如果飛機有表定的時間，假設預計下午三點從三藩市出發，而且這是固定的班表，它每天都在這時間出發的話，那麼，無論它延誤多久，這預定的航班時間仍然相當值得參考。如果航班延誤一小時最終發生問題，不論是空難或飛機故障，我們都可以同時觀察

正確起飛時間及表定時間。個人經驗告訴我，的確有些時候光用表定時間可以看出一些問題，但實際時間也相當準確，Deborah Houlding 老師認爲表定時間重要的原因，在於那是一個人們認爲事情應該會在那一刻發生的時間，大家都認爲航班應該在那時候起飛，並給予它一個認定。我會建議使用眞正起飛的時刻，然後參考表定時刻，如果兩者沒有相差太大的話，則無需在意；如果超過半小時的話，那就可以注意一下。

　　通常在進行預測的時候，我們會直接觀察入境圖及日蝕圖，所以在這裡我們先觀察日蝕圖。這星盤中有土星合相天底，從這兩張日蝕圖看來，前一年 11 月的日蝕有海王星跟凱龍於天頂，後一年的日蝕雖然發生於航班失事之後，仍可看到土星的影響。我們知道同一年的十月，另一班馬航航班在烏克蘭被擊落，那時候天冥已經開始形成四分相，並分別位於下降點及天底，水星是第九宮的守護，有趣的是當我發表那篇文章的時候，有占星師質疑我爲什麼使用十一月的星盤，當時有一位非常資深的占星師站出來說，日蝕的效力是可以被提前觀察到的，而且這裡位於開創星座的 T 三角相當明顯，所以如果稍爲注意一下這個 T 三角的位置，就會明白它是應該要被注意的。

　　通常日蝕的效力於發生前一個月就會開始出現，而如果日蝕圖中有相當多的行星落入開創星座的話，那麼這日蝕的影響力會是相當直接的，因爲開創星座被視爲是強勁動能的象徵，而且通常有預先行動的可能。

　　有一些占星師會非常在意所謂行星運行的影響，我們認爲日蝕跟月蝕是有敏感點可以被觸動的，我們可以把日蝕圖及月蝕圖中新月發生的度數、以及滿月發生的度數，當作是一個相當敏感的位置。這個敏感點會帶來一種劇烈的、明顯的影響，如果火星或土星走到這位置的時候，很有可能就會被影響，日蝕或月蝕的影響也就會被觸動。這種觸動有時候會帶著一些特殊的意涵，當中也有一些簡單的技巧。讓我們用 2013 年 11 月 3 號的星盤（圖 02-03），再搭配上馬航 370 的起飛星盤做出分析（圖 02-07）。

　　有些人會直接觀察這張航班起飛星盤，在這星盤中，海王星相當靠近天底，這的確呼應了原本星盤的位置，我們可以把 2014 年日蝕星盤跟這星盤放

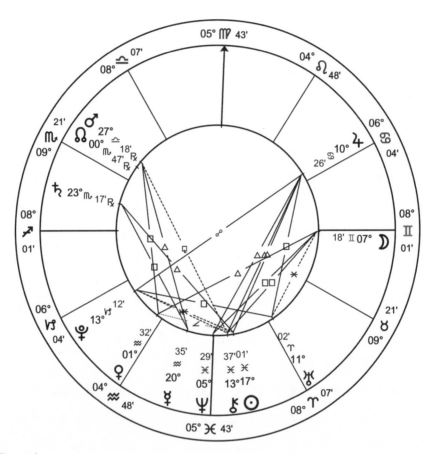

(圖 02-07)

在一起,這時候我們會看到一些需要知道的資訊:日蝕或月蝕發生的度數
往往是敏感點所在,當行星跟日月蝕點合相、對分相或四分相的時候,往
往會有重大事件發生。

這一年中如果有行星,尤其是火星及土星來到天蠍座、水瓶座、金牛
座、獅子座 11 度的時候,我們多半可以看到日蝕被重重地觸動的情況。而

如果這些行星來到這個敏感點的時候，也往往暗示重要的觸動時刻。所以另一個預測方式是看看這次的新月（3月的新月）有沒有落在這個日月蝕點之上。

那次新月發生於雙魚座 13 度，所以沒有重要影響，至於 3 月 8 日之前的滿月則是位於獅子座 29 度，基本上也沒有跟這張星盤產生關聯。但我們可以推測，如果有新月或滿月觸碰到這張日蝕圖的話，它多半會暗示一些重要的影響。另一個航班於 7 月 17 日被擊落，那年 7 月 15 的滿月發生於摩羯座 22 度，4 月的星盤中太陽跟月亮在金牛座 8 度，10 月的星盤太陽月亮在天蠍 0 度。另外，如果我們往前推的話，新月發生於 7 月 1 日於巨蟹座 9 度，我們其實可以知道這個新月跟當時的天冥相位產生了劇烈共鳴，它對分了 2013 年的冥王星，並跟日月三分相。

我們可以整合一年中新月及滿月的資料，以日月蝕圖做為基礎圖，觀察日蝕的度數，並把往後每個月的新月及滿月的位置找出來。如果新月滿月跟那一年日蝕圖的太陽月亮位置有合相、四分相或對分相的話，那麼那個月份會是重要的月份，很多事情會在那時候發生。

這技巧最繁複的地方在於把日月蝕跟新月滿月做比較，但這是占星師常用的方式。

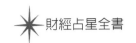

案例：2015 年北京日蝕圖分析

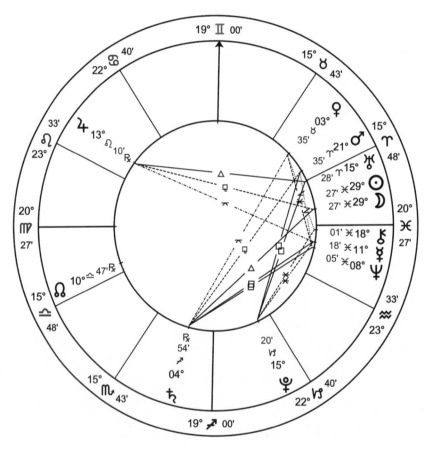

Solar Total Eclipse (NM)
Natal Chart
20 Mar 2015, Fri
17:36:08 AWST −8:00
beijing, China
39°N55' 116°E25'
Geocentric
Tropical
Placidus
Mean Node

（圖 02-08）

　　這是 2015 年 3 月 20 日下午 5 時 36 分北京的日蝕圖（圖 02-08），暗示了從 2015 年 3 月到翌年 3 月期間可能遇到的狀況。在這星盤中，凱龍合軸下降點，多半暗示了該事件跟這國家有關，凱龍在下降點暗示了傷害、

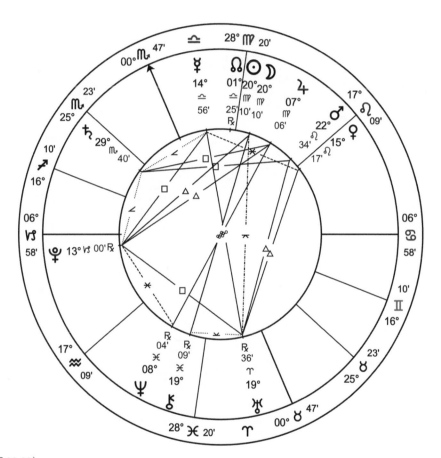

Solar Partial Eclipse (NM)
Natal Chart
13 Sep 2015, Sun
14:41:13 AWST –8:00
beijing, China
39°N55' 116°E25'
Geocentric
Tropical
Placidus
Mean Node

（圖 02-09）

醫療及弱勢團體，中國在這一年間很有可能需要注意這些議題（那一年8月
12日發生天津大爆炸）。

　　圖02-09是2015年9月13日下午2時41分北京的日蝕圖，太陽、月亮
跟北交點落在同一邊，這裡的合軸星包括上升點的冥王星，兩者相差大概七
度左右，所以冥王星會是中國於2015年9月至翌年9月期間需要注意的行

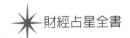

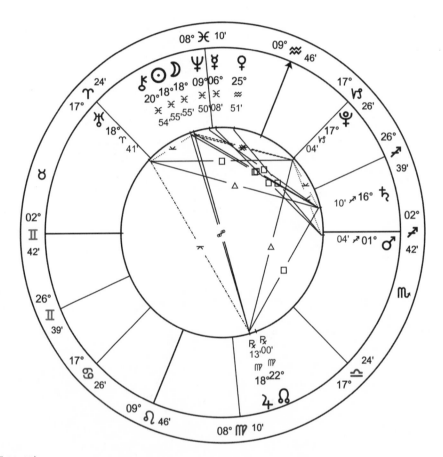

(圖 02-10)

星。冥王星象徵危機、災難、遺產及大量人口傷亡，它守護第十宮及第十
一宮，因此這些主題都需要注意，另外，日蝕盤第二宮有海王星及凱龍，
第八宮也有很多行星出現，特別注意火星位於在第八宮宮首，這暗示了經
濟外匯會是中國這一年特別需要注意的事情。土星落在天蠍座29度，土星
可能跟社會福利、養老政策及兒童福利政策有關。居住於其他地方的人可

以用一樣的方法繪製星盤，可能會看到當中的差異

　　日蝕圖跟月蝕圖都可以用來判斷國家需要注意哪些事情。從圖 02-10 日蝕圖中，你們認為應該注意什麼主題呢？

　　在做出預測之前，應該先考量該行星到底代表什麼？火星合下降點可能暗示與別國的一些緊張衝突，可能也應該多注意航空安全及航空管理，因為火星所在的射手座跟航空有關，而且冥王在九宮。土星在射手座其實本身就代表所有國家都要注意航空安全，而同樣跟航空有關的木星正四分土星、三分冥王星、並跟日蝕正對分相，2016 年航空安全應該會是世界各國都應該注意的，木星或土星落在四個軸點的國家都會有這些暗示。

　　不過要注意的是，每個跡象我們都至少需要兩個證據，另外，因為火星合軸，所以應該要注意火星守護的宮位，天蠍座於第六宮被截奪而沒有位於任何宮位的起點，所以可以觀察由牡羊座做為起點的第十二宮，它代表醫療行業，另外第十一宮的星群也需要注意。

　　月蝕是日月對分的時刻，它比較影響個人層面，但也有可能展現於國家需求及人民反應之上，在研究世俗占星學的時候，雖然月蝕的影響可能沒有日蝕那麼明顯，但仍然有研究價值。

✳ 四季入境圖

除了透過日月蝕圖去判斷一年中的狀況外，也可以觀察四張入境圖有沒有劇烈影響。這四張星盤的時間點包括春分的牡羊座 0 度、夏至的巨蟹座 0 度、秋分的天秤座 0 度及冬至的摩羯座 0 度。春分圖的影響從 3 月 21 日到 6 月 21 日、夏至圖從 6 月 21 日影響到 9 月 23 日、秋分圖從 9 月 23 日到 12 月 21 日、冬至圖從 12 月 22 日影響到 3 月 20 日。

當然，如果日期相當靠近下一次入境圖的話，我們可以同時做出觀察，相信大家都記得占星學其中一個重要觀念：當行星聚集在開創星座的時候，它們容易提前反應，如果我們要觀察經濟影響的話，這四張入境圖會是我們觀察這三個月期間市場變化的方法，包括了金融局勢、自然災害及人為災害，如果有土星、凱龍或天海冥合軸的話，這往往是一個警訊。

四季入境圖的觀察重點及方式跟日月蝕圖分析一樣，包括合軸行星、星群落入的宮位及強硬相位出現的位置。讓我們先以 2015 年的四張入境圖為例子，展示一下四季圖的觀察重點。

在 2015 年北京的春分圖中（圖 02-11），我們可以看到非常多的行星落在第十二宮。

同年夏至圖中（圖 02-12），我們可以觀察到太陽合軸天底，它守護象徵工人階級、生產線及勞工狀況的第六宮。如果要觀察中國經濟狀況的話，第二宮裡面有落在雙子座的水星，這乍看是強勢行星，但注意它跟海王星有非常緊密的四分相，這或許暗示了一些事情。

在秋分圖中（圖 02-13），土星合相天頂，所以注意力應該放在國家領導及跟鄰國關係之上；關於財經狀況，第二宮的天王星可能會帶來劇烈的驚嚇，尤其天王星跟冥王星之間形成了四分相。

同年的冬至圖中（圖 02-14），天王星合相上升點，屆時中國很可能會有讓大家驚嚇的新聞，而 2016 年 1 月 4 日中國的股市開始實施熔斷機制，金星在第七宮並即將進入第八宮，土星所象徵的政府管理及控制落入第八宮，這可能跟外匯管制有密切關連。當然，這是一個比較入門級的簡單解讀方法。

我們討論了如何在這一年或一季之

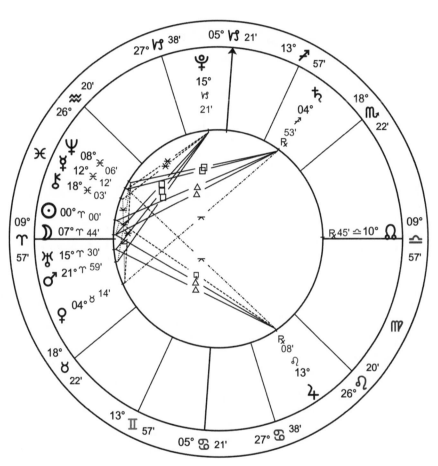

2015 Aries Ingress
Natal Chart
21 Mar 2015, Sat
06:45:08 AWST −8:00
beijing, China
39°N55' 116°E25'
Geocentric
Tropical
Placidus
Mean Node

（圖 02-11）2015 年北京春分圖。

間預測國家運勢，你可以從國家盤的行運、二次推運、太陽弧推運及太陽回歸做出觀察。我建議至少使用兩種方式去做比較，如果你所選擇的兩種技巧都說出了同一主題的話，你才可以說那個國家今年應該注意那些主題的事件。世俗

占星師會用這幾張星盤去分析地區的政治局勢及社會發展，以及今年需要注意的事項。

經濟絕對離不開政治及社會發展，更離不開國際形勢，所以研究財經占星

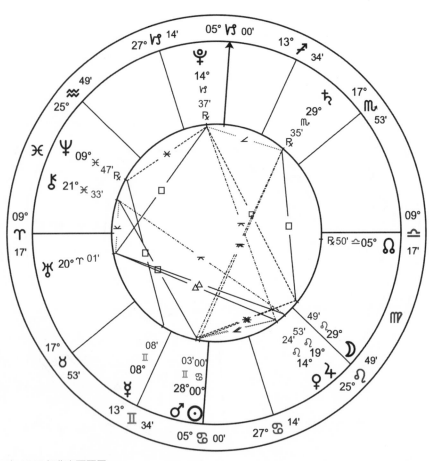

2015 Cancer Ingress
Natal Chart
22 Jun 2015, Mon
00:37:54 AWST −8:00
beijing, China
39°N55' 116°E25'
Geocentric
Tropical
Placidus
Mean Node

（圖 02-12）2015 年北京夏至圖。

學時一定要有整體格局的概念，觀察各地的日月蝕圖及四季入境圖，例如當看到澳洲局勢好轉的時候，也許不妨開始思考澳幣價格會否回升，這時候如果你有外匯操作的技巧，那麼這可能會是供你做出相關考量的前提或背景資料。

最後，我們要探討如何觀察占星地圖。你可以用日月蝕圖及四季圖觀察接下來的時段中哪些地區是容易受影響的地區，並特別注意外行星線經過的地方。

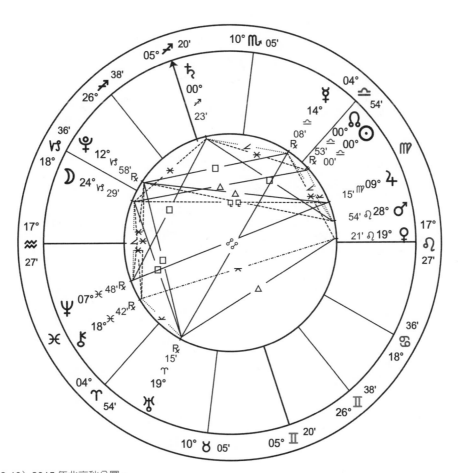

2015 Libra Ingress
Natal Chart
23 Sep 2015, Wed
16:20:32 AWST −8:00
beijing, China
39°N55' 116°E25'
Geocentric
Tropical
Placidus
Mean Node

（圖 02-13）2015 年北京秋分圖。

　　當然，觀察的時候別忘了常識，就像第 77 頁這張 2015 年秋分圖的行星地圖中（圖 02-15），我們知道近年的中東地區，特別是敘利亞、伊朗及土耳其一帶一直在打仗，所以就不用太刻意描述它戰爭的問題。但如果這時候土星線

經過這個地方，我們知道敘利亞北部是伊斯蘭國盤據之處，如果這裡有凱龍線出現的話，未來三個月這地方則有可能出現更嚴重的傷亡。

　　天王星的行星線經過印度、巴基斯

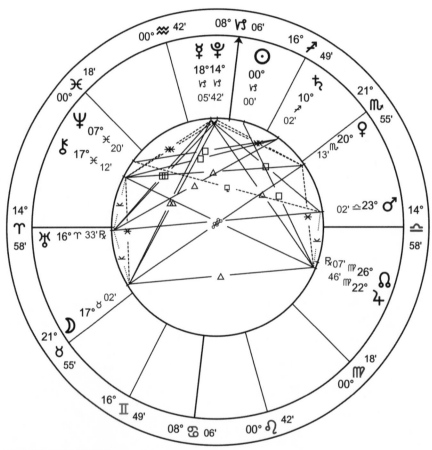

2015 Capricorn Ingress
Natal Chart
22 Dec 2015, Tue
12:47:56 AWST −8:00
beijing, China
39°N55' 116°E25'
Geocentric
Tropical
Placidus
Mean Node

（圖 02-14）2015 年北京冬至圖。

坦及阿富汗一帶，它可能暗示了重大變動，尤其巴勒斯坦可能會有嚴重地震或相關災害發生的可能性。我們之前也提及過，如果太平洋火環一帶有明顯的外行星線，像這張地圖中這一帶就有海王星、冥王星及土星行星線經過，很有可能暗示了需要注意的事情。

運用這樣的方式，我們可以預測未來一年全球各地的重大事件發展。

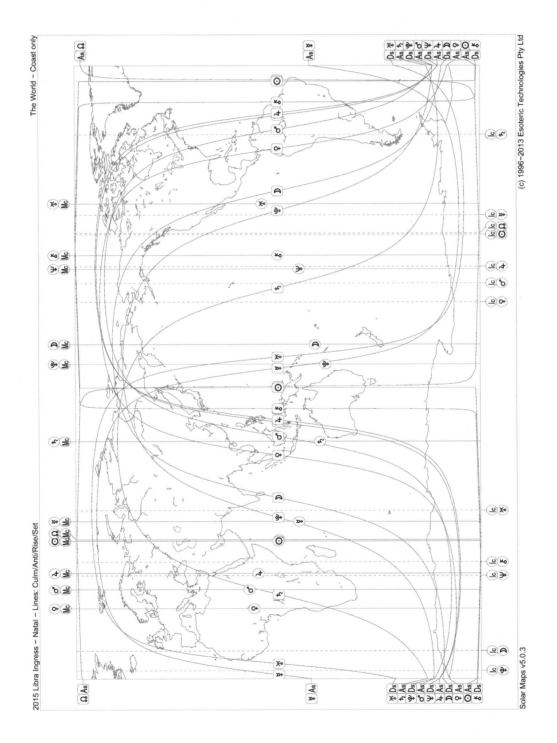

（圖 02-15）2015 年秋分圖。

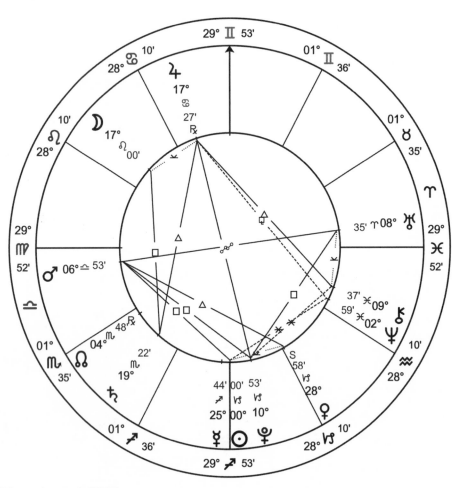

2013 Capricorn Ingress
Natal Chart
22 Dec 2013, Sun
01:11:01 AWST -8:00
kuala lumpur, Malaysia
03°N10' 101°E42'
Geocentric
Tropical
Placidus
Mean Node

（圖 02-16）2013 年冬至圖。

案例：2013 年馬航事件（2）

　　跟之前的案例一樣，我們同樣以 2014 年做基礎，觀察馬來西亞地區那一年的四張入境圖。

　　左頁圖 02-16 是 2013 年 12 月 22 日的冬至圖，這張星盤的影響會維持到 2014 年 3 月 21 日之前，關於馬航這次意外，我會觀察兩張星盤，分別是冬至圖及春分圖。但要注意的是，事發 3 月 8 日當日跟春分其實仍然有點距離。

　　在這張冬至圖中，上升點落在處女座 29 度，天頂是雙子座 29 度，天底是射手座 29 度，太陽則在摩羯座 0 度。我們這時候可以觀察這張星盤中有沒有合軸行星，第一宮的確有火星，它跟天王星形成了蠻緊密的對分相，天王星也算是靠近天底，同時火星也算靠近上升點，兩者在 7 度距離內，所以這相當值得注意。另外，水星在射手座是弱勢位置，它跟上升點形成四分相，守護第九宮及天頂，因此，它跟國家領導人、飛行、航空安全等都有密切關係。

案例：2015 年北京秋分圖分析

　　從下頁這張秋分圖（圖 02-17），我們可以看到冬至之前的一些情勢變化。第十二宮是象徵醫院及監獄，所以這一宮的守護星可以代表這些設施的相關政策。這裡相當值得我們注意的是，月亮於秋分時候進到第十二宮，另外，守護第十二宮及第一宮的土星跟天頂只有五度的距離，這是一個相當需要注意的資訊。

　　在這張秋分圖的未來三個月內，中國需要注意其醫療政策、公共衛生、監獄管理及一些非法活動的狀況，要記得第十二宮有時暗示了見不得光的、

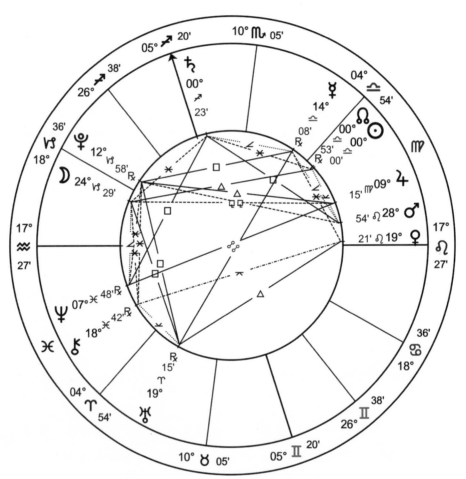

2015 Libra Ingress
Natal Chart
23 Sep 2015, Wed
16:20:32 AWST −8:00
beijing, China
39°N55' 116°E25'
Geocentric
Tropical
Placidus
Mean Node

（圖 02-17）2015 年北京秋分圖。

尤其是跟幫派有關的活動。

月亮代表人民感受，它在秋分圖裡進入了摩羯座，當然，對全球人民來說，他們的感受都會有摩羯座的特質，但對中國來說，人民會特別專注

在第十二宮所象徵的這些單位之上。另一件需要注意的是，象徵第十二宮的土星也來到了天頂，合軸行星往往需要特別注意，從這張秋分圖，我們可以預計未來三個月中國還是相當有信心及樂觀的。因為金星在下降點，所以大多數人的感受都是樂觀的，它可以描述一種樂觀的局勢，但事實上狀況也許並不是那麼輕鬆，我們可以看到中國未來幾個月的重點放在國家主體、財經、國家關係、航空飛行、或者是國家執政單位的領導力及效率之上，當然還有監獄跟醫院的管理。

關於經濟狀況，除了第二宮外也可以觀察第十宮，古人認為第十宮暗示了這個國家的物產是否豐饒，這是傳統占星學的概念，但現在如果要知道農產是否豐盛的話，我們會觀察第四宮。至於國家整體的經濟狀況、想知道它是否擁有良好的經濟活力的話，第十宮的表現好壞往往會有這種暗示。在這張秋分圖中，雖然第十宮沒有任何行星，但別忘了在天頂附近的土星帶來了重要警訊。

人民幣跟其他外匯之間的匯差會顯示於第二宮跟第八宮，因為第二宮跟國家的貨幣、財產、資源及金融政策有關。而如果我國是第一宮的話，其他國家會由第七宮所象徵，於是其他國家的財產及貨幣會相應地由第八宮象徵，因此，第二宮跟第八宮的資訊可以透露出外匯的狀況。如果國家的經濟及生產力強的話，國家的貨幣會是強勢的，那麼，它對其他外匯自然有比較高的購買力。在跟外匯有關的第八宮中，水星正在逆行，這也會是需要注意的。

一個地方的整體經濟表現是天頂、第十宮及其守護星，木星位於處女座是弱勢位置，有一種行情不好的狀況，而且土星在天頂可算是重覆暗示，這可能暗示了政府的控管。

Chapter 3
行星與景氣循環

✳ 占星學中的循環

占星學從地球小小的自轉循環出發，到它環繞太陽的公轉循環，再到太陽繞著整個銀河系的循環層層遞進，每一種循環占星師們都會觀察，當中存在著一些特殊的循環。例如當我們從地球觀察木星或土星環繞太陽的軌道、從地球去看木星跟土星從這一次合相到下一次合相之間的時間點，這些循環當中都有著一些跟地球經濟活動相關的資訊，占星師們認為這些資訊能夠讓人們做出市場景氣循環的預測。

在上一章之中，我們討論了相當多關於世俗占星學的概念，我們要知道在占星學中跟財富有關的其實是金星及木星，但金星的循環比較小、比較快速，我們會在第三章的內容中引導大家探討金星跟短期投資之間的關係及影響。但在此之前，請記得要先觀察大的格局，

所以這一章的內容會先介紹行星的循環概念。

第一種循環是行星繞行太陽的公轉循環，也就是行星繞著太陽運行的循環。需知道行星繞行黃道的過程中，當它停留在某星座的時候，當中其實有著一些意涵，美國財經占星師們非常在意科學精神，也喜歡統計，但我認為占星學是神祕學，它是符號語言，我不否認他們把精力花在統計學上所得出的那些成果以及努力相當傑出，但除此之外，不要忘記占星學可以透過符號解讀可能發展的狀況。就好像易經及塔羅一樣，我們利用行星的移動及循環去得出規律，並從不規律的狀態中整理出我們能夠掌握的規律。

在財經占星學的基礎部分，相位及循環的概念會非常被強調。占星學相當強調「循環」，我們每天看到太陽從東方升起，於西方落下，周而復始，假設今天月亮合相某恆星之後，它會於 28

天後再次合相此恆星，這是月亮循環的概念。同樣地，每年生日太陽都會出現在黃道同一位置，這是太陽循環。「循環」的概念對於占星師來說十分重要，當然，經濟也有其循環，各產業都有自己的供需循環，金融市場也有其漲跌循環，如果你有這些概念的話，你就會明白，行星循環與市場的景氣循環也有一定程度關係。

在占星學中，有非常多我們不知道或過去沒聽過的循環存在著，行星循環是世俗占星學中範圍最廣的，它不會只預測一個地區，因為星相是全球都受影響的，就像流年一樣，我們要先看大的格局，得知一整年的氛圍。而外行星之間的相位會帶來非常長的影響，甚至可以持續三、四年，以天冥相位為例，從2012年的正四分相開始，到2015年年底雖然不再形成正相位，但不會有人認為它已經結束了，因為2016年一到三月期間它們還會再一次形成只有1度距離的四分相，因此仍然是相當緊密的關係。

我們透過外行星循環了解全球局勢，移動越慢的行星及為時越久的相位影響越久，天王星公轉一周要84年，它帶來的是革命跟改變；海王星公轉一次要165年，海冥相位循環需時400多

年；冥王星公轉一周要248年。這些循環都是大格局，不能說它對我們沒影響，只要它們落入我們星盤的某星座、跟我們的星盤形成強硬相位的時候，那就可能是衝突的頂點、結果呈現的開始，所以我們要注意行星的循環。

在柏拉圖的時代，人們就已經相當重視循環的概念，因為循環帶來了周而復始的主題及演變。當時的人們認為世上最大的循環是歲差年，需時25,765年，它其實就是春分點時太陽的位置，我們通常說春分點在牡羊座0度，但其實春分點目前已經走到雙魚座的位置。春分點逆黃道而行的移動被稱為「歲差」，它在巴比倫時代正位於牡羊座，但到了大概公元0年時，春分點就已經慢慢退到雙魚座，當時有占星師發現春分時的月蝕月亮沒有落在天秤座，幾十年後，他發現春分點其實正在移動，這引起了諸多占星學的革命跟討論。部分占星師（特別是東方的）決定改用天空中的黃道，希臘的占星師則決定繼續使用回歸黃道，把春分點跟長年以來認識的牡羊座做連結，也正因為這樣，春分點的歲差移動成了一個相當重要的概念，它是最大的格局，於每個星座的停留歷時2160年。

這也是為什麼我們經常聽到「水瓶

時代」或「寶瓶時代」，水瓶時代是近年很多身心靈研究者非常廣泛討論的東西，他指的是春分時太陽的落點移動到天空當中水瓶座的位置，他們認為這是強調人性、人人平等、帶來全新體驗生活的年代，但我們現在其實還沒進到水瓶時代，春分點目前仍在帶來二元時代的雙魚座中間，大概還需要 600 年才會進入到水瓶時代。

1. 外行星的循環

當每一次外行星進入一個星座，都象徵著文化特質的一種轉變，而根據每個行星本身的意涵，它會影響那個時代的特質。例如**木星**每一年移動一個星座，它是最簡單的年度指標。

我有一位學生曾經研究過，那一年木星進入天蠍座，他調查網路上的關鍵字搜尋，一般來說，被搜尋的次數最多，就代表那東西越流行。特別的是，那一年討論危機、死亡、殯葬的關鍵字竟然是相當高位的，木星天蠍這一年便有這樣的影響。木星的每個星座都告訴我們那年的景氣行業，因為木星代表發展，2015 年木星在處女座，這是木星弱勢的位置，在這裡它較無法發揮自己推廣的特質，包容能力會降低，但木星仍然有著帶來發展的暗示，因此處女座象徵行業仍然會發展。這一年雖然經濟發展可能受限，但大家可以思考處女座跟哪些工作行業有關？例如醫療、生物科技、軍火及服務業可能有一些明顯的關聯，但同時也要知道 2015 年木土四分，這些行業會受到土星的影響，因此大家必須知道木土四分什麼時候發生，就算要投資，也要先知道你想投資的行業會受土星影響。此外，日用品及保健相關的服務或產品也可能是需要注意的，如果是大型企業，則可能會受國際影響，小企業則可能有發展機會，因為處女座強調小的、精緻的、每天能用到的。

當木星剛進入處女座不久的時候，美國一名對沖基金經紀人買下了某藥品公司，並調高愛滋病用藥價格 55 倍，這種藥並不是真的用來直接對抗愛滋病，而是用來殺害寄生蟲，但只有嬰兒與愛滋病患這些免疫力非常弱的人才會面對這些寄生蟲的威脅。這個人後來被全球罵翻了，但重點是即使你知道經濟不景氣，但木星還是可以告訴我們哪些行業是可行的，而醫療和微生物跟處女座亦有關聯。

土星每兩年半換一個星座，跟那個星座有關的事件及行業都會受到整肅。土星在 2014 年年底進入射手座然後退

回天蠍，2015 年九月下旬又再次回到射手座，占星師會優先觀察 2014 年 12 月底到 2015 年年初土星在射手座時所發生的事件，或觀察三十年前土星射手時所發生的事。重要的是眼界要寬廣，同樣的指標及氛圍會再次發生，但並不是一定會發生同樣的事件。

2014 年年底，當土星在天蠍座最後一天及射手座的第一天，發生了兩宗新聞：第一宗是英國的國家衛生單位所發布的警訊，內容關於英國北部爆發了淋病的疫情（透過性接觸傳染的疾病），當時據說已經完全沒有抗生素可醫治（土星在最後一度，有疾病沒辦法被醫治）。這是土星回到天蠍座那幾個月所發生的事，新聞在這最後一天被報導。此外，當時英國媒體也充滿了早年明星、新聞主播及政治人物的性醜聞，尤其關於戀童癖，這是土星入射手座第一件被挖掘的新聞，例如某兒童節目主持人向兒童下手，幾十年後方被報導，報導隔天土星就進入射手座。

在墨爾本，同一天晚上，同志區街頭出現了整條街的海報說治療愛滋病的藥有效，所以以後不需要再使用安全套（相當屬於土星離開天蠍的消息），相當「大魔王要離開」的氛圍。事實上這新聞之所以引起我的關注，原因的確是

愛滋病本身，因為它被世界認知的時間正好是八十年代中期土星進入天蠍座的時候，它於土星天秤時被發現，但那時候仍然機密，直到 1983 年左右「愛滋病」這名字正式出現，當時還不知道病毒到底是什麼，後來改名 HIV，它到土星天蠍座的時候開始被媒體關注，也象徵了人們對性的恐懼。

1950 年代還沒出現愛滋病，當時土星正要離開天蠍座之前，人類有一個重要的發現：小兒麻痺症的疫苗被正式公布，然後非常有趣的是 2013 年土星進入天蠍座沒多久的時候，比爾・蓋茲（Bill Gates）基金會大力推廣小兒麻痺症的疫苗接種。蓋茲本身土星天蠍，兩次土星回歸之後他大力推廣這疫苗，也就是土星再次進入天蠍的時候。在 1950 年代之前，小兒麻痺症曾經是流行病，被視為恐怖的絕症，但現在很多人已經不再知道它有多恐怖，疫苗於 1950 年代出現，2013 又被呼籲接種，所以 1980 年代出現的愛滋病是不是在 2013 至 2015 土星離開天蠍座前會找到預防或治療方式呢？

事實上並沒有，但我們知道有一些非常有效能延長愛滋病病人壽命的藥物。病人的日常生活作息都跟正常人一樣，他們也必須更注意自己的健康，所

以可能因此比一般人更健康。而且在2015 年 5 月就開始有新聞討論預防愛滋病的方式，有一些人不願意使用安全套，所以開始了實驗每天使用這些抗愛滋病藥物然後檢查，檢驗的時候這些人沒有得到感染，這也是墨爾本街頭為什麼貼了那些海報——這就是占星跟世俗事件的觀察。

三王星每次移動星座都會帶來劇烈的改變，例如天王星進入天秤座帶來了婚姻制度的改變；當它來到牡羊座之後，歐美一些名人都開始留鬍子，在過去很少人會喜歡不刮鬍子。當上一次天王星進入天秤座時，社會流行的是男穿女裝及女穿男裝，現在則是換過來，男性變得越來越陽剛。

外行星進入開創星座多半都會帶來劇烈的世局震盪，因為開創星座是能量進入地球的入口，是起點所在。外行星的變化、震撼進入到開創星座時，多半會有政治局勢不安的影響。2011 年天王星進入牡羊座，當年 3 月 11 日當天福島發生最大的地震，最大的後續影響是輻射洩漏及人們對核電廠的關注，這些都跟天王星有關，那時候社會升起了反核熱潮，全球都在重新檢討核電廠的安全問題。天王星象徵鈾，它進入牡羊座讓人再一次看到它的重要性。

接下來海王星會進入牡羊座，冥王星則還要一段時間才離開摩羯座。外行星也會帶來經濟震撼，例如冥王星每次在巨蟹摩羯軸線時，這二十多年都會有重大的經濟結構轉變，所有占星師都預測冥王星在 2024 年離開摩羯座前，我們會看見一些新型態的經濟模式出現，它很有可能是人類未來幾百年將要使用的經濟模式。我們正處於一個對資本主義相當不利的年代，過去的經濟制度很可能會改變，進行投資的人必須想好怎樣面對後資本主義時代的到來。每當看到資本主義引發的問題或有人倡導不一樣的觀念，我們都要提高警覺，那可能是賺錢的好時機，又或是目前財富被毀掉的危機，它不一定象徵資本主義完全消失。

南北交是文化指標，因為它們跟日蝕有關。例如此時當它在牡羊天秤軸線，在歐美，很多人討論同志婚姻跟教會之間的衝突，2016 年日月蝕軸線會移到雙魚處女，到時候海王星、凱龍及南交點都會在雙魚，木星跟北交點則在處女座，未來一兩年會是非常非常強調這軸線的時間。

2. 相位循環

相位循環指的是當兩個行星產生合

相之後，行星分別以不同的速度在黃道上順逆行，過一段時間之後，兩行星會產生第一次的半四分相，接著是四分相、對分相、再一次的四分相然後最後一次的半四分相，最後產生第二次合相。

人類最易觀察到的相位循環是**太陽跟月亮**之間的循環，也就是月相循環。月有陰晴圓缺，在日月蝕圖的部分中，我們提及了日蝕是新月，新月是太陽跟月亮在同一位置的時候，也就是農曆初一，之後月亮會往前移動，上弦月會慢慢出現，從圖03-A中，1到2之間月亮其實往前走了45度，被稱為新月的階段。

當月亮走到3的時候，它來到跟太陽形成四分相的位置，被稱為上弦四分相，也就是合相之後的第一次四分相，時間是合相後第七天左右；然後再隔三天左右就會來到凸月的階層，這時候太陽跟月亮大概相距135度，這象徵了快要靠近滿月的階段；當月亮走到5的位置，它會完全反射太陽的光芒，那是滿月，也就是日月對分相。接下來，月亮會繼續往前走，並進入下弦月的階段，這階段被稱為傳播月或散播月相，月亮會開始慢慢變小，這位置是占星學中太陽跟月亮另一方向的135度相位。然後當月亮來到7的位置時，那是下弦四分相形成的時候，也就是另一次90度，月相在這裡快要進入日月循環完結的周

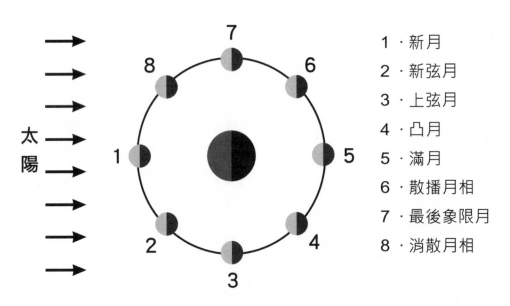

1 · 新月
2 · 新弦月
3 · 上弦月
4 · 凸月
5 · 滿月
6 · 散播月相
7 · 最後象限月
8 · 消散月相

（圖 03-A）

期;最後,位置 8 是消散月相,月亮會開始不被看見,並慢慢變成新一次循環中的新月。

在中國的國家盤中,水星跟海王星同樣在第八宮,分別落在天秤座的 13

度及 14 度,形成合相。假設水星當時沒有逆行的話,它會一直往前走並到達射手座 18 度,海王星的位置則基本上不會有太大改變,這是水海循環的開始,大概一年後差不多同一時間,水星又會再次跟海王星合相,這標示著一個

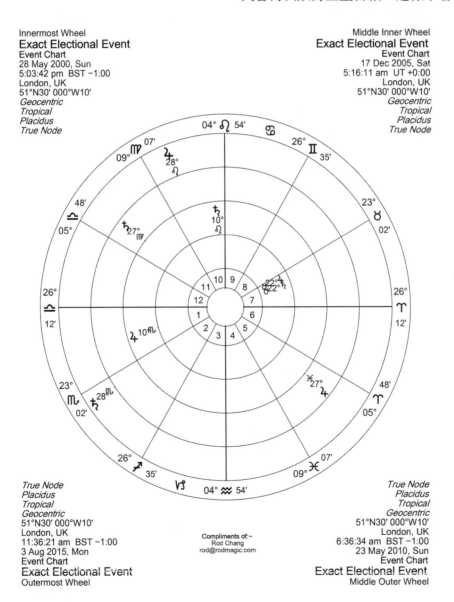

(圖 03-00)木土循環圖。

循環的完成。當移動速度比較快的行星往前移動、繞完黃道一圈並再次回到跟慢速行星合相的位置，那就代表一個循環的完成。

行星到底走得有多快呢？月亮一天走 12 度至 14 度，28 天跑完黃道一圈；太陽、水星及金星大致上一年能夠繞完黃道一周；火星大概需時 2 年 2 個月，木星會於每個星座停留大約一年，12 年繞完黃道一圈；土星則需時 28 年至 29 年跑完一圈。這就是循環的概念，而在這些循環之中，有一些細節是需要先注意的。

首先，要先判斷各行星的快慢速度，月亮比水星、太陽、金星跑得快，水星、金星跟太陽大部分時間都是差不多速度，所以我們須自己小心觀察，這些內行星跑得都比火星快，火星又比木星快，如此類推。兩顆行星每一次合相都象徵了事件的起點，因此，當木星跟土星在 2000 年 5 月於金牛座 22 度合相，木星大約每一年半會移動 45 度，2005 年左右兩顆行星會來到四分相的位置，這是它們合相後的第一次四分相，是非常重要的時刻。當兩個行星在這種循環中產生相位的時候，往往標示了循環中的重要關鍵時刻。

然後，在 2010 年木星跟土星會形成對分相，接下來 2015 年 8 月它們又會再一次四分相，接著就會往下一次於水瓶座的合相位置移動。土木循環這四個時間點都是整個世界的重要關鍵時刻，原因在於這些外行星的循環都對世界經濟局勢有著或多或少的影響。在古代，木星象徵財富及發展，土星是肅殺、壓抑及蕭條，因此我們可以知道它們跟財經絕對有關。木星跟土星是重要的經濟指標，當木星及土星每次產生相位的時候，不管那是否強硬相位，它們都可能暗示了重大的經濟局勢變化，甚至很多財經占星師認為不應該只觀察正相位的時間，只要兩顆行星非常靠近或位於可以形成四分相的星座時，大家就應該要提高警覺。我們要注意行星的這種相位循環，而木土二十年一次的相位循環絕對是最重要的經濟循環。

這些月亮的盈虧、相位的循環與財經占星學有什麼關連呢？當然有。你會常常聽到人們在滿月的時候特別瘋狂，我有不止一位從事醫療業的朋友告訴我，在英國，失智症的老人有一個專屬的病房，滿月的時候這些病人會特別活躍。月亮在占星學中跟記憶有關，所以月亮跟人們的情緒反應也有關聯，在滿月那天投資失敗的人相當多，在新月投

資獲利的人也相當多，我們會在稍後內容深入討論這部分。

現代占星師們把這理論套用在月相之中，任何兩個行星的合相都象徵新的開始，就像新月一樣，在合相這一天過後，每隔幾天行星就會往前移動幾度，雖然彼此速度不一樣，但當它們形成第一次四分相的時候，這四分相會具有上弦月的特質。四分相同時象徵了困難，而上弦月階段的月亮也會越來越大，當我們把這兩個概念合併起來，它其實告訴我們，當兩個行星來到合相後第一次四分相時，它們面對的挑戰和困難是要做出取捨，好讓未來及機會越來越大、越來越好，讓發展越來越好，也越見蓬勃。

另一個關鍵時刻是兩顆行星來到對分相的時候，滿月正好是太陽及月亮形成對分相的時候，所以任何兩個行星的對分相都暗示了滿月的特質。滿月期間月亮會被完整地看見，所以滿月象徵了事情的具體呈現，事物發展的分水嶺，同時也象徵了一件事情的最高潮，因為在滿月之後上弦月階段就會結束，月亮也開始會變得越來越小。

在對分相之後，我們會進入下弦月周期。上弦月階段之所以是發展周期，

是因為月亮會越來越大，所以上弦月也被稱為發展周期，事情會越來越發展。相反地，在對分相之後，月亮會越來越小，然後來到最後一次四分相——為什麼是最後一次呢？原因是在這次四分相之後，我們要準備結束並展開新的循環。滿月之後的這次四分相一樣有著挑戰的意涵，但它的挑戰在於要我們取捨，告訴我們哪些東西留不住應該割捨，這樣我們才能進入新的循環。你要先清空一些東西，擁有足夠的空間好讓新計劃實行，因此，下弦四分相是把不需要跟沒有用的東西清掉的時刻，這時候我們往往需要面對很多衝突、困惑及爭執，這些掙扎的出現全因我們要決定放棄哪些東西是我們不再需要的。

在這次四分相之後，我們慢慢把東西丟掉才會來到新的循環展開的時刻。這個循環會月復月、年復年的發生，每二十年一次的木土相位循環亦然。由此可見，2015 年第三季木土循環正位於下弦四分相階段，你這時候去做高風險投資的話會是不明智的。不過，如果你不熟悉投資的話，一般擁有理財專業知識的人都會告訴你這時候最不該碰的正是這些高風險投資，在經濟不景氣的時候，有人會建議投資黃金、土地或房子這些比較安全的項目。

　　這算是比較現代占星的概念，嘗試把月相的不同階段套用在行星相位循環之上，尤其是從木星開始的外行星相位循環。同時，我們會比較忽略外行星跟內行星之間的相位循環，以及與內行星之間的相位循環。在第二章的內容中，我們集中在外行星之上，因為外行星至少會留在一個星座一年以上，所以要優先考慮。但我可以告訴大家的是，現階段不要把目光只專注在幾個月及單一國家，在剛開始接觸財經占星學的初期，不妨先專注在全球走勢之上，當掌握了本書第三章的理論及技巧後，再專注於單一國家或某一年的走勢之上。當然大家也可以現在先嘗試觀察國家盤的行運、日月蝕圖及四季入境圖，練習看看某國家某一年或某一季的走勢，看看當中有沒有任何暗示，不過我必須重申，對我而言，先掌握世界局勢並由此入手會是比較好的學習方式。

案例：1973 年石油危機及 1923 年華爾街崩盤事件

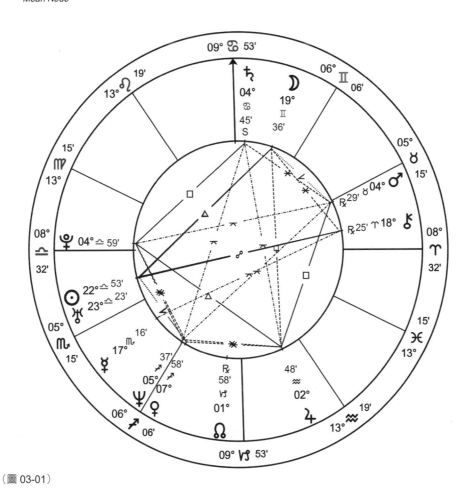

Oil Crisis
Event Chart
16 Oct 1973, Tue
06:00 EDT +4:00
new york, New York
40°N42'51" 074°W00'23"
Geocentric
Tropical
Placidus
Mean Node

（圖 03-01）

　　圖 03-1 是 1973 年石油危機發生時的星盤，這時間是比較概括的，使用的是日出時間，我們可以專注在這星盤中的一些重要資訊上。如果你了解當

時的世界局勢的話，那麼你會認為這次危機真的是因為沒有石油而發生的嗎？答案當然是「不」，這次危機的發生不是因為石油出產出了問題，而是源自於國家之間的政治鬥爭，是石油生產國跟美國之間的對抗。

政治權力跟土星有關，石油跟海王星及冥王星有關，在這星盤中，土星在巨蟹座4度停滯，冥王星在天秤座4度，兩者形成緊密的四分相。兩者中土星走得比較快，所以當時它們正形成的是下弦四分相，而且即將進入下一次合相，這下弦四分相多半標示了重大危機的時刻。同時，位於巨蟹座4度的土星跟射手座5度的海王星形成十二分之五相，這是非常敏感的相位，所以我們可以推斷石油跟土海相位、土冥相位甚至火冥相位都有關係。我一直研究火冥、土冥及土海相位跟石油之間的密切關聯。除此之外，木星當時正在水瓶座2度，基本上它跟其他行星沒有太多關聯，但我們要注意的是，這次危機會一直維持到1974年，土星會從四分冥王星的位置一直維持到四分天王星為止，非常精彩。

在人類經濟發展歷史中，歷來最大的危機發生於1929年的華爾街崩盤事件，當時股票全部化灰，很多投資者跳樓自殺，隨之而來的是長達十年的經濟大蕭條。圖03-02這張星盤的時間點是股票開始崩盤的第一天，當中沒有任何重要相位，但如果仔細看的話，你會發現一些蛛絲馬跡。

我們先從木星開始，木星在雙子座15度，土星在射手座26度，雖然它們這一天並沒有相位，但它們幾個月後很快就會形成對分相。記住1929年的這一天只是事件的起點，那時候大家都還沒警覺，但到1930年時大家都快崩潰了。木土正位於形成對分相的星座，土星同時也即將進入摩羯座，到時候會跟天王星形成四分相，同時要注意的是，我們在觀察的是長達十多年的大蕭條，所以相位的角距容許度可以不用太拘謹。天王星在牡羊座8度，如果它再往前移動一點點的話，就會跟土星四分相。

最後，讓我們透過1929年及1973年這兩個案例，印證一下我們於這一章中所討論過的技巧。

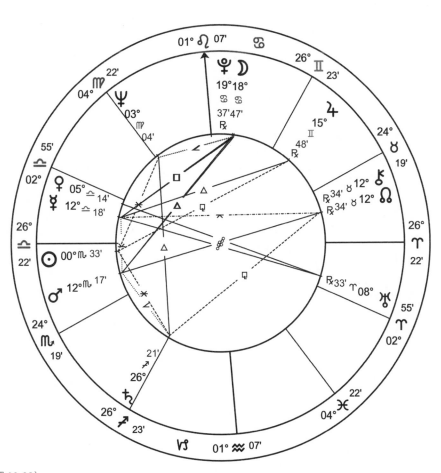

Wall Street Crisis
Natal Chart
24 Oct 1929, Thu
06:00 EST +5:00
new york, New York
40°N42'51" 074°W00'23"
Geocentric
Tropical
Placidus
Mean Node

（圖 03-02）

圖 03-03 是 1973 年 12 月 24 日紐約的日蝕圖，我們可以看到海王星在天頂，凱龍在美國第二宮。

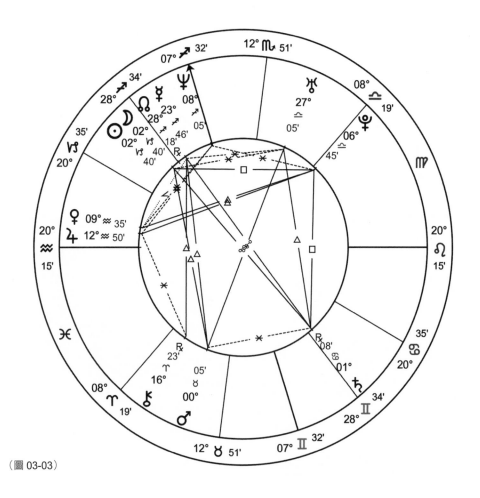

Solar Annular Eclipse (NM)
Natal Chart
24 Dec 1973, Mon
10:07:01 EST +5:00
new york, New York
40°N42'51" 074°W00'23"
Geocentric
Tropical
Placidus
Mean Node

（圖 03-03）

　　圖 03-04 是 1973 年 6 月 30 日紐約的日蝕圖，我們看到凱龍在天頂，木星在水瓶座第七宮逆行中，天王星合天底，太陽則跟火星四分相。

Solar Total Eclipse (NM)
Natal Chart
30 Jun 1973, Sat
07:38:44 EDT +4:00
new york, New York
40°N42'51" 074°W00'23"
Geocentric
Tropical
Placidus
Mean Node

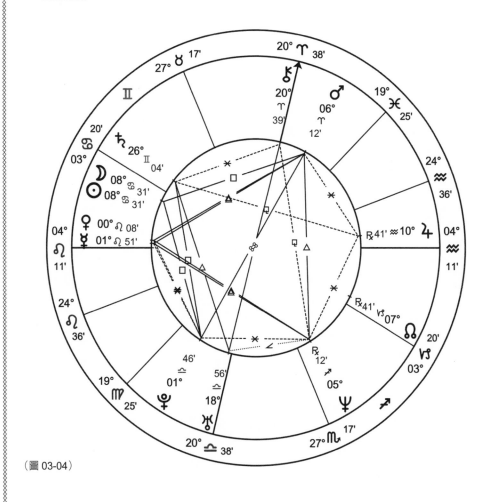

（圖 03-04）

接下來是 1929 年 5 月 9 日華爾街事件的日蝕圖（圖 03-05），木星水星合天底，海王星合下降點停滯，天王星在第二宮，這些都是相當重要的警訊。

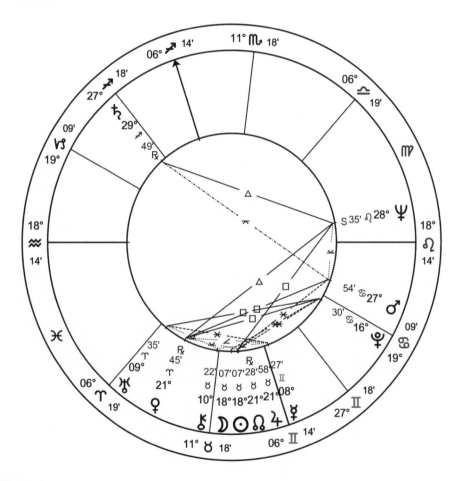

Solar Total Eclipse (NM)
Natal Chart
9 May 1929, Thu
02:07:10 EDT +4:00
new york, New York
40°N42'51" 074°W00'23"
Geocentric
Tropical
Placidus
Mean Node

（圖 03-05）

圖 03-06 是離華爾街崩盤事件最近一次的日蝕圖，我們會看到更明顯的跡象，尤其當中的火凱對分相當接近上升下降軸線成為合軸行星。

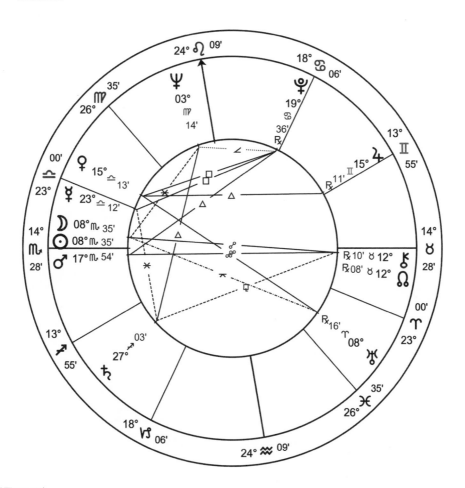

Solar Annular Eclipse (NM)
Natal Chart
1 Nov 1929, Fri
07:00:46 EST +5:00
new york, New York
40°N42'51" 074°W00'23"
Geocentric
Tropical
Placidus
Mean Node

（圖 03-06）

在研究財經占星學的時候，其實大家必須有一個概念，那就是請不要剛學不久就馬上用占星技巧去預測股票市場。所謂財經占星，不是指從占星推算股票漲跌，我們要了解的是經濟市場起伏的全貌。本書在稍後的內容中會略為介紹美國二十世紀非常傑出的財經占星師姜恩的一些理論，去推測股票及期貨價格的漲跌。但即便你掌握了這些技巧，仍不能完全保證你能夠只賺不賠，原因正如前文所述：你還有自己的本命盤需要考量，每個本命盤都有自己跟財務有關的宮位，因此你也需要從本命盤中了解一下自己是否有本事進行財務操作、或在哪個方面操作財務會比較順利，大家都必須牢記：本命盤非常重要，這也是本書前面章節討論過的重點。

假如你有良好的金融知識及財務運勢，那麼你會更加需要了解投資學及金融投資市場，我知道在中國有很多投資人只看中國股票，我必須提醒這是有點危險的，我們或多或少都要知道國際金融行情的變化及走勢，我希望大家能夠從現在開始，每天或每周觀看一些財經新聞，收集一些財經資料，注意財經動向，並跟本書內容互相認證。我們要了解的是：

1. 人們對於經濟市場的態度。例如股票之所以會漲價，你必須知道其原因在於投資人預期該公司會在最近獲利。但很多跑短線的人只說：「反正它會漲」，真正股票市場是中長期投資，我知道某公司這一季或今年可能會分紅或有股息之類，所以我去投資它，這是股票市場運作的概念；而期貨市場的概念也相當類似。舉例說，如果我預計三個月或一年後黃豆會欠收，所以我就去買黃豆，等漲價後賣掉獲利。

2. 在中國，很多人非常盲目地投資，所以大家如果投資中國市場，就要更小心人為因素及政府影響，要了解投資怎麼進行、市場反應如何，這是大家自己需要做的功課，占星學只負責透露全球市場氛圍及取向。

我剛剛提到的姜恩曾經提出相當特別的技巧，他預測某一年美國密西西比河地區會氾濫，所以預先投資棉花，當氾濫真正發生的時候，棉花欠收，於是他之前所投資的棉花就賺錢了——你必須要有這樣的概念，而不是跟市場大媽一樣盲目投資。請學習一下基本投資概念，要清楚市場如何運作，而不是盲目聽取財經投資老師的意見然後跟風跟著買或賣，必須對自己的財務負責。我非常尊敬的占星師貝爾納德·布雷迪

（Bernadette Brady）老師有一年在教授個人經濟財務的時候說，如果她的學生或客戶來到她面前，只問：「我有沒有財運？我今年會不會賺錢？我投資這個會賺錢嗎？」她只會反問這位學生或客戶一個問題，而我也希望大家可以問問自己這個問題——你知道自己每個月賺多少錢、花多少錢嗎？你知道自己全部存款及負債有多少嗎？如果你不知道這些問題的答案，那麼，從現在開始至少整理出每個月的進帳及支出，這是變有錢的第一步。

布雷迪老師認為，如果這個人沒法做到這一點的話，占星師再怎樣幫他看財運也不會有太大幫助，這一點我非常認同。當然有些人可能會認為一個人只要有財運的話，他無論如何都會有財運，但是再強的財運畢竟也會坐吃山空，所以在現代占星學概念中，這個人也需要對自己行為負責。

經濟學中有景氣循環的概念，以半導體行業為例，假設目前市場相當蓬勃，不斷有新商品推出，那麼可能會需要半導體去生產 CPU 處理器；或者像近年，市場需要相當多的電腦或手機，又或是當蘋果即將推出新型號手機時，這時候市場需求就會增加。但當市場來到飽和點的時候，需求就會降低，人們對半導體的興趣也會相應減低，於是這些半導體公司的股票便沒有以前那麼吸引人，必須等到這些半導體的庫存被消耗掉之後，又或是那些公司再次推出新的電子產品的時候，需求才會再次增加，人們也才會再次對這些半導體感到興趣。

我們腦中必須擁有這些概念，財經占星學觀察的是景氣循環，占星學本身也強調循環，每年太陽都會來到牡羊座，從這一次到它下一次再來到牡羊座的時候，期間就會完成一次循環，從你今年生日到明年生日也是一次循環；月亮星座回到出生盤位置的時候正好是月亮回歸，這也是一次循環。

我們接下來要討論的是木星、土星、凱龍、天王星、海王星、冥王星及南北交點繞行黃道的過程，及對世界經濟活動的影響。同時會討論兩個一組的行星，例如木土、木天、土海、天冥、以及行星跟南北交點之間交會的循環。之前我們已經略為討論過木土的合相、四分相與對分相，對地球的經濟活動有著非常嚴重的影響，而 2015 年至 2016 年期間我們正處在最危險的一次關卡當中。我們這一章要專注於循環的概念當中，首先必須認識每個行星在黃道運行中所帶給我們的資訊。

假設木星來到了巨蟹座的前半部，當木星在一個星座的前半部時，它通常容易帶來經濟景氣的影響。結果你聽到這句話之後就馬上投資，但其實我們不能這樣做，因為我們還有非常多的資訊需要做同步的處理及判斷，也必須參考其他的資訊，絕對不能夠只因某一行星落入某星座，就馬上判斷接下來股票一定會漲或跌。從占星學來觀察經濟走勢是非常高深的學問，需要觀察非常多的星盤資訊才可以進行推測，千萬不要以為只憑單一星象就可以幫助推算。

3. 30 度圖象星曆

30 度的圖象星曆很少被使用，在本章節的一開始講解外行星與南北交點的星座時，我們使用到 30 度的圖象星曆，我們可以觀察到在圖 03-B 中最左邊的刻度是從 0 開始，一直到 29 度結束。而上方標示著日期，往右移動日期增加。每一條曲線都代表著行星的運行，當行星沿著黃道順行時，因為度數從 0 度開始增加，往 1 度、2 度、3 度的方向移動，曲線就會往下走，一直到 29 度 59 分到達圖表的最下方。然後接著會再回到圖表的最上方，並且移動到下一個星座的 0 度。

當行星逆行時，由於度數可能是從 5 度開始往 4 度、3 度、2 度、1 度方向移動，這時候曲線會往上走，走到最頂端象徵 0 度的地方；如果行星繼續逆行到前一個星座的 29 度時，你會看到曲線從右邊底部冒出來繼續往上走，直到行星恢復順行時，曲線才會恢復成向下的曲線。

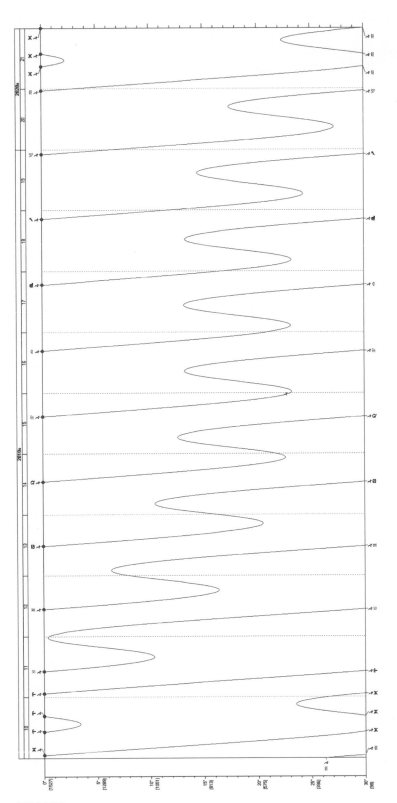

（圖 03-B）30 度圖象星曆。

4. 火星與景氣循環

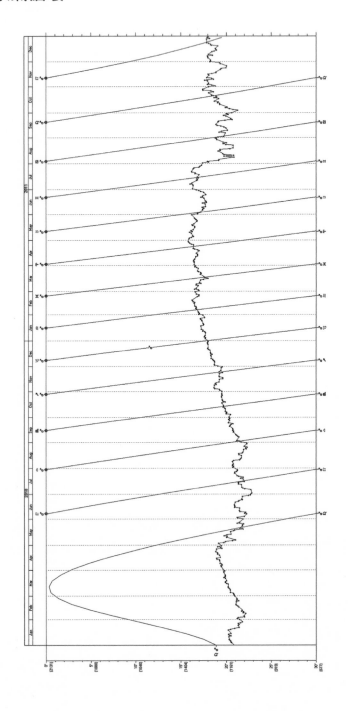

（圖 03-07）

　　圖 03-07 是 2010 年至 2011 年火星星座位置與標普 500 指數。

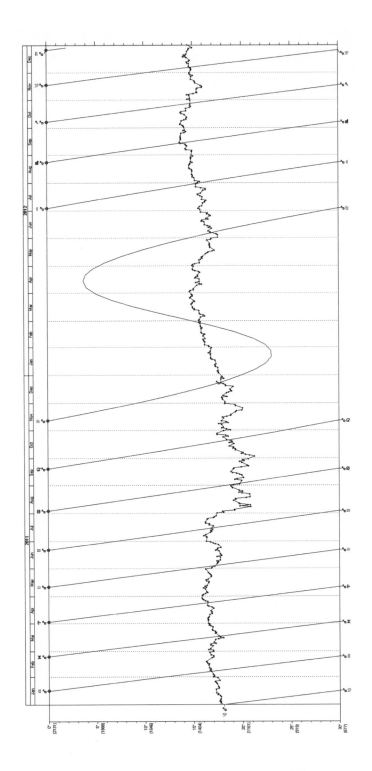

（圖 03-08）

　　圖 03-08 是 2011 年至 2012 年火星星座位置與標普 500 指數。

許多人會說火星象徵著戰爭與攻擊，但是火星是行動與生存的基本象徵，也象徵著我們如何去取得食物。在財經占星學上，火星的確跟製造業的循環有關，姜恩甚至認為火星的位置與大豆的收成還有價格有明顯的關係。有占星師認為每當火星接近巨蟹座中間的時候，美國的投資景氣會開始復甦；而差不多等到火星快接近天秤座跟天蠍座的時候，那會是投資與產業的高峰期。當火星經過天蠍座之後，從射手座開始，美國的製造與投資就會開始衰退。通常來到水瓶座會是第一次低潮，然後在雙魚座結束的位置來到谷底，並從牡羊座復甦，但在金牛座又會再次下跌，最後於雙子座來到循環的尾聲，再次開始準備從巨蟹座開始復甦。而我比對標普500指數與幾次火星循環的對應時，也發現了相似的特質。

假設你是一名投資人，要投資與火星相關製造產業的股票，你會決定在什麼時候進場？在火星雙子的時候還是火星天秤的時候？很多人應該會認同「雙子」是進場的最佳時機，至於大媽們則比較傾向是在天秤座的時候進場。所以，當市場下跌的時候，身為財經占星師的你應該要高興，因為你會知道什麼時候將會觸底。

但是，在市場預測中火星並不是那麼準確的參考，原因是：1. 它不能夠代表全球市場；2. 火星受到的影響其實相當大，尤其它的星座並不能準確代表投資市場的走向。在此我必須提醒各位：這張圖表對於投資決定其實沒有很大幫助，但我必須透過它來表達幾個重點：

首先，你們是否注意到我強調的只是「美國」的產業？其次，剛剛提及當火星在巨蟹座中間的時候，通常美國製造業會開始復甦。在這裡，我希望大家能夠思考一件事情：之前我們曾經看過美國的國家星盤，美國的生日是 7 月 4 日，它的太陽在巨蟹座中段，當行運火星合相本命太陽，你覺得是好事還是壞事？火星對你的意義又是什麼？競爭、暴力、動力、能量、衝動？太陽在國家星盤中象徵主權、總統及領導人，所以當火星接近太陽的時候，會對國家領導人帶來威脅，所以，當火星離開太陽之後，美國股票市場或經濟市場容易上漲。

讓我們嘗試用常理去解釋，如果我們把太陽當成政府或領導人，火星是衝擊、攻擊、衝動或威脅的話，行運火星離開本命太陽可能暗示威脅減低了。記住，財經占星學是一門需要同時運用常理及符號詮釋的學問，它有一部分的確

需要現實情況的推算，有一部分是計算，但也肯定其中一部分屬於符號詮釋的藝術。

所以，在美國的星盤中，當行運火星來到雙子座的時候，那不僅是它的火星回歸，火星也同時來到了星盤的其中一個角落。假設火星來到了第七宮，涉足你的社交生活的話，你覺得舒服嗎？你的社交生活會是平靜的嗎？所以，當行運火星來到這裡的時候，它將會合本命火星、金星、木星及太陽，在這一整段時間，美國的國情及外交關係絕對不會輕鬆，反之應該會充滿壓力。當國家處於一種可能面對戰爭或衝突的狀況下，投資人會想投資這個國家的產業嗎？當然，你可以說：「這時候不如投資軍火產業」，但我比較希望大家看到整體狀況，當有國家把導彈瞄準美國的時候，真的還有人會想投資美國產業嗎？行運火星經過這個位置的時候，這會是美國受到威脅的時間。

一些美國占星師很相信火星會於經濟市場上帶來一些影響，但這只限於美國而不是全球。火星的確跟美國製造業有關，不過圖表中的數據並非告訴我們全球景氣跟火星的關係，而是行運火星在美國星盤中帶來的影響。剛才曾經提及過，當火星來到天秤座跟天蠍座，那通常是美國製造業高峰，你能從這張美國星盤中得出一個相關理由嗎？

答案是因為那時候火星來到天頂，也就是火星代表的能量跟衝勁來到了政府當中，這時候政府會因為受到刺激而相當忙碌，也可能代表它受到威脅。當行運火星離開第七宮、尤其離開太陽的時候，製造業就會開始復甦，情況就像有一大缸水，你在上面放一塊小木板，請問木板會沉還是會浮？如果我給你一塊象徵威脅的大石頭，要你把它放在木板上面的話，請問木板還會浮嗎？它一定會沉下去。如果威脅離開了，石頭移開了，木板自然會再一次浮上來。

因此，當火星離開美國國家盤第七宮之後，從那時一直到它進入第十宮期間，正正就是美國製造業復甦的階段。而當它來到天秤座中間的時候，我們就要開始小心了，因為這裡有土星，要小心的原因在於土星守護美國國家盤第二宮。第二宮宮首在摩羯座 16 度 04 分，當火星來到這裡，通常會出現重大的經濟刺激，同時也說明了美國的製造業產能是其資源跟能力，所以才跟它的第二宮有關。當行運火星來到本命土星的位置，那算是一個頂點的位置。

當火星來到一個國家星盤的四個角

落的時候，它多半會帶來威脅，所以這時候我們必須考慮的是這會否威脅到這國家的經濟，以及這是不是長期的影響。火星每兩年半就會繞完黃道一圈，平均每兩個月左右移動一個星座，它對一個國家的影響大約只歷時一星期至兩星期左右，那很有可能帶來小小的危機及警訊，但坦白說那不會是我們觀察的重點。更重要的是，千萬不要以為我們可以只用一個行星的星座位置就來預測股市的漲跌，這只是我們認識循環的第一步，往後還有許多需要綜合考慮的指標。

5. 木星與景氣循環

圖 03-09 這張關於木星星座對投資影響的圖表非常重要，它是我們學習財經占星學的第一步。它非常有用，準確性及值得參考的程度非常高，但木星卻是所有外行星中於財經上影響最小最弱的，它非常容易受到其它因素的影響。以上這張圖表甚至可以反映全球的經濟景氣，例如當木星來到巨蟹座之前會出現一個景氣的最高峰，而且這是可信的。但是，同一時間如果有其他行星的運行跟它產生衝突相位的話，那麼這個優勢就會被抵消掉。假設木星來到雙子座的尾巴，那會是一個景氣高峰，但如

果木土這時候產生相位的話，就會造成不景氣，所有其他外行星星座相位的影響因素，都比木星星座的影響來得強。

木星循環是非常顯著的指標，全球經濟市場通常在木星來到巨蟹座前都會慢慢的爬到經濟高峰。但是，根據我的觀察，差不多在巨蟹座 10 度的時候我們就要非常小心，太多指標告訴我們這位置已經是景氣的盡頭。從這裡開始，投資景氣就會開始滑落，通常很多不景氣及危機會發生在木星獅子及木星處女的位置，所以需要注意這些地方。

木星處女的時候通常會來到一個階段的最低點，它可能有一點復甦，但木星在天秤座到天蠍座之間會有一些擺動，在天蠍座 15 度左右會開始復甦，當它在射手座時通常是一個頂峰，經濟景氣相當高的同時，市場會出現震盪，這種來回震動的好景會維持到木星進入摩羯座。當木星快要進入摩羯座的時候，那就是危機點，進入摩羯座之後就會一直下滑直到水瓶座尾巴才會結束，然後再從雙魚座復甦，來到牡羊座會維持一個階段的高峰，直到巨蟹座才會再次下滑，這是一個完整的木星景氣循環。

可能有人注意到這或多或少跟木星

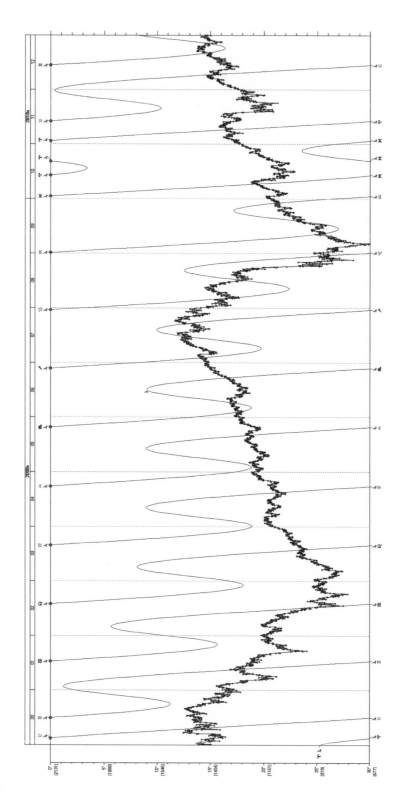

（圖 03-09）

的廟旺落陷有關，但如果它真的跟廟旺落陷有關的話，那麼，我們怎樣解釋木星在雙子座的市場反應呢？我其實認同兩者之間或多或少有點關係，但我們應該更加注意幾件事情：首先是其中的一點例外狀況，雖然木星在巨蟹座是擢升沒錯，但為什麼它在 10 度就開始下跌呢？這是我們需要注意的。

另外，我們也需要從供需狀況的角度去觀察，因為從雙魚座開始，製造業開始復甦，直到木星來到牡羊座，它都帶來了相當不錯的投資機會，直到快接近巨蟹座為止，人們都對它有高度預期並一股氣用上所有產能，到巨蟹座中間的時候，產量其實已經過盛了。我們需要考慮到市場供需及一點經濟學的概念，巨蟹座是木星非常強勢的位置，射手座及雙魚座則是它自己守護的星座，也是非常強勢的位置，至於處女座及雙子座則是它弱勢的星座。我們看到木星在雙子座的時候市場還有可能回來，但處女座到天秤座多半是非常糟的狀況。獅子座、處女座及雙子座於傳統占星學被稱為「貧瘠星座」；巨蟹座、天秤座及雙魚座是「富饒星座」，水象星座在古代的占星觀念中是多產的，但是如果你能夠知道獅子座及處女座是貧瘠的，而且木星既不喜歡待在雙子座及處女

座、也不喜歡摩羯座及水瓶座（土星的星座）的話，那會讓你的理解更為全面，當然也要記得把產能及供需的概念同時放進行星廟旺的概念之中。

同樣地，通常木星來到摩羯座時會出現走下坡的趨勢，1949 年及 1960 年的時候均發生了經濟衰退。木星水瓶則通常是經濟谷底。無論 1973 年石油危機及 1989 年東南亞跟東歐的經濟危機，都告訴我們當時整個經濟已經來到谷底。

2007 年全球金融危機時，木星當時就來到了摩羯座，那是我第一次開始教授財經占星的時候，當時我就對學生們發出了相當多的警訊並做了許多觀察。木星在 2007 年底進入摩羯座，從 2008 年開始，發生了冰島金融危機、美國 AIG 危機及雷曼兄弟事件，一連串的經濟事件讓全球陷入經濟危機，整個低谷一直延續到木星離開水瓶座為止。當然，當時冥王星入境魔羯座也有一定影響，這部分我們會於稍後內容中討論。

大家需要特別注意的，應該是「觸底」的時間點。一般來說，獅子、處女及水瓶是「觸底」的時間點，但我們需要注意一件事：木星水瓶所暗示的「經

濟觸底」非常明顯，但是處女快要到達天秤之間則通常有著「在底部整理」的意涵，通常在天秤座最初位置它還會掙扎一陣子，並開始有見底的跡象，所以水瓶座及天秤座一般來說會是最佳買入點，而射手座尾巴、雙子座尾巴及巨蟹座頭部一般來說則是最佳的賣點。在投資的時候，當我們注意到木星快到達巨蟹座 10 度或射手座尾巴之前，如果你不是非常藝高人膽大的人的話，不如入袋為安就好。以我個人來說，如果之前有獲利的話，我會傾向在這些時間點處理掉，但當然需要同時參考其他行星在其他星座的資訊，例如當冥王星進入摩羯座的時候，它會讓經濟下滑提早出現。

以上關於木星對產能走勢的影響是全球性的，在傳統占星學中，木星是財富的象徵，所以它絕對能夠影響全球經濟發展，當它出現於國家盤的不同宮位，也會相對地帶來不同影響。

接下來，讓我們再回頭看一次這個相當有趣的圖表（第 109 頁圖 03-09），它是木星在黃道上的運行（將近 14 年）跟標普 500 指數之間的關係。縱軸從上至下是 0 度至 30 度，橫軸是不同的星座，最上方則是 2000 年至 2013 年期間的時間軸，同時，縱軸由

下至上在括號裡的數字則是標普 500 的指數，因此，這圖表紀錄了這 14 年間木星在黃道上的運行跟標普 500 指數之間的關係。

木星 2000 年時在金牛座，往下走的灰線象徵木星順行，當它來到雙子座中間，也就是接近 2000 年底的時候，木星先逆行然後再順行，接著在 2001 年年中的時候，木星進入巨蟹座。我們看到在 2000 年的時候，市場反應並不如我們之前所討論，市場在木星雙子的時候就已經開始下滑，這時候你要問自己——在公元 2001 年木星進入巨蟹座的時候，市場為什麼不能上漲？當時是不是有其他占星學因素或行星相位影響？當時如果有強硬的行星衝突的話，它很有可能會帶來一些明顯的影響。木土合相發生於公元 2000 年 5 月，但 2003 年當木星位於獅子跟處女中間的時候，標普 500 有開始復甦，差不多直到木星來到射手座尾巴的時候，指數來到頂點，但在它進入摩羯座之後，市場就開始下跌，並在木星水瓶的時候觸底，這是最近一次木星循環跟市場指數之間的相互關係。

讓我們看看 1989 至 2000 年間木星在黃道上的運行跟標普 500 之間的關係（圖 03-11）。這是比較早期的數據，

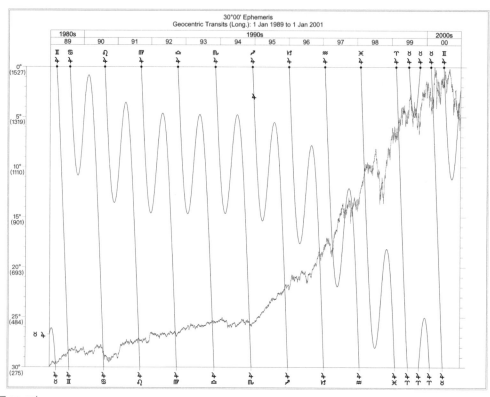

（圖 03-11）

1989 年，當木星進入巨蟹座的時候，指數的確來到頂點，直到木星離開巨蟹座，指數才開始下滑，於木星獅子座左右觸底並開始回復。我們看到在木星射手的時候指數曾經稍微下跌，但基本上它是一直往上的──別忘了那是全球經濟起飛的年代。指數在木星水瓶的時候的確有掉下來，到雙子座的時候攀頂然後再次下調。大家可以利用木星去觀察市場走勢，但請緊記必須要有相關資訊及概念，也務必把更多的技巧及占星符號納入考量再做出決定。

6. 土星與景氣循環

土星的黃道位置不能夠給予我們完整的漲跌起伏資訊，它所在的黃道位置亦無法確切地告訴我們這段時間的景氣是好是壞。可是，我們要記住一個概念，占星學是符號語言，木星代表什麼？它代表發展，也代表財富，就算木星在處女座不景氣，容易在處女座觸底，但即使再不景氣，市場仍然會有景氣的產業。木星符號會告訴我們，當它在處女座的時候，醫藥及服務業等等可

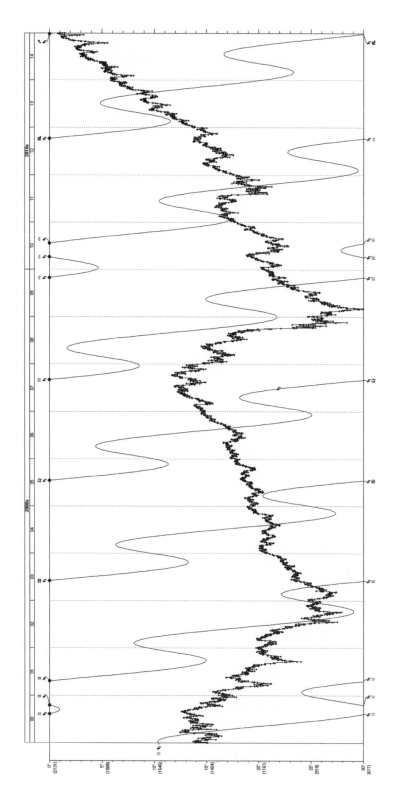

（圖 03-12）

能會發展，當木星在 2015 年剛進入處女座的時候，就有藥廠把治療愛滋病的藥物提高 500 倍。

相反地，土星的符號是收縮、蕭條及限制，就算這張圖表（圖 03-12）沒有提供任何資訊，你都可以根據每兩年多的土星星座轉換，告訴自己不要去碰哪些行業。當土星在射手座，它會跟旅遊、航空及高等教育有關，這時候就不建議投資航天業。我們要知道土星反映了哪些行業會受壓抑，當土星快離開的時候可能就會是買點，不過另一個提醒是要注意四個位置：圖 03-12 中四個觸底位置土星都在開創星座，每當土星進入開創星座，基本上都會帶來全球性的政治及經濟震撼，必須小心的是當行星來到開創星座的時候，都很可能會帶來這些影響。因為開創星座是所謂全球性的根基，它是基礎及重要的事情，當土星來到這裡的時候，我們的基礎、所有重要的事情都會受到影響，而且我們可以感受到非常嚴格的、壓抑的氛圍，因此，這時候經濟市場很有可能會受到影響。

圖 03-12 不太能夠反映產能的原因在於土星並不負責生產，它的特質是收縮及壓抑，所以它沒辦法解釋製造業榮景其實很正常，但我們仍然能夠從中看到土星所反映的訊息。當它進入開創星座，那會是我們需要注意的時候，特別是當它來到射手座尾巴幾度的時候。根據我個人的觀察，射手座尾巴的度數相當敏感，所有外行星甚至火星來到射手座尾巴的時候都會帶來相當明確的影響。

因為在占星學中，射手座 26 度至 27 度是銀河中心所在，銀河中心是一個巨大的黑洞，黑洞在宇宙中吞噬所有物質，連光線都逃不出來，所以要注意這個位置。你不妨研究歷年外行星來到這位置的時候，世界發生了哪些大事？蘇聯垮台、東歐劇變、以阿衝突、1929年的經濟大蕭條等等幾乎都有土星、天王星、冥王星甚至凱龍出現於這個位置，所以從射手座 25 度開始，我們得非常小心謹慎地觀望世界政局及經濟市場，這是符號的解讀而不是統計，是我這幾年間的研究，於 2008 年前後，當冥王星進入摩羯座前經過這位置時，就曾經帶來一些相當明確而劇烈的影響。

土星每兩年多會換一個星座，它會在 2017 年 2 月左右接近銀河中心，然後停在 27 度並開始逆行，所以從 2017 年 2 月到 6 月初期間，土星都會停在銀河中心，然後會在 12 月再次回到銀河中心，但我認為現在有兩個指標告訴我

們，2016 及 2017 年的政治及經濟局勢都相當容易混亂，我們要提高警覺。

7. 三王星及凱龍與景氣循環

天王星在黃道上個每星座會待上七年，所以它在一個星座的時間就已經差不多等同於一個景氣循環，因此這圖表完全沒有任何需要注意的資訊，我們也不用太在意它。但我們要知道的是，每當土星、天王星、海王星、冥王星及凱龍進入開創星座的時候，都會帶來震憾，同時也要注意它們經過銀河中心的時間點。

海王星會於一個星座逗留十四年，在財經占星學中，它象徵了狂潮或夢幻，同時也象徵了一種非常具有泡沫特質的經濟狀況，所以財經占星師們點出了以下重點：每當海王星進入火元素星座的時候，往往會帶來一種長期的熱潮跟景氣，而當海王星來到土元素星座，這種熱潮跟景氣就會衰退下來。

1807 年至 1820 年期間，海王星當時正位於射手座，帶來了十九世紀初的快速經濟成長，而熱潮差不多在 1819 年左右瓦解。1820 年到 1834 年期間，當海王星在摩羯的時候，當時歐洲經濟開始放緩，1861 到 1873 年期間則再次出現經濟熱潮，當時海王星在牡羊座，後來 1875 年到 1888 年，海王星來到金牛座，出現了農業不景氣；及後，於 1929 年到 1942 年期間，如果你熟悉歷史的話，應該會知道那正是二戰及經濟大蕭條發生的年代，當時海王星位於處女座。

1970 到 1980 年代初期，可以說是全球重要經濟市場復甦的階段，當時海王星在射手座，經濟快速復甦膨脹，亞洲四小龍跟日本的經濟都瘋狂起飛；但來到 1980 年至 1981 年的時候卻有一些衰退，原因是當時的木土相位。但來到 1987 年過後，經濟就非常不景氣，1987 年至 1990 年出現經濟衰退，日本經濟也出現危機；1994 年拉丁美洲跟墨西哥出現貨幣危機，1995 年英國霸菱銀行（Barings Bank）倒閉，造成整個歐洲市場的信用危機。1997 年東南亞跟泰國均有經濟危機，1998 年俄羅斯經濟危機，這期間正是海王星在魔羯座的階段，這不但是土元素所象徵的不景氣，更是開創星座帶來的震憾。

在占星學中，海王星不僅象徵著靈性精神與提升，波塞頓是給予人類召喚動物的動力的神，雖然海王星的確象徵幻覺及泡沫，但它其實也跟生產有關。想想看，古代人靠農業為生，但是希臘

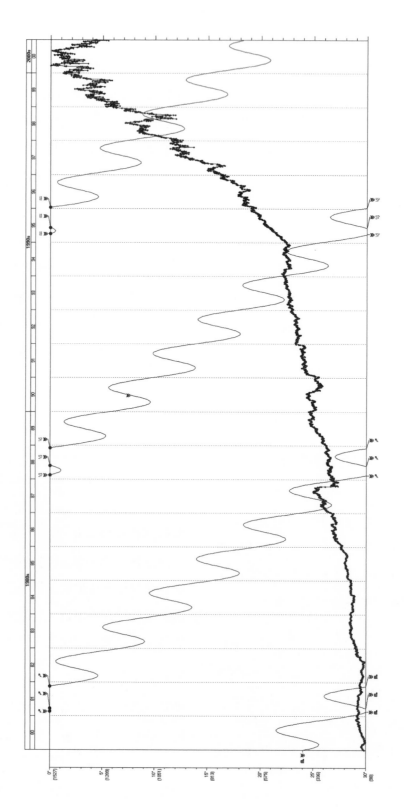

土地貧瘠，人們主要靠漁業、貿易及航運為生，在早期人類文明發展中，特別是中東跟地中海地區，人們靠的是漁獲及貿易，米諾斯國王就是為了祈求國運昌隆去跪拜海神，因為他統治的克里特島位於地中海，如果他想要國家強大的話，就必須要有豐富的漁獲跟強大的航運。農神地位的提升是因為後來的羅馬帝國，因為羅馬人不喜歡海洋，他們喜歡在陸地上打仗，所以農神變成他們崇拜的對象。海王星其實一直跟經濟發展的榮景有關，你不妨翻翻星曆，目前海王星正在雙魚座，2025 年到 2039 年期間會入境下一個星座牡羊座，那會是十多年的景氣，這是我們可以期待的。

正如之前提及，當冥王星進入開創星座及經過銀河中心的時候，我們都得非常小心。開創星座是一切基礎的開始，當外行星進入開創星座，就好像要展開新的一章或者著手興建一棟新房子，問題是如果房子要蓋的地方還有其他東西的話，那麼可能得要先掃平那堆東西，這是外行星進入開創星座時要做的事情。在我的觀察中，四個開創星座中有兩個特別跟人類經濟活動有關——巨蟹跟摩羯，我發現有非常多的重要經濟事件幾乎都發生在外行星進入巨蟹座或摩羯座的時候，所以它倆很有可能是

相當重要的指標。這條軸線是父母的軸線，巨蟹象徵生產，所以一般來說，當外行星經過摩羯或巨蟹時，將會帶來非常強烈影響的重大指標。當然，這不代表餘下兩個開創星座就不會帶來影響。

關於冥王星，基本上我們只需要知道它在開創星座期間會帶來重大影響就夠了。

所有美國占星師都不使用凱龍，我是少數研究財經占星學卻仍然在用的人。關於凱龍，我們需要注意的仍然是開創星座及銀河中心，當然，如果凱龍進入金牛座，那仍然可能暗示它對全球經濟狀況的影響。1960 年代凱龍牡羊時經濟上並沒出現特別暗示，但 1970 年代初當它準備進入金牛座時，就帶來了重大影響，所以要注意它進入開創星座的時間點。

我們在上述內容中所討論的，是關於製造業指數跟行星運行之間的關係，當我們知道這些關係之後，我們就能掌握接下來什麼時候會出現下一波景氣，到時候我們便能向投資老師請教。前面我們討論到木星的黃道位置跟經濟市場反應之間有著非常精確的關聯；火星印證了行星對國家盤的影響；土星告訴我們其對經濟影響力之低，但同時也讓我

們知道開創星座總會反映某些重要資訊，它每次轉換星座都會帶來蕭條跟危機。一戰的時候土星在巨蟹座，石油危機的時候也是，土星天蠍也可能會帶來危機，在魔羯座的時候危機最多。例如 1931 年歐洲銀行危機、1929 年的華爾街崩盤、1930 年的全球經濟衰退、1960 年的另一次全球性衰退、1989 年的再一次經濟衰退、以及 1990 年日本危機及隨之而來長達十年的經濟蕭條。

2007 年的時候，有相當多的行星進入開創星座，2007 年從匯豐銀行到花旗銀行到雷曼，發生了相當多經濟跟財務上的衝突。當時木星在摩羯，冥王星也快進入摩羯，甚至在 2010 年的時候，很多行星都落入開創星座，當時木星巨蟹、冥王摩羯、天王牡羊、火星天秤，組成開創大十字。開創星座一直跟全球政治及經濟發展有著密切關連，當外行星來到開創星座，我們必須在政治及經濟上保持較高的靈活度及敏感度，因為當中發生的文明、文化及政治轉變，都有可能影響經濟市場的走向。

三王星待在每個星座的時間不一，但是它們跟土星及凱龍都有共同特色，那就是當它們進入開創星座的時候，都會帶來重大的經濟震憾，很多經濟危機及蕭條都會出現在這時候。經濟危機跟經濟蕭條的最大差別，在於危機只是一陣子，是一個關鍵時刻，蕭條則是一段很長的時間。從長期的局勢來看，從 2007 年年底到 2015 年，如果著眼於全球局勢的話，或許我們需要承認目前正處於經濟蕭條。

8. 南北交與景氣循環

南北交在財經占星學中占有相當重要的地位，很多占星師不重視南北交，或只著眼於它的靈性面上，但如果你是財經占星師的話，你絕對不會容許自己錯過南北交在這方面的研究。我們在上一章曾經提到過它代表一個完整的經濟循環，甚至跟美國的地產循環有關。所有行星都在黃道上，從牡羊座開始沿著金牛、雙子、巨蟹的方向運行前進，只有南北交不一樣，它的運行方向是反過來的，從雙魚、水瓶、魔羯、射手一直前進，北交點會在一個星座逗留十八個月左右。

我們知道的是，從處女座開始到巨蟹座是復甦的，然後差不多到牡羊座之前會出現非常劇烈的滑落，然後再從牡羊座回到雙魚座，雙魚到水瓶是上揚的，然後一直回到射手座——這是北交點跟美國製造業產能之間的關係，是我們需要注意的。北交點可以反映非常明

確的經濟景氣，我們會在下一章的內容中論及一些姜恩的理論，當中有一個歷時大約八至九年的經濟循環表格，那表格正是根據北交點景氣循環而做的，在那部分我會嘗試把它還原到占星學當中，但是大家可能需要先記住下滑的階段在哪。

除了製造業，我想跟大家討論南北交點跟美國房地產市場之間的關係，透過討論，我們能夠了解怎麼觀察一個市場，雖然這例子只限美國房地產，但從中我們能夠知道一些觀察其他市場的技巧。

首先我們要知道的是，南北交點的星座在所有美國財經占星師眼中，一直都是非常強烈的經濟活動指標。從符號詮釋上，它是太陽軌道跟月亮軌道在同一高度交會的點，當太陽跟月亮來到這一點，它們的高度會跟地球一致，於是地球偶爾會擋住太陽的光芒，並於新月及滿月的時候產生日蝕或月蝕。在財經占星師眼中，南北交點不只是七十年代靈魂演化占星學所說的前世今生，它有另一層意涵，象徵人與人的交會，就像是路口一樣。當月亮跟太陽同時來到這個高度，於這路口交會之時，那象徵了人群的動向，很多行星跟南北交合相或四分相的時候，例如當火星跟南北交合

相，你會看到人們的瘋狂；土星跟南北交合相期間，你則會看到人們很嚴肅，這正正反映了人群的動向如何被行星影響。

在這裡我們看到的不只是南北交對人們的影響，它甚至影響經濟活動，並精準地描述了美國的房地產市場。美國占星師 Louise Mcwhirter 的著作在財經占星界相當有名，雖然當中資料相當古老，但仍然非常值得一讀。根據過去 70 年的美國股市資料研究，她認為當北交點離開雙魚座並進入水瓶座的時候，那會是美國股票市場的最低點，股票市場的高點則往往出現在北交點進入獅子座的時候，要注意的是這些景氣搭配的循環。

房地產的銷售通常是一個 18 至 20 年的循環，在美國房地產市場中，有著 8 至 9 年的高點及低點，美國房地產市場的高點通常出現在北交點從金牛座進入牡羊座的時候，然後多半在出現最高點後開始掉下來。月交點告訴我們非常多的資訊，但無論是怎樣的高點，當它遇到其他外行星相位左右、或者當外行星進入開創星座的時候，它都會受影響。當行星跑得越快，其影響力越小，因為在傳統占星學觀念中，走得越慢的行星力量越大，因此，如果木星在最景

氣的巨蟹，但冥王星及天王星分別在摩羯和牡羊的話，經濟氛圍仍然會是壞的。這種概念清楚地告訴我們，雖然北交在牡羊金牛的確是高點，但必須理解的是差不多從北交巨蟹開始就已經是景氣的起點，可是當中如果有任何外行星強硬相位的話，這種景氣循環的時間點仍然會被影響到。

西元 2000 年的時候曾經出現泡沫經濟，所以當時美國調低了利率，藉以刺激房屋市場的買賣及銷售量，美國各地於是開始大興土木，房屋的熱潮一直延伸到 2005 年北交點進入牡羊座的時候。問題是這時候越來越多人想買房子，但大家收入不一，所以貸款公司開始用力把錢借出去，很多公司開始承接

信用不好的人的房貸，最後這些人沒有能力還款，造成了次貸危機的出現。

可是當時沒有人察覺到一件事，很多人以為次貸危機只出現在美國，但那其實是一個全球危機的警訊。房價從那時候開始下跌，而因為人們沒能力還款，次貸危機影響到銀行及政府，整個經濟於是開始崩塌，所以它跟房地產有關聯。北交點差不多在巨蟹到牡羊期間是美國房地產上漲的時刻，過了牡羊座之後市場就開始掉下來，通常當北交點從牡羊座移動到雙魚座的時候，就會是美國房屋泡沫出現的時候。2007 年 3 月，房屋價格只有之前的一半並一直持續滑落，直到 2010 年左右，當時有新聞報導中國組團去美國買房子，聽說底

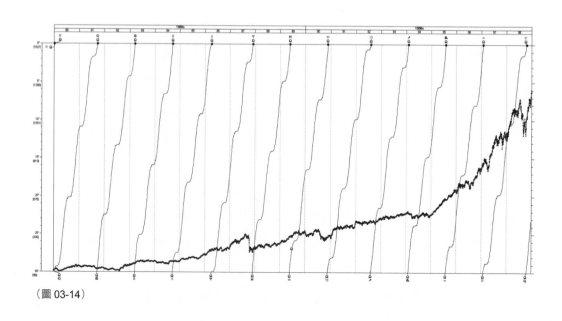

（圖 03-14）

特律的房子一幢只要一美金。

北交點從雙魚座移動到摩羯座的時候會接近市場最低點，2009 年左右，除了美國之外，西班牙也出現了相似問題，當地房地產也差不多在那時候開始出現嚴重衰退，這階段的北交點的確被視為經濟低點。然而，因為我不是房地產跟經濟景氣如何相互影響的研究專家，所以我要提醒的是，我不知道經濟景氣跟房地產買賣之間是否正向關聯，但我很清楚的是北交點星座的指標能夠發揮的影響力並不如土星、天王星、海王星及冥王星。

如果你估計北交點摩羯座是低點，並且準備要開始復甦的話，那你可能需要小心。因為在 2009 年的時候，天王星正準備進入牡羊座，冥王星也剛進入魔羯座，木星要離開巨蟹座，當時很多行星都在開創星座，並與冥王星進入四分相的範圍。從美國國家盤中，我們可以看到當冥王星進入魔羯座之後，就影響到美國的金星、木星及太陽，所以這當然會影響房地產的景氣。我們剛才提及美國房地產的景氣高峰在北交點牡羊座，而國家盤的第四宮跟土地及房地產有關，美國國家盤第四宮宮首落入牡羊座，北交點在星盤上順時針來到這位置，越過天底後市場開始不景氣，來到

上升點時則差不多是最低點——注意第四宮，北交在第四宮及第五宮的時候會是房地產的熱潮。如果你關注台灣房地產，我使用的是民國元年 1 月 1 日的星盤做為國家盤，而它同時也有這種跡象。

9. 四季入境圖之應用

在這部分，我們會仔細檢視人類的經濟活動跟占星之間的關係。占星師透過很多占星符號去觀察人類的經濟活動，其中包括早期的人類社會。占星學中有所謂的歲差移動，它每二千年會移動經過一個星座，幾千年前當春分點位於巨蟹座的時候，那時候出現了人類文明及農業社會，當它之後來到雙子座，書寫系統開始出現；到金牛座時出現大型的宮殿、城牆及大型的耕作體系；牡羊座的時候則是戰爭的開始。春分點目前在雙魚座，人類探索二元的關係，包括肉體與精神、黑暗與光明等等。春分點即將於 2600 年左右進入水瓶座，關於很多人掛在嘴邊的水瓶世紀或水瓶時代，或許占星學可以提供一些人類文明的世俗活動指標及觀察。

但我們要知道的是，每當行星移動進入某星座，它都會突出一些主題，現代的占星師認為一個行星的符號可以有

非常多不同的指向，也就是說占星符號會是一個獨特的指標。你覺得木星的特質是什麼？它代表什麼？擴張、哲學、幸運、信心、膨脹、信念等等，如果把這些主題跟社會事件、機構、團體或人物做連結的話，我們可能會聯想到學者、高等教育或宗教團體，這些事件多半也跟文化有關，例如出版業、文化交流及大眾傳播，也可能跟國際性事物有關。

然而如果木星每年更換一個星座，那麼星座的事情就會受木星的影響。好幾年前，我曾經有一位學生進行研究，調查那一年的網路熱門關鍵字詞，那一年是木星天蠍，他搜尋到的熱門關鍵字包括了保險、殯葬、死人化妝師等等，我覺得非常有趣。的確，我跟出版社朋友都會討論每年的出版方向，根據木星當年的星座告訴他們哪些行業或特質會比較適合那一年的發展。

其實很多人都明白行星運行跟社會之間的一些關係，重點是大家能否精確地把這些運行連結到社會事件上。有些人眼光比較狹隘，只會關注幾件事情，現代占星師則比較喜歡運用聯想，從一個星座去聯想哪個行業會在某一年發展得比較好。正如我們之前討論過的，當木星在處女座，醫療、女性用品、衛生、健身、健康相關行業都可能受到木星影響而景氣，哪怕於傳統占星觀念中木星是弱勢的。同樣的道理，正如之前所述，如果你只看到行星的其中一面，例如海王星只看到靈性夢境，北交點只看到業力的話，那麼，你可能需要了解更多才能夠於財經占星中發揮得更好。

財經占星師會比業力占星師更加在意海王星跟南北交，而關注的重點特別是它們於物質層面的表現。另外，有些時候我們必須稍為釐清守護星跟星座之間的差異性。舉例來說，當討論天王星跟水瓶座，很多老師都會指出水瓶座是熱衷人群的互動，但天王星對人的關注就不那麼明顯，所以要釐清星座的特質能否完整套用在行星之上，這也是我們做判斷前需要的一點考量。

此外，一定要記得觀察大的格局。一個行星，例如 2010 年木土對分，同時加上非常多的外行星強硬相位，差不多形成大十字，只是還沒進入開創星座。財經占星師認為這是重大危機，但問題是你們之前會否覺得 2010 是經濟危機的一年？如果不覺得的話，為什麼呢？是不是因為那一年只有歐洲有問題？是否因為那一年中國經濟正在起飛，抵抗得了而沒有受影響？然而，來到 2015 年時我們必須小心，因為很多

警訊出現了，中國在這年 6 月發生第一次大型崩盤，相信翌年只要歐美有問題，中國也不容易獨善其身，因為中國經濟已經成為環球經濟的重要成分了。

所以，在做出判斷前我們必須進一步確認，例如當我說今年有木土四分，第一，我會非常大膽的預測今年全球經濟不會太好，但是哪些國家會被刺激得最嚴重呢？這時候我們要考慮：中國？美國？還是其他地區？中國 2015 年 6 月的股災差不多是在 6 月 15 日開始，於 6 月 26 日跌得非常嚴重，這時候我們要試看看幾個能觀察的現象。

記得不要一開始就把重點放在水星、金星及火星之上，因為這會是非常不準確的做法，並可能會因此做出相當多錯誤的判斷。如果你曾經有系統地學過占星學，你應該會知道占星師們認為當大型事件出現或發生，同時一定會有外行星的指引跟指標，而內行星的角色很多時候是負責觸動。假設我現在要準備發射弓箭，我會把弓及箭準備好，想好什麼時候放手讓箭射出去，內行星扮演的正是放手這一刻。在占星師眼中，外行星幫助準備好事件，內行星則告訴你「時間到了」，這是我們必須要有的概念。

之前有學生對金融行情概念相當了解，她認為：「最近金木三分，股市應該會大漲才對。」結果當時市場跌得蠻嚴重，我認為金星的作用可以溫和一些事情，也可以帶來歡樂，但是不一定能夠幫助我們突出重大事件。內行星是觸動的指標，外行星之間的相位則可能告訴我們今年的主題是什麼。財經占星師都知道 2015 年年底有很多外行星在開創星座，木星從獅子移到處女，這是我們在之前內容中曾提及的，木星在獅子到處女之間顯示的經濟活動狀況是大跌，通常會在處女座到天秤座之間觸底。

當我們擁有這些概念的時候，也許我們就會開始想，當行星的位置或相位帶來不良影響的時候，我們可能會想知道某個國家是否會受影響？讓我們從以下案例中探討一下。

財經占星全書

案例：2015 年中國分析

2015 Aries Ingress
Natal Chart
21 Mar 2015, Sat
06:45:08 AWST −8:00
beijing, China
39°N55' 116°E25'
Geocentric
Tropical
Placidus
Mean Node

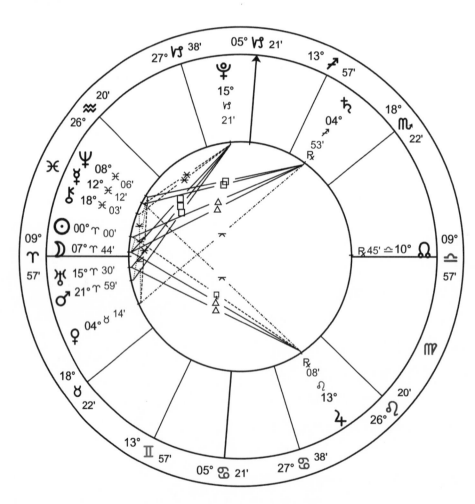

（圖 03-15）2015 年北京春分圖。

左頁圖 03-15 是 2015 年北京的春分圖，我們必須從中找出它跟未來經濟走勢有否關聯。首先我們必須先關注第二宮跟第八宮，觀察行星的相位是否對我們產生影響？土星在第八宮並四分海王星，這的確會有重要影響。

2015 Cancer Ingress
Natal Chart
22 Jun 2015, Mon
00:37:54 AWST −8:00
beijing, China
39°N55' 116°E25'
Geocentric
Tropical
Placidus
Mean Node

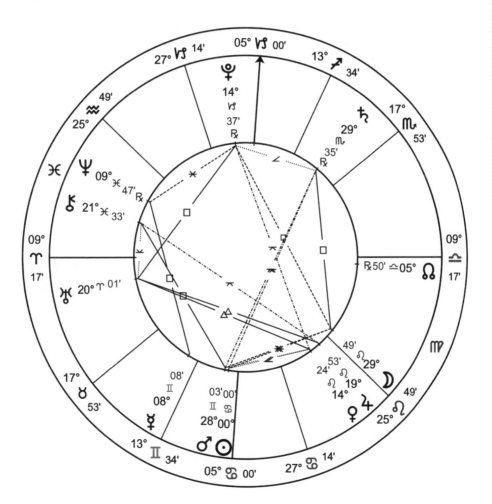

（圖 03-16）2015 年北京夏至圖。

上頁圖 03-16 是同年北京的夏至圖，土星依然在第八宮，這時候已經發生了中國的股災，我之所以會觀察這張夏至圖，原因是這張圖相當靠近股災的時間點，那時候太陽火星合相，火星是八宮守護而且跟土星產生了150 度相位，150 度相位是相當具有財經危機的相位。另外，水星在第二宮跟海王四分，這些相位都告訴我們：一些錯誤的資訊、來自於外地或外地的影響、國際之間經濟的影響、以及不明確的消息會影響這年夏天的中國經濟。

如果我知道今年有這些經濟上的重大危機指標，那麼我就會觀察我所關注的國家其星盤上的經濟活動，看看有沒有需要重視的事情。甚至在三月的日蝕圖中，天王星緊密落在第八宮宮首並四分冥王星，這是相當嚴重的相位，尤其在經濟及股市的影響上。所以如果你能判斷這些的話，你就能進行很多研究。

之前討論過外行星的星座循環與及行運行星對於經濟活動上的影響，我們討論過當火星經過美國星盤的重要位置時，它會產生一些影響。我們可以知道的是日蝕的影響是一整年的，它有時候會立即出現，但通常會維持一整年。另外如果要看三月至五月的話，我們可以有一些非常有趣的技巧，例如我們可以把中國的國家盤跟春分圖擺在一起觀察。

在圖 03-17 星盤中，內圈是中國國家盤，外圈則是 2015 年中國的春分圖。我們看到春分圖的北交點來到國家盤第八宮，這當然暗示了中國這一季需要對經濟活動多加留意；同時春分圖的北交點也跟中國的太陽合相，太陽是領導人、國家的意識及榮耀。另外，記得要注意合軸星，春分圖的木星正合軸國家盤的下降點，它是傳統上的吉星，象徵擴張及發展。這春分圖的木星也合相中國的火星，暗示了火上加油，這算是非常簡單的關鍵字配搭。

除此以外，注意春分圖的土星合相中國國家盤的凱龍，海王星跟木星是中國的二宮守護，春分圖中海王星四分土星，這些事情可能暗示了市場高高的升起然後重重的放下來。透過最簡單、最靠近這時間點的星圖，我

們可以觀察出這些資訊。另外，要注意一個非常簡單的重要概念，如果要讓事情掉下來的話，你必須先讓它登頂，每次股市危機都是國家的市場先瘋狂上升然後才重重的跌下，如果你看到一個地方的金融市場沒原因的上漲，這時候很多專家都會建議趕快賣掉。

Inner Wheel
China – National Chart
Event Chart
1 Oct 1949, Sat
15:15 AWST −8:00
beijing, China
39°N55' 116°E25'
Geocentric
Tropical
Placidus
Mean Node

Outer Wheel
2015 Aries Ingress
Natal Chart
21 Mar 2015, Sat
06:45:08 AWST −8:00
beijing, China
39°N55' 116°E25'
Geocentric
Tropical
Placidus
Mean Node

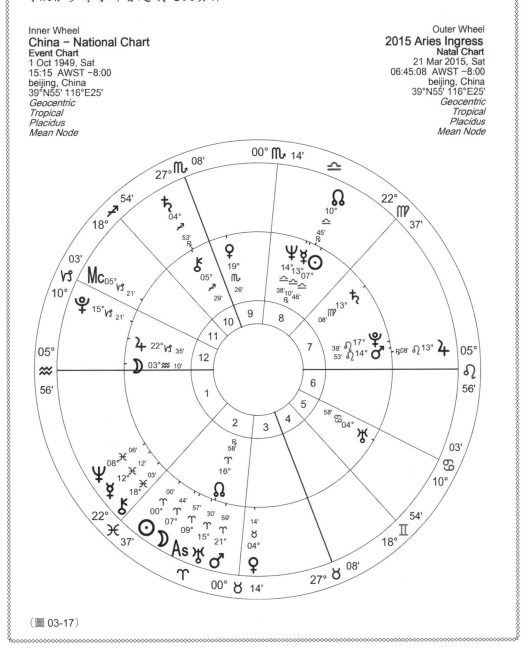

（圖 03-17）

我必須強調的是，我們不能單憑以上的技巧去做出關於買賣的決定。以上這張雙重星盤，外圈當中有第二宮星群，這看起來是一個非常忙碌的第二宮，但忙碌代表市場上漲嗎？還是代表下跌？有機會是忙著救市嗎？這一張星盤是春分圖，它告訴我們的資訊是春天期間國家的情勢，但我們不能夠單憑這張星盤就知道自己應該於某一個月進行買或賣，我們只能憑藉它得知春天會有非常忙碌的經濟活動。

如果看到中國這年春天有如此忙碌的經濟活動的話，所有投資人會因此認為應該於上一年冬天就應該進入市場，所以這張星盤告訴我們的是，我們在這之前就應該動手了。在這個春天裡，我們看到土海四分卡在中國第一宮，海王星同時是中國的二宮守護，在這些危機暗示下，我們就知道隨時要準備賣了，重點只是你需要更確切的時間點，我們會在後面內容中討論相關技巧，這門技巧將會跟月亮及內行星有關。

我們現在先從以年度為單位的技巧進行觀察，春分圖是以季度為單位的年度觀察，看看有什麼需要注意，之後再從季度收窄到月份，一步步做出判斷。

大格局是重要的，在占星學中有所謂木星的十年及土星一年，2000到2010是木星的十年，期間只要一點點良性的刺激，就可以帶動市場大漲。但是，當來到土星十年，一點點好的星象刺激不會造成大漲，因為人們沒有以前樂觀，而且變得更加謹慎，不會因為一點消息就做出瘋狂的舉動，必須等這十年過去了，人們厭倦了死氣沉沉的氛圍，然後再度進入木星十年，人們就會更加大膽。我們必須從大的循環出發，一步一步的看下來。目前我們正處在土星十年，我們要知道整個世界及國家行事都是小心翼翼的，它們不會做出大膽的動作，這時候即使我們看到一組會刺激經濟的相位，也要心裡有底，知道不應該隨便跟著一起瘋，或者應該盤算離開收手的時間，提醒自己這是土星十年，能賺到就應該收手了，除非你有更專業、更具金融知識的其他手法。

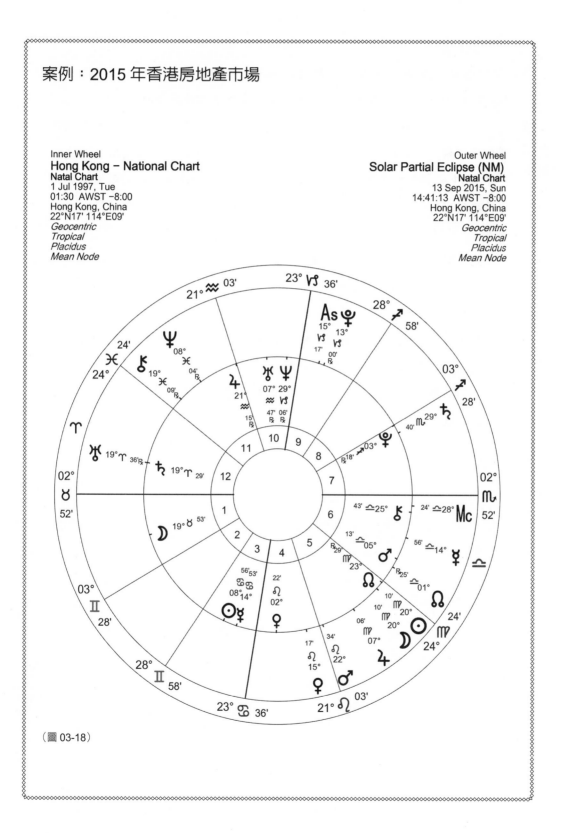

案例：2015 年香港房地產市場

Inner Wheel
Hong Kong – National Chart
Natal Chart
1 Jul 1997, Tue
01:30 AWST −8:00
Hong Kong, China
22°N17' 114°E09'
Geocentric
Tropical
Placidus
Mean Node

Outer Wheel
Solar Partial Eclipse (NM)
Natal Chart
13 Sep 2015, Sun
14:41:13 AWST −8:00
Hong Kong, China
22°N17' 114°E09'
Geocentric
Tropical
Placidus
Mean Node

（圖 03-18）

　　另外，之前提及過房屋跟房價市場，我們可以先從香港的市場開始著手觀察。2015 年，香港的房價開始下跌，我們可以看看圖 03-18 星盤。

　　先判斷哪些符號跟房屋市場有關，我們知道第四宮、巨蟹座及天底都跟房屋有關；至於行星的話，月亮則比較有關聯。香港國家盤的天底位在巨蟹座 23 度，之前我們提及過美國房地產景氣幾乎都會於北交來到天底的時候達到高點；另外，注意外圈的星盤是日蝕圖，我們需要對月交點特別注意。

　　北交點來到第六宮，我懷疑它到獅子座時樓價可能會回升一點；另外，香港的本命月亮在金牛座 19 度，注意有沒有行星這時候跟月亮產生相位，因為它不但於星盤中擔任房屋的代表，而且更是一般星盤的房屋代表。行運火星金星都跟本命月亮四分相，有趣的是日蝕圖的土星非常靠近本命冥王，日蝕盤的天王星則靠近本命土星，特別注意如果有外行星來到第四宮的時候，它會對房屋價格造成重大影響。透過簡單的日蝕圖及春分圖，我們就已經可以預測房價高低的狀況。

10. 關於外行星相位循環

外行星的相位循環會透露相當多的資訊，行星在星座上的循環透露了世界局勢大致上的氛圍，但更具影響力的是接下來要探討的外行星相位循環。在開始討論前，有一些重要概念需要先知道，這些內容我們之前的確討論過，但讓我們先在這裡快速地複習一下，因為這會影響到對接下來內容的理解，而理解及掌握相位循環對世俗事件及經濟市場的影響，可說是財經占星學中相當重要的一環。

當兩個行星在同一星座及度數會合，那就是合相。從合相開始，運行比較快的行星會往前走，另一顆速度慢一點的行星當然也會前進，但會因為速度比較慢而落後。當兩者一直往前移動並第一次形成四分相，合相被認為是這循環的起點，第一次四分相則被認為是這循環中的第一次危機點，是一次跟發展有關的抉擇。在經過四分相之後，兩顆行星會繼續往前走，然後兩者形成對分相，在這裡，兩顆行星會互相看見，可以想像種子在合相的時候被埋下，在四分相時茁壯，在對分相時開花結果，成果這時候會被看見。最後，當行星在經歷對分相後，它們會來到另一階段——

另一次的四分相，也是循環中第二次危機。這一個四分相是跟結束有關的抉擇，循環不會在這裡結束，但這裡會有很多危機告訴我們這次的循環即將踏入終點。

我們知道合相是 0 度，第一次四分相是 90 度，對分相是 180 度，下一次四分相又是 90 度，如果把星盤看成一個圓形的話，循環結束前的四分相其實是 270 度的位置。在占星學中，所有強硬相位都可能暗示程度或大或小的危機，合相、四分相及對分相幾乎都是危機點，我們要觀察的是哪些行星帶來的危機特別容易影響經濟。合相也是危機點，因為只要兩個行星相遇，它們就會彼此互相影響，合相不一定是好的相位，這概念不論傳統還是現代都一樣，要注意的是相位由哪些行星形成。例如金木、木海、木天還是木冥，有些時候即使是強硬相位，它們仍然有可能刺激經濟發展，原因是這些行星都跟發展有關，但聽到土星及冥王時則要特別小心。

接下來我們會從木土相位循環開始，一組組的討論每個外行星相位循環，因為這些行星的特質才是我們應該關注的。例如我們已經知道木土相位容易帶來經濟危機，原因是它是快速的循

環，所以它帶來的是危機而不是蕭條，當然它也可能帶來短暫的經濟刺激；木土三分及六分不一定是好事，相位孰好孰壞，觀察的重點在於行星本身的特質，行星才是重點。木星的確會鼓勵發展及擴張，但土星也的確會帶來壓抑，只要它們產生相位，你就要知道這時候市場會出現調整跟控制，差別只在於手法是靈活還是高壓。

因此，當觀察相位時，我們必須拋棄固有概念，三分相跟六分相不一定是好的，必須觀察的重點在於行星。無論是什麼相位，只要土星介入，那麼即使相位不同，當中分別也許只是死得快和死得慢而已。柔和相位比較快，強硬相位比較延緩，所以木土一直都是關於對市場的控制，這也是為什麼占星師這麼重視木土相位。木土相位不會告訴你市場什麼時候大漲，但它會告訴你接下來是靈活的調控還是硬著陸。

試回憶一下中國 2015 年 6 月時救市的方式，那搶救方式比較像是六分相還是四分相？答案當然是四分相，因為那是手段比較暴力的救市，中國用上所有資源去處理這件事情，這手段不像六分相，三分相跟六分相只是靈不靈活，是手腕上的分別，與結果無關。

不是每組行星相位都可以告訴你市場會否發展，最重要是注意市場什麼時候會遇到挑戰，大部分關乎土星的相位多半都需要注意。另外，冥王星有時候代表危機，所以也需要注意，至於其他的行星相位我們會逐點討論。

同時，我們要知道的是，0 度、90 度、180 度跟 270 度位置都是相當值得注意的。我們其實可以想像黃道上的 0 度是牡羊座，90 度是巨蟹座，150 度是處女座，180 度是天秤座，天蠍座是 210 度，也就是另一邊的 150 度，摩羯座是 270 度。摩羯座的時間從 12 月 21 號開始一直到 1 月 18 日，這是北半球的冬天，天氣也越來越冷，通常差不多一月到二月左右是最冷的，這時候外面一片蕭條死寂，很多財經占星師透過這概念告訴我們，270 度是死亡的交叉點，當行星循環到兩顆行星 270 度的階段，很多東西都會「死掉」，要等到下一次合相過後一陣子，萬物才會像春天降臨一樣再次重生。

在財經占星學中，除了對分相後的四分相、也就是 270 度位置外，另外相當需要注意的是兩個 150 度位置，所有學派的占星學都認為它跟危險、危機、調整及控制有關。黃道上的兩個 150 度星座是處女座及天蠍座，處女座跟整理

及控制有關，天蠍座則跟死亡及蕭條有關，因此，在相位概念上，木土 150 度也會是值得注意的位置。

11. 45 度圖象星曆

圖 03-19 是 45 度圖象星曆，它對占星師非常有幫助。圖表上方是年份及月份，左方則是 0 度至 45 度的刻度，事實上，當行星線來到 45 度之後，它就會馬上接著從最上方繼續。這等於我們把一張星盤的 360 度變成了以 45 度

為單位，一個 360 度等於八個 45 度，所以，開創星座 0 度會在圖象星曆的最上方，春分點是太陽進入牡羊座 0 度的一刻，我們在圖表最上方看到那位置有一黑點出現，每過一天太陽就會往下移動一度，一個星座有 30 度，我們預期在刻度 30 度的地方應該有另一個小圓點，它代表太陽在那裡轉換星座，因此，30 度這位置同時也代表固定星座 0 度，然後又像前述一樣往下走，32 度的位置等於是金牛座的 2 度，33 度是金牛座 3 度，如此類推。

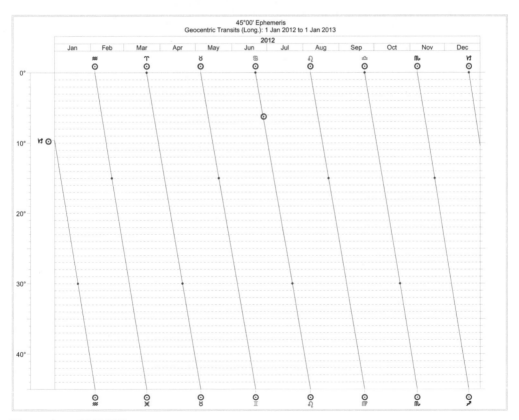

（圖 03-19）45 度圖象星曆。

當它來到 45 度位置的時候，那裡是金牛座 15 度，然後線就會跳回最上方，那裡同樣是金牛座 15 度，接下來線會像之前一樣往下走，於是，固定星座 30 度剛好會是刻度 15 度的位置，因此那裡會是變動星座 0 度位置所在，行星線會一直以同樣邏輯於圖表走完餘下部分。

圖象星曆有什麼用呢？當要觀察一整年星盤的時候，占星師不可能畫出 360 日的星盤，而且占星師們也會想要知道相位形成的時間，這時候圖象星曆就相當有用。讓我們透過天王星跟冥王星於 2012 年至 2015 年的相位做例子解釋一下（圖 03-20）。

2012 年年初的時候，天王星來到圖表最左上方的位置，然後從牡羊座 1 度開始一直往下，往下走代表順行；來到第三季的時候，線停了下來並往上走，那代表了停滯跟逆行。之後它在 2012 年年底停滯並於 2013 年第一季回復順行，幾年來一直來回於牡羊座當中的位置。

接下來讓我們看看冥王星，它這幾年來一直位於開創星座的魔羯座，並跟天王星形成四分相，在圖象星曆中，所

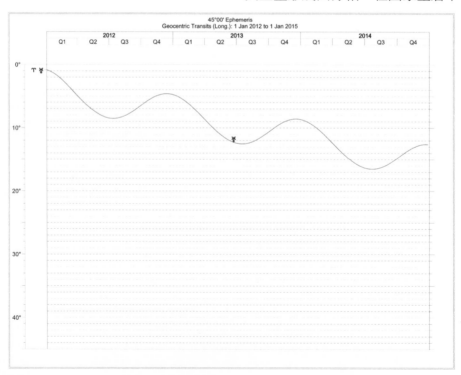

（圖 03-20）

有開創星座的度數都出現於圖表前 30 度的範圍之中，所以你會發現冥王星同時出現於圖表的上方。

在圖 03-21 中，在我們看到冥王星在 2012 年第二季開始逆行，並跟天王星在 6 月 21 日形成正四分相，這也正是兩條行星線交會的位置；兩條行星線交會之處正正就是兩顆行星形成強硬相位的時間點，也就是說，在這三年來，天王星跟冥王星前後發生了六次的正四分相。這種圖表能夠幫助占星師進行大格局的預測，並可以預先看到哪些行星會在什麼時候形成相位。

我們可以在圖象星曆中同時觀察多顆行星的運行（圖 03-22），不妨留意一下北交點的線走勢相當有趣，它是逆著其他行星方向前進的，而且看起來彷彿有點「抖」。它之所以逆著方向行進，原因就像我們之前討論的，月交點永遠是逆著黃道運行的。在這圖表中，我們看到 2015 年期間天王星跟冥王星曾兩次形成正四分相，土星跟木星及冥王星在八月的時候同時形成強硬相位；另外，土星及海王星於 2015 年 2 月左右曾經非常接近，並於 2015 年 11 月 26 日形成強硬相位，這些都是特別需要注意的時刻。圖象星曆對財經占星師

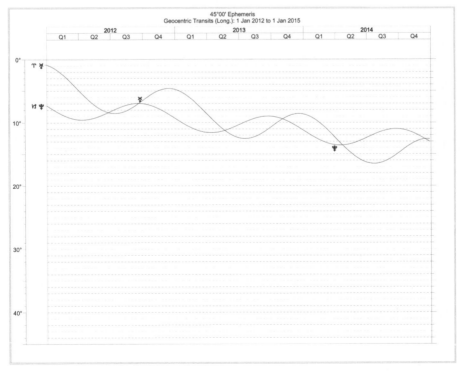

（圖 03-21）

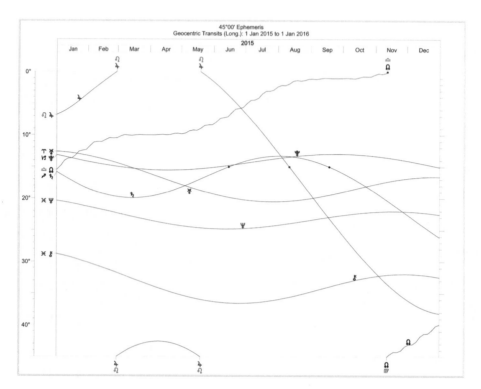

（圖 03-22）

相當重要，因為他們研究的是年度及季度走勢，是時間跨度相當長的觀察。

12. 外行星相位循環

我們會從這部分開始討論外行星彼此之間組成的相位循環，它們合相的位置是 0 度，請務必留意當兩個行星相距 0 度、90 度、180 度、270 度還有 150 度跟 300 度的時候。我們說柔和相位會讓事情發生得比較輕鬆容易，要知道的是，假設我們現在有木土四分相，它們強硬得就像緊繃的弦一樣，如果這時候

內行星靠過來的話，就會觸動這組四分相並讓它被看見。也因為這組外行星的四分相會僵持一陣子，因此其他行星靠近的時候就會觸動它，在這狀況下，無論這第三顆行星跟兩者形成的是六分相、三分相還是其他強硬相位，它都會刺激這組行星。

另外，非常有趣的是我們很常看到內行星透過三分相跟六分相觸動別的行星相位，因為在占星學中三分相代表「放鬆」，當緊繃的弦突然被放鬆，箭很自然就會彈出去。也就是說很多劇烈

的變化發生於一組外行星緊繃的強硬相位，同時有內行星用三分相或六分相刺激它，這是我們常見的。另一個常見的狀況則是月亮，它也很常帶來這些問題，這會是我們需要注意的，當然我們也要有觀察整張星盤的概念。

木土相位循環

木土這組相位循環是占星學中跟世俗經濟最有關聯的，所有學習世俗占星學的人都不會錯過它。在上一章內容裡，我曾經跟大家討論過它的影響，麗茲・葛林老師告訴我們，木星是真理、計劃、發展、向外擴張、精神、思想、宗教、道德及釋放；土星是現實、事實、權威、政治、整理、控制、限制及收縮。當木星跟土星交會產生相位的時候，就是當真理遇見現實、夢想遇到現實、計劃遇上實際執行的時候，多半都不是太容易的時間。因為木星是放鬆、膨漲、前進及擴張，但是土星相對地是收縮、壓抑及限制，任何木土交會的時間點都會把正在發展的事情壓抑下去，用現實提醒我們別再做夢，告訴我們「要實際一點」，即使要擴張也要注重安全。

很多占星師叫木土循環做「世俗循環」，所有占星師都會告訴你如果想研究世俗占星學，那你絕不能錯過木土循環，它們的上下弦四分多半暗示了社會發展當中的重大事件。

木星相位循環歷時二十年，在世俗占星學中，20 年的周期有一個相當有趣的說法。我們說這周期可以簡單的分成兩個十年，從合相到對分相之間是上弦周期，這十年被稱作是木土的上弦周期，占星師認為這階段象徵了成長的發展，過了對分相之後則是蕭條的十年，前十年被稱為木星的十年，後十年則是土星的十年。

木土最近一次合相發生在 2000 年 5 月於金牛座，所以一直到 2010 年產生對分相之前，我們都處於木土發展的前 10 年，大家一直都用正向的、發展的、擴張的態度看待社會；但是，2010 年過後，下一次合相會發生於 2020 年，2010 年至 2020 年這十年會是土星蕭條的下弦十年。這裡要注意的是，並非所有木星十年都是好的，也不是土星十年就一定是壞的，原因是木星土星的前十年跟後十年意義不止好壞，也不是只有發展收縮，我們必須參考其他狀況。例如我們非常確定 2000 年之後，雖然美國有次貸風波，但一直來到 2007 年才有經濟危機出現，雖然那仍然是木星十年的時候，但當時還有非常

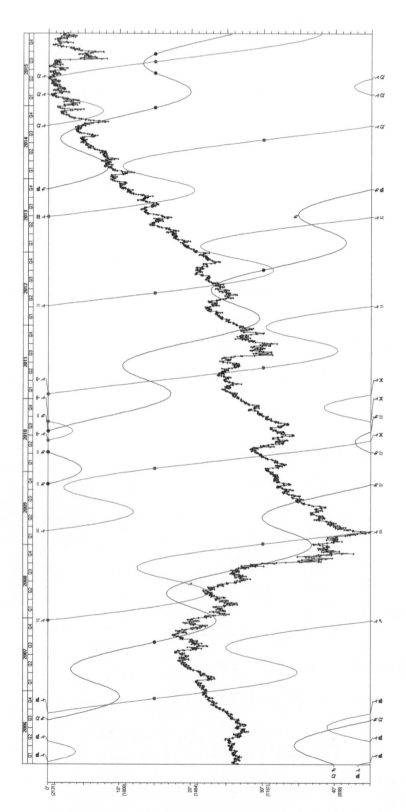

（圖 03-23）

多其他行星的影響。木星冥王星準備進入摩羯，當年也有土海相位，大家以為牙咬一咬就會過去，所以 2009 年有一點復甦感覺，誰知道 2010 年又出現歐洲危機，很多人都用區域性的眼光去觀察，但從美國到歐洲、到現在亞洲，那其實是全球性的經濟危機。關於木星十年跟土星十年，關鍵在於前十年是發展擴張，後十年則比較強調收縮整理。

木土循環不止影響經濟，也影響文化發展，前十年同樣比較自由，後十年是整理、整肅及修正。除了所謂的木土前後十年周期，占星學家還發現另一件木土 20 年循環的有趣現象。在過去一百年當中，二十世紀第一次木土合相發生於 1901 年，位置在摩羯座，之後是 1921 年合相於處女座，然後是 1940 年於金牛座、1961 年於摩羯座、1980 年在天秤座、以及 2000 年在金牛座，這些星座往往描述了未來 20 年的社會氛圍。

1901 年跟 1961 年是國際強權影響力最大的時候，1961 年是美蘇冷戰，1901 年是國際強權間的紛爭，包括殖民國家的互動及殖民地的反抗，這些都有著摩羯的味道。1940 年跟 2000 年都是金牛座，人們重視物質的發展與及資源的堆積；1920 年象徵勞動的人民縮

衣節食。另外，1980 年跟其他年代的社會風氣及文明發展有著明顯差別，當時整個世界的文化發展是一種後冷戰時期，也就是冷戰消失、國家間對抗比較不明顯，大家用和諧的外交手腕互動的時代。1980 年木土在天秤座合相，當時出現歐盟，不同國家成立合作機構，美蘇放下衝突，中國經濟開始發展，但在 2000 年後又開始不一樣了，所以關注木土合相星座往往可以預測未來二十年人們注重什麼方向。

我們可以預測，2020 年底木土會在水瓶座合相，這可能意指未來二十年的重要特質可能會包括分離切割、關注人類福祉、科技發展、訊息的突顯、反傳統及人道主義。從 1901 年木土摩羯合相至 2000 金牛合相這一百年當中，除了 1980 至 2000 年的合相發生於天秤座之外，木土合相一直出現在土元素星座，這暗示過去一百年間，人們專注、在意的事實上都是非常實際的、土元素的特質。但是 1980 年木土天秤合相，2000 回到金牛座，2020 年又來到水瓶，這裡出現了一種轉變，我們稱之為「大變動」（Great mutation）。木星跟土星會在每二十年一次的合相中不斷重覆同一個元素，一次循環歷時大約 180 到 200 年左右，然後在一個循環結束之

前，它們會預告下一個元素，然後會最後一次回到本來的元素。那就像是一個預告，1980 年帶入風元素的特質，讓人提前體驗社會發展在風元素的狀況並給予他們概念及構想，當時的啓發將會影響接下來二百年。

木土合相 在火元素星座	
1702	牡羊座
1723	射手座
1742	牡羊座
1762	獅子座
1782	射手座
1802	處女座（預告元素大變動）
1821	牡羊座
木土合相 在土元素星座	1842 至 2020 年
1842	摩羯座
1861	處女座
1881	金牛座
1901	摩羯座
1921	處女座
1940	金牛座
1960	摩羯座

我們看到 1702 年木土合相於牡

羊、1723 年於射手、1742 年於牡羊，這些於火元素的合相非常符合十八世紀的重商主義及擴張發展，那時候英美法德這些列強都不斷向外擴張。1802 年木土合相於處女座，1821 年又回到了牡羊座，然後就正式進入土元素的摩羯座，一直到 2020 年前木土合相一直都發生於土元素星座。1980 年的木土天秤座合相，則預告了之後 200 年木土合相將會發生於風元素星座。

如果往下看的話，我們會看到風元素的出現，需知道社會目前正身處土元素跟風元素交界的世代，1980 年已經預告了未來 200 多年人們更重視溝通、合作、學習、聆聽、理解與及人與人之間的關係。所以在過去的 200 年，從 1802 年的處女座到 2000 年的金牛座，人類社會活在土元素 200 年，人們重視金錢及物質，社會也被人們對可觸碰物質的重視所主導，這是除了木土二十年循環外，歷時接近 180 年到 200 年左右的一個元素循環，而一個歷經四個元素的完整循環則需時 960 年左右。

我最常在木土相位看到的是瘋狂的投資、或是不守規矩的投資單位受到政府機關的糾正，又或是一些事情爆發，提醒政府需要限制及管理一些投資或金融事務上的規定。所以，如果是六分相

的話，就可以用靈活手腕調整，如果是四分相及對分相，則可能是嚴格管理，所以要注意它們的相位。在財經占星學中，我們必須把眼光放在相位循環身上，不論它們形成任何相位，我們全部都需要注意。

如果木星象徵經濟發展，那麼土星的政治、法律、權威及規範就會來影響經濟發展，這被稱為「調控」，最主要的是政治力量進入經濟的影響。當兩顆行星 60 度或 120 度的時候，政府很有可能需要進入市場去進行一些刺激，至於在 90 度或 180 的時候，政府此時可能必須做出嚴控限制。但由於木星移動得比土星快很多，因此木土相位的影響通常會維持一兩週甚至一個月左右，而且逆行的時候同一相位可能會再發生一次，但因為木星之後又會繼續往前進，因此，這組行星相位通常突顯的是小的、短期的危機、一個月以內的經濟調整、或者小幅衰退。

另一件事則特別需要注意，所有財經占星師都認為，根據木土相位所做出的經濟發展判斷是最準確的，你可以根據木土相位發生的時刻預測政府管理法案出台時間、出手進行經濟調控時間、或大型機構觸犯法規影響市場的時間點，這些事件幾乎都會有木土相位的

發生，角距容許度有時候可以放寬到 5 度，這是相當準確而且值得研究的一組行星相位。根據占星師的觀察，我們通常會在木土合相的時候來到一個景氣的低點，也就是說木土合相的時候多半會是經濟景氣低潮，因為那是整個循環的開始，而且又有土星的影響，會有一種嚴重的壓抑氣氛，所以我們必須小心注意這種狀況。

案例：1995 年霸菱銀行倒閉事件

在財經占星師的觀察中，每當遇到木土合相、對分相或四分相的時候，那都是我們必須小心注意的時候。因為木星走得比較快，所以它真正造成的可能是短時間的危機、恐慌及緊張，不會是長時期的蕭條。我們知道在一些經濟事件中，包括 1773 年東印度公司股票危機，這事件在財經歷史上相當有名，也是相當早期的股票買賣，當時因為國家在背後強力支持，所以東印度公司的行情一直被看好，在 1688 年之後，很多股票投資者開始用謠言來操作股票，一下子說東印度公司的船隊正要回來，一下子說他們遇到暴風雨，一下子說他們擱淺，一下子又說它們修好船所以可以回來，公司的股價就這樣子受影響並且暴升暴跌。最後東印度公司的船隊回國後，人們發現貨品沒想像中好，整個東印度股票就暴跌，影響當時的倫敦股市市場，那一年有木土對分及土海合相。

另一個值得我們研究的案例是 1995 年霸菱銀行倒閉的事件，有人說這種投資銀行出事後都會隨便怪罪某交易員，說他是惡棍交易員。1995 年，白寧銀行交易員 Nick Leeson 投資失敗，造成 14 億美金的損失，讓 1762 年建立的這家百年老店最終破產。

圖 03-24 是事件發生時的星盤，那是 1995 年 1 月 16 日，隔天發生了相當有名的神戶大地震。這一天，這位人在新加坡的交易員在金融商品投資上造成嚴重失敗，在發生神戶大地震過後，他的投資也越來越慘，最後他所造成的 14 億損失是這銀行資本額的兩倍。他後來逃到馬來西亞及德國，最後被引渡到新加坡，服刑 6 個月後於 1999 年被釋放。

在事發當天，木土正形成四分相，木星在射手座 7 度，土星在雙魚座 9 度，這是 270 度的時間點，即下弦四分相，同時我們看到金星跟木星在射手座 7 度合相。你可能聽過很多人說金木相位會對市場有一定幫助，但在這裡它並沒有帶來太多正面影響。木土四分會維持一段時間，金星在這裡扮演了觸動的角色，正因為土星在雙魚座 9 度，因此所有位於變動星座

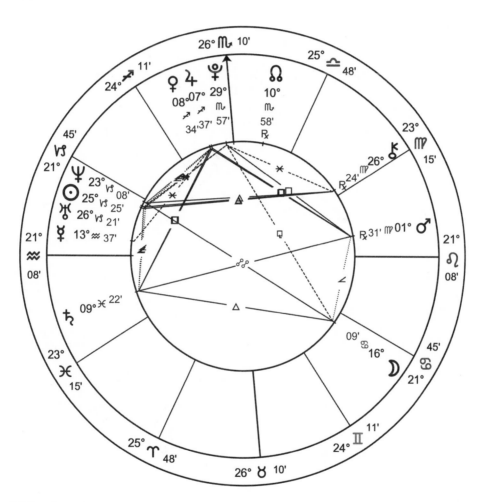

Barings Crisis
Natal Chart
16 Jan 1995, Mon
09:00 AWST -8:00
singapore, Singapore
01°N17' 103°E51'
Geocentric
Tropical
Placidus
Mean Node

（圖 03-24）

　　4 度至 14 度之間的行星都可能產生影響。這期間可能長達兩至三個月，期間如果內行星接近這些位置的話，木土相位就會被觸動。

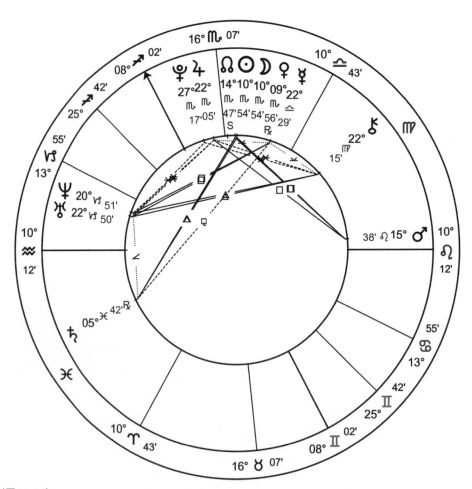

Solar Total Eclipse (NM)
Natal Chart
3 Nov 1994, Thu
13:35:29 GMT +0:00
London, UK
51°N30' 000°W10'
Geocentric
Tropical
Placidus
True Node

（圖 03-25）

　　這是投資者失敗的一天，銀行最後是在 1995 年 2 月底倒閉，這在當時
是相當重大的社會事件，而且也是當時相當有名的金融業案件，雖然這不
是史上第一次出現的投資危機，但它能夠導致一家相當有信用的百年老店

倒閉著實也不簡單。除了木土相位外，當時還有天海合相，當然最主要的仍然是木土相位。我們在 2015 年夏天左右也有木土相位，2016 年則會再產生一次。

　　木土相位循環是年期最短卻最具影響力的一組外行星相位循環，在研究當中，木土相位有著相當多的影響，相比起其他外行星相位循環，它造成的衝突是比較短期的。我們透過木土相位了解到行星之間最危險的是 150 度及 270 度距離，從歷年來的研究中得知，很多重大危機都很容易出現在木土 150 度、180 度及 270 度附近，但如果真的發生在這種時間點之上，我們很有可能會看到一種短期的危機，這不是什麼魔法或奇怪的東西，而是非常基礎的占星學。我們必須知道的是，如果我們擁有正確的占星學概念的話，我們可以很清楚的知道為什麼 150 度或 270 度附近會有這麼多危機發生，它們都跟占星學的符號象徵有關，這兩個相位跟處女座及魔羯座有關。處女座是秋收的時刻，樹葉開始掉落，摩羯座則是北半球陷入一片荒涼寒冷的時刻，所以在占星學中，如果能注意這些行星的相位，那麼我們就可以清楚判斷什麼時候容易出現危機，再根據與那時候相關的四季圖及日月蝕圖，去判斷該危機會否出現於這地方。

　　霸菱銀行是一家英國銀行，如果我們觀察剛才事發當天的星盤的話，可以看到其中有木土四分相。剛才提到過木土四分相發生的時候很容易會有經濟危機，於是，下一個動作會是判斷這經濟危機會出現在哪裡，然後根據不同國家星盤搭配分析。

　　例如英國國家盤搭配日月蝕圖及四季圖，距離 1995 年 1 月 16 日最近一次的英國日蝕圖是 1994 年 11 月 3 號，在這日蝕圖中（圖 03-25），火星在獅子座 15 度，太陽及月亮在天蠍座 10 度，火星在下降點並跟南北交四分，日火四分，火星也守護太陽及月亮，更重要的是火星守護第二宮，所以這告訴我們需要注意跟金錢財務有關的議題。白寧銀行當時是英國相當重要的金融單位，它的倒閉當時嚴重影響歐洲、日本及新加坡。

木天相位循環

每觀察一組行星相位循環的時候，我們都會去考慮這一組行星究竟代表什麼樣的意涵。讓我們把眼光放在木星跟天王星上面，想想木星的主題是什麼：擴張、有錢人、發展、冒險、交易、對外的貿易等等。那天王星呢？它是突如其來的、創新的，不會是慢慢演進的，它代表高科技及3C產品、宇航、所有電子產品等等，這些都跟天王星有著密切的關連。美國財經占星師認為木天相位跟財經預測沒有關聯，根據統計，他們認為木天相位並不能夠充分顯示財經市場跟製造業指數的反應。當我還是財經占星學初學者的時候，我曾經同意這看法，因為從來沒有一個木天相位能精準預測市場的危機及危險，而如果你只專注市場的危機及危險的話，這說法無疑是對的，因為當你只著眼於經濟危機時，你的確會看不見木天的效應。

要知道的是，在高科技產業中，電子產業及3C產業對近年製造業市場非常重要，NASDAQ絕對跟木天相位有關，因為它大部分都是科技公司。那麼，為什麼過去占星師們會認為木天或土天相位沒辦法反映市場跟製造業呢？原因是天王星跟傳統製造業關係並不密切。

每當天王星形成相位的時候，3C產品、電腦及科技產業當然要被提到，資本家的操作及其市場也必須被注意。

天王星還有另一組關鍵字：「自由」（freedom）及「解放」（liberation）。天王星帶來解放、自由及鬆綁，如果我是一個要進行投資的資本家，當政府告訴我要遵守哪些規範，例如要怎樣處理污染、我的污染處理不達標的話，我當然不會高興，資本家們最希望沒人去管他，希望隨心所欲，因為這些規矩會增加資本，這正是天王星所代表的自由。

如果木天有相位，投資會變得相當活躍，即使木天形成的是強硬相位，我們也必須關注當時的市場，並可以預期市場同樣會有投資上或跟資本家相關的刺激即將出現。它有可能是經濟發展過程中突發的轉變、驚喜或驚嚇，尤其「突破發展」是非常木天意涵的主題。

根據很多占星師的研究，蘋果電腦很多重要產品的上市跟發展都有重要的天王星相位，例如iPhone這個劃時代的智慧型手機推出，它帶來前所未有的改變並造成瘋狂。它於2007年1月9日面世，當時木天形成正四分相，各位可以思考到底木天相位對於市場的影響

是否真的並不重要，重點是如果你要進
行買賣的是電子科技業的產品，那你會
怎樣看待木天相位呢？以下是一個比較
有趣的研究，我們會觀察木天之間的關
連及蘋果股價的移動。

案例：木天相位與蘋果公司

iPhone
Event Chart
9 Jan 2007, Tue
09:00 PST +8:00
san francisco
37°N46'30" 122°W25'06"
Geocentric
Tropical
Placidus
True Node

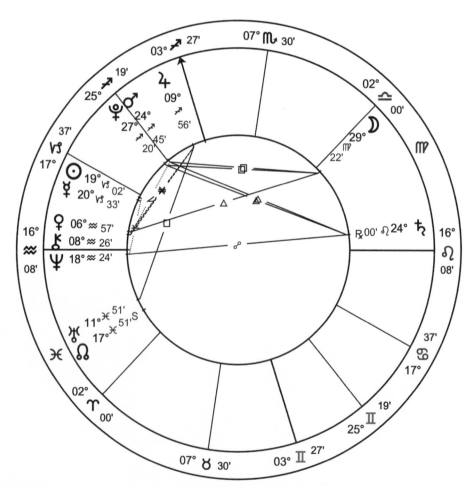

（圖 03-26）

這是蘋果發表第一支 iPhone 當天的星盤，有一件事必須提醒，我使用的是當天早上九點的星盤，因爲我記得蘋果通常都於早上舉行發表會，這有可能是不準確的時間，如果時間晚一點的話，很有可能天王星會接近甚至落在上升點之上。

在這星盤中，我們明顯地看到當中有木天四分相，事實上，木星在射手座 9 度並且非常強勢，天王星在雙魚座 11 度，它相當接近北交點。我們知道木星天王星跟一些科技發展有關，所以每當木星與天王星產生相位的時候，你大概可以預期屆時會有新的科技新聞，這不限於電腦產品，科技可以涵蓋的範疇有宇航、太空科技、核能跟能源。

當我們之前討論外行星的時候，提到外行星進入開創星座往往帶來重大事件，然後我們討論了 2011 年 3 月 11 日那一天，當天王星入境牡羊座，同一天發生了日本福島大地震，導致核電站爆炸。相信這事件大家到今天仍然印象深刻，媒體到今天都仍在討論事件對附近的生物、植物及海洋所造成的影響。天王星的確跟能源有關，尤其是核能，但這裡的能源指的是電力本身，石油這種能源就跟天王星關聯不大。我認爲新能源也跟天王星有非常密切的關聯，因爲它跟科技上的改革跟突破有關。

另外，當木星跟天王星產生相位的時候，蘋果股價於期間發生的變動相當有趣。2007 年是蘋果發表第一支智能手機的時候，木天四分相的正相位發生於在 1 月 21 日左右，於 1 月 9 日發表會當天，木星跟天王星相距 2 度，同日股價上漲，我們看到每當木天即將產生相位的時候，蘋果的股價都會有所變動，直到出相位的時候漲勢就停了下來。由此可見，木天相位循環的確能刺激科技股的走勢。

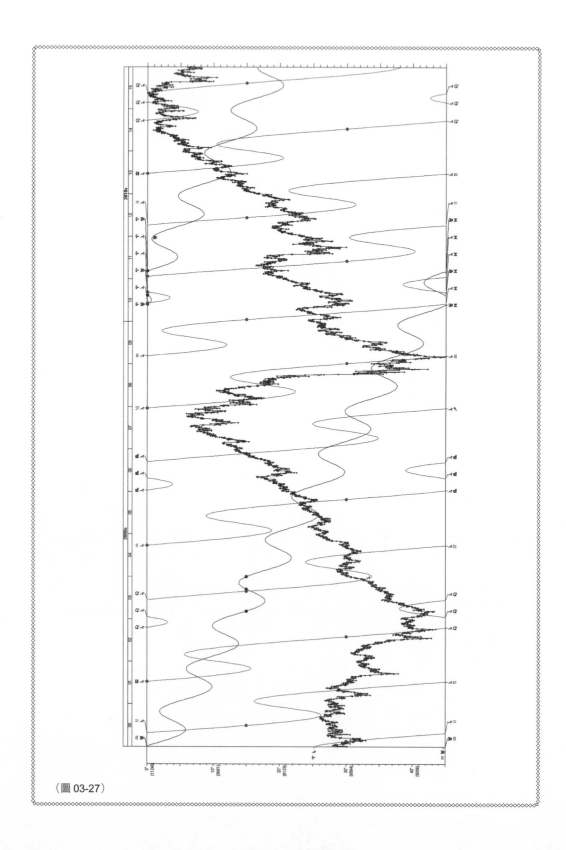

（圖 03-27）

木海相位循環

　　木星跟海王星同時代表了對未來的期盼及夢想，它們雖然有點差別，但兩者的確都跟夢想有關，所以這兩個行星的關鍵字中不存在壓抑及蕭條，它帶給人們夢幻及願景，或許是對市場經濟有幫助的願景及夢幻。

　　木海的相位可能暗示著在經濟投資上的高度期待，但此時需要注意的反而是其他帶來蕭條及破壞意味的行星，是否對木星與海王帶來影響。要判斷的是這時候有沒有其他的強硬相位，土星有沒有影響木星及海王星，土星有沒有影響天王星，如果都沒有的話，那麼我們所預期的經濟願景可能真的會出現。因為如果土星做出干預的話，那麼這些預期都可能會被影響；但是如果都沒有受到土星及其他外行星的影響、也沒有跟內行星形成相位的話，那麼，木海相位形成的時候，我們可以預期一點點的泡沫，否則這些泡沫可能一吹就破。

　　海王星除了夢幻外，別忘了人類古時候的經濟活動刺激也跟這種夢幻及願景有關，尤其是股票及期貨。如果你有進行股票跟期貨操作的話，當你預期人們哪時對石油會有大量需求，然後從低位買入，等價格上升並需要最大量期貨的時候，就可以用較高價格賣出去，這就是期貨。有人說：「炒股就是炒預期」，這也解釋了為什麼很多消息會影響股價，例如當我們聽到某公司可能跟蘋果合作，該公司的股價通常會隨即上漲，所以木海相位的確跟預期有關。然而它只告訴我們預期跟期望，卻很少告訴我們這些期盼什麼時候停下來。

　　這相位循環仍然給予了我們幾個有趣的時間點。我們曾經提及，占星學中 150 度相位特別跟危機、危險、經濟、整理有關，注意 150 度至 180 度，以及 240 度至 270 度這兩個階段。前者在占星學中特別跟危機、危險、經濟、整理、金融、財物有關，270 度過後則是一個循環周期的冬天，對應魔羯座。占星師的一年從春分開始，到冬至進入結束周期，所以，即使是木海這種具有夢想期盼願景的相位循環，我們都會在它來到 270 度之後看到這循環的蕭瑟、收縮階段。我過去總告訴學生這循環沒什麼特別，但事實上縱使我不會說木海 270 度會讓市場進入蕭條階段，但我們不能排除這可能性，原因是那些跟它搭配的其他行星正進入蕭條階段，並透過木海相位對我們帶來明顯影響。

木冥相位循環

不同占星師對這組相位有著極端的看法，在中國及美國都很受歡迎的諾泰爾老師認為，當木冥相位產生的時候，不管是否強硬相位，都會帶來一種相當富裕的狀況。木冥相位與製造業的關係跟木海相位循環相當類似，首先我們不妨先回頭檢視冥王星的定義。在占星學上，冥王星的定義是摧毀、隱藏、挖掘、危機、恐懼，在希臘人眼中，冥王星象徵所有埋在地下的東西，也是掌管死亡之神；在羅馬人眼中它是財神，並擁有所有地下寶藏。英文 plutocracy 一字意指金權政治或財閥政治，即「有錢人統治社會」，當中有明顯的冥王星意涵。對現代人來說，地下寶藏包括了礦產、金礦及最能影響現今經濟的產物石

油，由此可見，冥王星不是只會帶來危機，而我們也往往忽視了冥王星在經濟上的影響。

對於油價或以石油為主要單位的投資來說，因為現代的美金差不多等同油金，視乎它跟黃金及石油的關係才能知道美金的價值，油價下跌差不多就等同美金上漲，沒有出產石油的國家尤其會受直接影響，所以冥王星的確對金融帶來重大影響。冥王星對金融市場帶來的影響可以從幾方面切入：第一是危機，包括政治危機；第二，它也可以帶來跟石油及原油相關的影響；第三，它更可以暗示超級富豪的動向，反映他們如何左右市場及金融發展，雖然過去我們認為它影響不大，但當遇到木冥相位的時候，這可能暗示了世局發展對於這些超

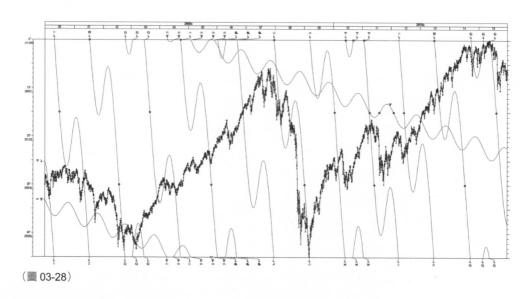

（圖 03-28）

級富豪帶來有利的局面，也可能會爲礦產、石油市場帶來影響，石油生產國可能會因此而大大獲利。

在財經占星學中，木冥相位其實有相當值得研究的價值，我的財經占星老師並不認爲木冥相位循環會對經濟帶來太大影響，但非常有趣的是，1973 年全球經歷第一次石油危機時，當時木冥呈現 120 度，產油國這時候賺翻了；油價的另一波高峰在近年，尤其 2011 年到 2013 年期間，特別是在油價非常高的時候，當時木冥正好來到 60 度，它對石油是有幫助的。2014 開始，木星開始從巨蟹來到獅子的位置，幾乎也跟冥王產生對分相，當對分相一過，整個油價就下跌。

我認爲木冥相位會影響礦業、石油或以它們做原料的工業，別忘了冥王星掌管所有地下資源，所有我們需要的資源都在冥王的掌控之下。木星會爲這些資源市場帶來幫助，這些資源的價格會因而被拉高，這相位也可能代表被財團控制的政治會有發展的機會。有一些占星師對木冥相位循環抱有另一種看法，認爲冥王星是蕭條，會帶來後退及限制市場，但我個人比較不支持這一種看法。在世俗層面上，木冥相位循環會跟極端宗教主義、宗教的發展危機、賭博、犯罪等狀況有關。

土天相位循環

在占星學的觀念上，土星跟天王星這一組行星一直有著對峙的情況，雖然它們同時守護水瓶座，但它們的性質幾乎是相反的，土星是保守、政府、權威、限制、收縮、制約，天王星是電子科技、自由、解放及資本家，它們是兩股衝突的力量。當提及土天相位，我們就會想到新舊之間的衝突，兩股力量的對抗及對峙。土星是傳統政權，天王星則是中產及資本家，這就相當符合法國大革命中傳統的貴族、騎士、國王、貴族家庭掌控了法國的政治，而中產的有錢人及商人開始崛起，他們希望能夠參與政治，希望政治不要限制他們，或希望能夠讓他們參與更多決策，但法國國王卻一直拒絕，加上當時經濟蕭條，最終引發了法國大革命。當提及土天相位，我們最應該聯想到的正是新舊之爭。

土星跟天王星之間很有可能帶來有趣而特殊的狀況，我們可以看到它們產生重要強硬相位時的一些市場反應。土天相位的確對全球經濟帶來影響並明顯地造成低潮，我們能夠透過關鍵字組合去推測這些商業交易的低潮原因，這原

因可能正是政治不穩定，政局不穩會影響營商環境，新舊之間的劇烈衝突，讓我們在觀察生活環境時發現到需要注意的主題。當土天形成強硬相位時，我們的確經常看到重要的經濟危機的出現，最主要的原因也的確是因為營商環境被

影響，很有可能是因著動亂的發生而造成不良營商環境，我也完全認同土天會讓資本家受壓抑，當土天非常靠近，它絕對會對市場經濟造成重大影響。

讓我們看看土天相位對香港經濟的

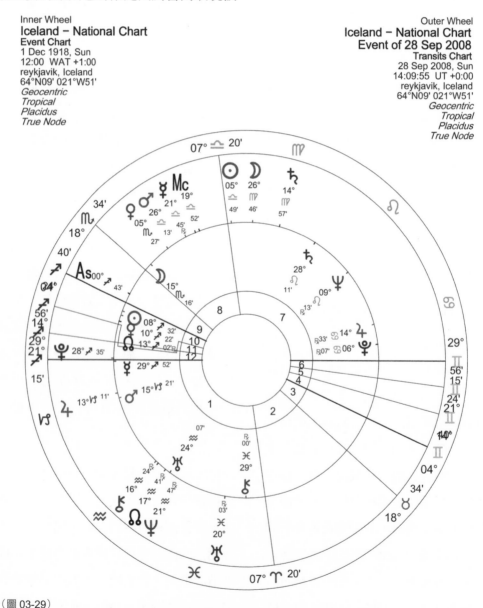

（圖 03-29）

影響：在 2010 年左右發生了相當有名的土天對分相，這相位差不多從 2008 年已經開始，當時天王星在雙魚座，土星則在處女座，2007 年 10 月底的時候，香港股票市場攀上了高位然後開始下跌，這時候土星跟天王星相當靠近，兩者只相差 6 度，當它們靠得越近，市場就越見下跌，到它們後來距離得比較遠了，跌勢也漸趨和緩。但隨著之後土星一路靠近天王星，並於 2008 年 11 月初兩顆行星只距離一度的時候，恆生指數觸底，當土星跟天王星於 2009 年再一次合相並慢慢分開後，市場也再一次回來，後來 2010 年年中亦發生了類似狀況。2014 年 9 月底，當香港發生雨傘運動事件期間，土星跟天王星相距 7 度並一直移近，到 11 月底的時候產生了一次緊密的合相，12 月的時候股價持續往下。

反過來說，天王星有沒有可能鬆開土星的限制呢？最經典的案例應該是 2008 年全球經濟危機期間，有一個國家受到最主要的衝擊，幾乎完全破產──冰島。

從 2008 年 9 月多開始，當時冰島經濟來到谷底，圖 03-29 內圈是冰島的國家盤，上升點在射手座 29 度 15 分，水星合相上升，木星跟冥王星在第七宮，火星是二宮守護並落在第一宮，掌管這國家的財富。2008 年秋天，冰島相當多銀行相繼倒閉，上面外圈是當時的行運星盤，行運土星在處女座 14 度，同時對分行運天王星。

需知道當時行運土星跟行運天王星對分，土天對分造成政府跟資本家之間的衝突，或者政府會限制資本家；此外，行運土星還直接跟本命火星三分，我們知道冰島這個國家沒有大量的資源，它的主要收入依靠漁業跟觀光業，但是在 1990 年代左右，冰島一些銀行的管制被放寬了，政府不再限制銀行家去做生意，於是冰島的銀行開始往海外、往不限制他們操作金融的國家發展。當時他們最常使用的手段是去一些低利率的國家借錢，哪些國家有低利率呢？當時日本因為泡沫經濟爆破，利率一直相當低，甚至出現負利率，如果是零利率的話，你跟我借錢根本不用給半點利息，他們就這樣向低利率借錢回來，然後回到高利率的國家把錢借出去，從中獲利，也相對地吸收更多的資金。

在 2004 年至 2006 年行情相當好的時候，冰島的銀行業績來到了高峰，他們把錢借出去給那些想買房子但信用不好的人、或透過信用卡公司貸款給這些

信用不好的人，一方面避開風險，另一方面又在那國家賺點錢。當時冰島的銀行在英國所開出的定存利率是百分之十五，這利率坦白說是高得不尋常，這時候，所有貪心的人及機構都把錢存放於冰島的銀行，就連英國的政府機構跟警察基金也統統把錢存到這些銀行。然後來到 2008 年 9 月，冰島財務開始出現危機，人們於是開始撤退，英國比較有錢或有市場概念的投資人開始把錢拿回來，這時候冰島的經濟受到嚴重影響。當時的土天對分相影響了冰島的第一宮跟第二宮，冥王星同時也卡在冰島的上升點之上，要這個國家先死一次然後重新再來。這時候，冰島政府宣布銀行倒閉，他們把那些操作銀行金融的人關到監獄，同時也不出手救市，政府統統都不管。當時其他國家相繼前來跟冰島討債，英國是當中最兇的，因為英國政府的基金資金全部都在冰島的銀行裡領不出來，當時人們說這可能是英國跟冰島之間第二次的鱈魚戰爭，它們在 1980 年代曾經因為鱈魚撈捕權而發生衝突。

這故事跟土天相位有莫大關係，冰島在 90 年代跟 2000 年代相當富裕的原因不在於鱈魚或觀光業，而是因為金融法規的放寬管理，這一切必須回到 1980 年代美國雷根政府的時代。當時美國通過了一條貨幣控制法案，美其名是貨幣控制法案，這控制法案聽起來很土星，但實際上它是對財務金融及銀行的大鬆綁，不再限制銀行的業限，銀行也不必再讓主管機關知道它們在做什麼，這是所謂銀行業跟金融行業自由化的開端。

這法案於 1986 年正式通過，當時的土天六分把政府鬆綁了，同時把很多東西都放掉不管。所以，如果回到過去所學的相位循環來看，0 度到 45 度之間是嘗試，45 度到 90 度是決定發展周期，當中 60 度是關鍵所在，可是這當中所努力的、所發生的事情，要到 180 度才開花結果及被看見。冰島的案例完全符合了相位循環的理論，2008 年的事件發生在土天對分相的時候，土天也的確跟銀行管理法案有密切關係。土星代表了管理的一方，天王星則是鬆綁，另一方面也代表了銀行家及資本家，什麼資源都沒有的冰島靠金融站起來，也因金融自由化而於土天對分相的時候倒下去。這讓我們看見財經占星學是多麼有趣的學問，我們要充分應用自己對每一行星的理解去解讀事件，所以土天相位跟金融有絕對的關係，雖然傳統的財經占星老師可能會認為只有土天強硬相位的時候我們才需要注意。

土海相位循環

在財經占星學上，木土、土天跟土海。這三組相位循環是所有財經占星師公認對世界經濟影響最劇烈的。當中最有份量、時間最長、最容易對經濟帶來影響的，就是土海相位循環。每次土海相位發生時，經濟市場都會抖動一下，雖然在世俗占星中土海相位的主題不限於經濟，它可以跟宗教、慈善團體、石化行業跟政府之間的關係有關，但最重要的仍然是在經濟及金融上，土海相當嚴重的影響了它的發展。

讓我們回到最基礎的行星關鍵字上面。之前我們討論過，土星是政府、權威、管理、蕭條、限制，那海王星呢？它是泡沫、狂熱、夢想、滲透、瓦解、渙散。海王星可以是經濟活動的重要指標，而且的確是一種以市場預期為主要動力或運作方式的經濟活動，所以在財經占星學的學習中，如果特別想了解股票及期貨市場的話，你必須關注海王星的動向，因為它跟市場有最密切關聯。但如果海王星是夢想及泡沫的話，那它可能就跟投資市場裡的那些大媽一樣，大媽們不一定知道市場是什麼，不一定知道人們為什麼投資，他們是狂潮，大家買她就跟著買，要記住他們是海王

星；當土星過來的時候，它會限制這些夢想，擋住這個狂潮，象徵現實的土星想要讓這些泡沫爆破，每次土星跟海王星產生強硬相位，那幾乎都是市場崩潰的時候，所以要特別注意這一組行星的任何相位，不管那是強硬還是柔和相位。

圖象星曆不會顯示柔和相位，但每當土海形成相位，我們多半都會看到一些市場的激烈反應，我們必須知道市場的確已經明顯、清楚地反映了泡沫如何被摧毀的狀況。在所有財經占星師的眼中，只要土海靠近而且產生強硬相位的時候，幾乎都是對市場有相當強烈影響的衝突時刻。根據研究，自古至今，許多重要的土海強硬相位都會帶來重大的經濟危機。土星相位循環每 35 年至 37 年一次，它們會帶來蕭條及衰退，只要它們接觸，不管是什麼相位，市場都會下跌。

80 年代的經濟市場也受到土海四分的強烈影響，當時帶來了非常多的恐慌。土海六分相相當有趣，在 1745 年倫敦黑色星期五事件及 1637 年的鬱金香泡沫事件中都有著土海六分相；而土海四分相則多半帶來重大的經濟衝突，在 1890 的銀行危機、NASDAQ 與及俄羅斯危機都發生於土海 60 度至 90 度之

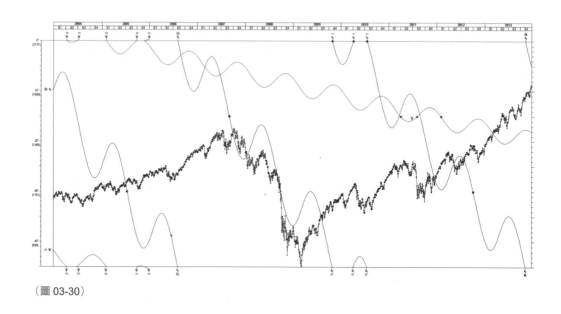

（圖 03-30）

間。土海對分相的時候也有非常多的事件，1970 年代的經濟衰退、2007 年開始的歐洲經濟危機、與及 1720 年的南海泡沫事件也跟土海有關。

投資歷史上有三大狂熱事件，包括 1637 年的鬱金香狂熱事件、1720 年的南海泡沫事件及 1717 年的密西西比事件，當中的鬱金香狂熱事件跟南海泡沫事件幾乎是學習投資的人必學的投資歷史事件。1634 年的時候，投資人把目標轉向鬱金香，鬱金香在投資市場上本來並沒有任何特別好的行情，但是人們開始關注到那些珍貴的品種，並開始抬高這些品種的價格，這些投資人本身並不喜歡花，但是他們只要看到珍貴品種就會去收購。當時鬱金香的價格分成三

種方式計算：首先，如果是奇珍異種的話，他們會一顆一顆的按重量買賣，普通一點的品種則是一顆一顆的計算，再次等一點的則是一袋袋的賣。原本價格被抬高的就只有這些珍貴品種，可是這個投資的風氣馬上傳到了「大媽」的身上，大家只要一聽到鬱金香就瘋狂的購買，把所有的錢都丟到鬱金香上面去。

到了 1636 年狂潮的時候，一顆鬱金香球根可以換八隻豬、四隻牛、兩噸奶油、一千磅乳酪、一個銀杯子、一包衣服、一張床墊及一艘船，這是有文字紀錄的，差不多等同於一個農夫的所有資產。他們用自己的所有資產去交換一個鬱金香球，原因是這種鬱金香交易能賺相當多錢，它把所有工人及農民都吸

引過來，於是這個交易市場就開始瘋狂。沒有資金的人就去借錢，到最後，非特別品種鬱金香的需求也開始因為這種轉賣而增加，期貨開始出現，由於鬱金香球根主要在冬季交易，但冬天還沒到人們就想要買了，於是就開始預期買賣，他們去酒店寫上兩張紙條，一張寫自己想要什麼球根，另一張寫自己支付費用的日期及預付款，當時也接受以物易物。

我們可以看到土海對分相的影響及崩潰，從 1637 年開始，鬱金香價格崩潰，有一些便宜的品種再沒人買，於是人們也賺不了錢，當時阿姆斯特丹受到影響的有三千人，他們不知道球根該賣給誰，也不知道款項該找誰付，泡沫已經完全造成混亂而且無法收拾。一直到政府於 1637 年做出限制，調查結束之前鬱金香交易都無法進行，而且所有票據都失去效力。我認為其實這是最有效處理金融危機的方法，這跟冰島政府 2008 年的處理手法是一樣的，政府凍結交易並讓參與其中的所有人都失去他們的資本，鬱金香狂熱就在這時候結束，這正是土海對分相的時候，我們從中看到了人們的狂熱及期待。

案例：南海泡沫事件

南海泡沫事件發生於 1720 年，南海公司是一家英國公司，於 1711 年成立，它們經營的是英國跟南美洲之間的貨運轉口航線，是一家政府支持的金融機構。它們跟政府合作發行股票並左右政府的政策，讓政府幫助它們爭取更好的航線賺更多的錢，也透過政府的保證去欺騙股民們說公司已經得到政府的保證，因此股民們可以去買他們的股票。

它們公司的股價從 1720 年的 120 英鎊，到同年七月上升到 1000 英鎊，從此，英國全民炒股，而且因為股票市場的狂熱，更多類似的公司出現，這些公司不經營生意，但取了一樣的名號，打算趁著南海公司的股票上市之後可以開始賺錢。同年六月份，英國政府早已看到了這些亂象並決定整頓，因此後來通過了泡沫法案，把熱潮壓抑下來。這正好是土海對分的時候，南海公司的股票從七月的 1000 英鎊到同年九月下跌至 190 英鎊，所有人都血本無歸，當中包括牛頓（Isaac Newton），這是歷史上另一次發生於土海對分相的泡沫事件。

圖 03-31 是 1720 年二月的日蝕圖，當時海王星還沒被發現，首先我們觀察火星緊密合相上升點，它帶來迫切感，也跟戰爭、衝突及混亂有關。當時水星跟土星六分相，水星位於第十宮，我之所以觀察水星，原因在於它是二宮守護，水星落在魔羯座 23 度，除了跟冥王星三分相外，它沒有其他相位，我們可以注意到海王星其實在第一宮，「泡沫」跟這次事件是有關聯的。

圖 03-32 是同年八月的日蝕圖，是政府開始著手整理的時間，太陽剛好在地平線上，古代占星師認為日蝕發生的宮位尤關重要，它如果發生於地平線上的宮位，即第十二宮、第十一宮、第十宮至到第七宮的話，當中會有不同意涵。如果日蝕越靠近上升點、十二宮跟十一宮，那麼在日蝕發生的三個月內會發生重大事件；如果日蝕發生於第十宮或第九宮，那麼，差不多在日蝕過後六個月至九個月之間會有重大事件發生；如果是第八宮

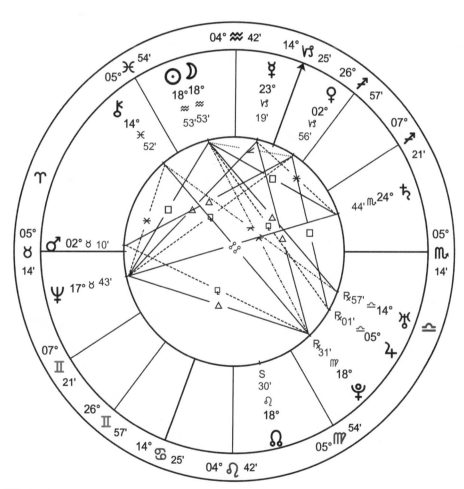

Solar Annular Eclipse (NM)
Event Chart
8 Feb 1720 NS, Thu
09:52:06 LMT +0:00:40
London, UK
51°N30' 000°W10'
Geocentric
Tropical
Placidus
True Node

（圖 03-31）

或第七宮、比較靠近西方地平線的話，那會在日蝕發生後差不多一年左右，
大概九個月到一年之間會發生狀況。

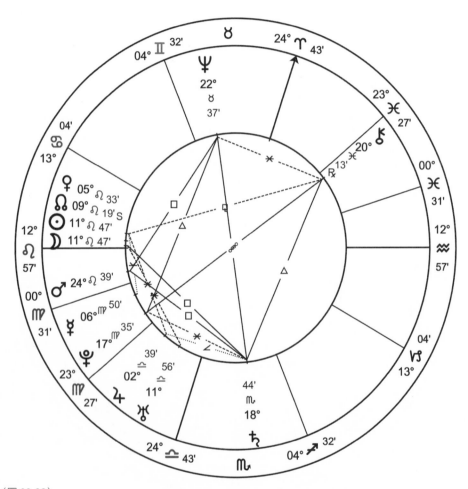

Solar Annular Eclipse (NM)
Natal Chart
4 Aug 1720 NS, Sun
04:40:06 LMT +0:00:40
London, UK
51°N30' 000°W10'
Geocentric
Tropical
Placidus
True Node

（圖 03-32）

　　我們剛才提及過，到同年九月的時候，那已經是整個南海泡沫事件即
將完結的時間，日月合相於上升點，水星雖然非常強勢但沒有相位，火星
跟海王星四分相，火星守護天頂。兩次日蝕之間，我個人認爲二月那張

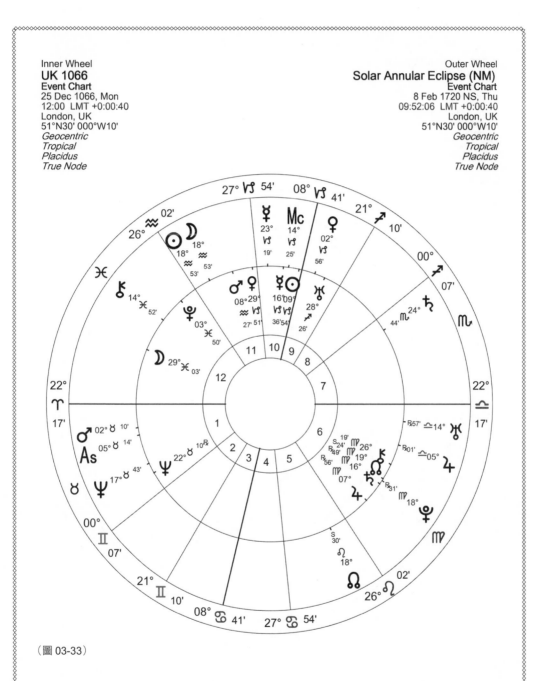

Inner Wheel
UK 1066
Event Chart
25 Dec 1066, Mon
12:00 LMT +0:00:40
London, UK
51°N30' 000°W10'
Geocentric
Tropical
Placidus
True Node

Outer Wheel
Solar Annular Eclipse (NM)
Event Chart
8 Feb 1720 NS, Thu
09:52:06 LMT +0:00:40
London, UK
51°N30' 000°W10'
Geocentric
Tropical
Placidus
True Node

（圖 03-33）

（圖 03-31）對這次事件比較重要，當中火星合相上升是非常關鍵的暗示。

　　在圖 03-33 中，我們可以把同年二月的日蝕圖（外圈）跟英國 1066 年的國家盤（內圈）放在一起比對，當中會看到一些更加需要注意的線索。注意

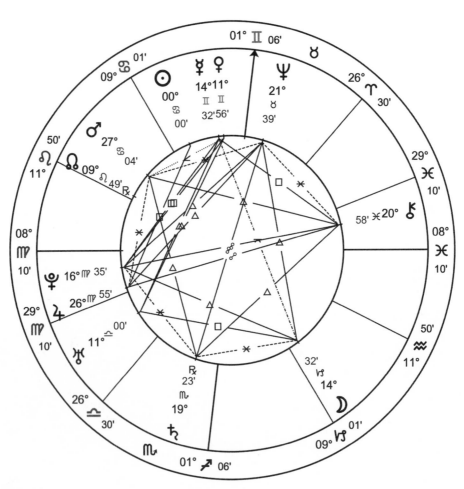

1720 Cancer Ingress
Natal Chart
21 Jun 1720 NS, Fri
09:56:58 LMT +0:00:40
London, UK
51°N30' 000°W10'
Geocentric
Tropical
Placidus
True Node

（圖 03-34）

　　水星，因為它守護英國國家盤第二宮，國家盤中本身已經有水星海王星的
寬鬆三分相，1720 年是英國國家盤的海王星回歸，行運海王星當時跟英國
的本命水星形成正三分相，這是一個明顯的泡沫主題，這時候行運土星來

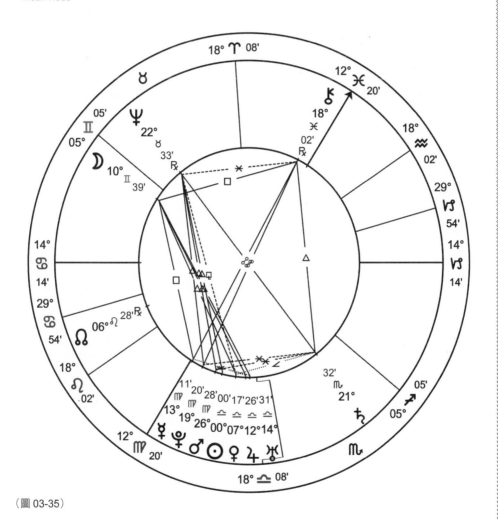

（圖 03-35）

到天蠍座 24 度，跟英國的本命海王星正對分相，這是另一個泡沫事件主題，
這組對分相同時也跟日蝕圖中的太陽跟月亮四分相。

另外，日蝕圖的冥王星合相英國的土星及北交點，日蝕圖的天王星合相

英國的下降點，當中我覺得非常重要的是冥王星跟土星相位、冥王星跟北交點的相位、還有行運土星跟本命海王星的對分相，這是相當重要的泡沫事件線索。

最後，我們可以觀察那一年的四季圖，從中抓出一些線索。在那一年的春分圖中，我並沒有看到相當明顯的線索，至於夏至圖（圖03-34），我們看到一組土海對分相，其中海王星相當靠近天頂，別忘了這度數也跟英國國家盤的海王星有關。

1720年的秋分圖中（圖03-35），凱龍來到天頂象徵著政府必須出手制止，而土海的緊密對分相依然維持著。

當你看到一組可能會帶來經濟危機的相位組合，不管那是木土、土天、土海，還是接下來會討論的天冥，又或是任何跟月交點的相位，這時候，我們必須記得這些相位帶有經濟衝突及危機的暗示。接著我們要知道自己投資的地區或國家會否受影響，透過那一年影響該地區的日蝕圖、月蝕圖及四季圖，觀察國家盤及有著行運意味的日蝕盤之間，是不是有類似土海相位或木土相位？第二宮守護星是否受到強烈衝突，或天頂守護星是否被嚴重影響？爲什麼會提到天頂呢？別忘了古人認爲天頂是市場經濟活動的指標，跟市場活動的獲利程度有關。

當你意識到某組相位即將影響全球的時候，觀察你所關注的地區，注意該地區的日月蝕圖、四季入境圖跟國家盤，看看國家的第二宮跟第八宮是否被影響，接著看看天頂、天頂的行星或其守護星有否被影響，這些都是我們需要觀察的，如果有這些跡象的話，那麼這個區域會非常容易被影響到。

除了經濟之外，如果我們說天王星的革命屬於中產階級的話，那麼海王星的革命則屬於無產或低下階層。我們可以看到很多社會主義非常強烈的運動、革命或影響都出現於土海相位的時候。歷史上，1846 年的土海合相是馬克思成立共產主義通訊委員會，並且將他的思想付諸行動的時刻，最終促成了 1917 年俄羅斯的革命。1952 年，越南、阿富汗跟整個非洲都受到共產主義的影響；2007 年土海對分時，英國在前 10 年（1997～2007）由東尼‧布萊爾所領導的新工黨除了左派思想外其實也有一點右派精神思想，且往中間靠攏；2007 年大選期間，除了英國之外，法國跟很多國家的左派都在當年選舉中落敗，那明顯是土海對分對於左派跟社會主義的修正。所以我們看到所謂社會福利、社會主義及左派思想，在土海相位時經常有重大的變化。

土冥相位循環

跟之前其他相位循環的討論一樣，讓我們先從關鍵字出發去思考土星跟冥王星。想想這兩顆行星的相位可能帶來什麼主題：土星暗示收縮、壓抑、政府、管制；冥王星是危機、埋藏的資源、摧毀、重生、危機、控制、災難、威脅。冥王星最強調的重點是「威脅」，它的威脅多半會帶來重大的危機，在冥王星的重大危機暗示下，靠近它的行星所代表的產業就會有危機的暗示。

我們知道木星暗示經濟成長及發展，木冥相位則可能會對經濟帶來刺激及影響，如果冥王星是石油工業，木星也會刺激它的價格。然而土星代表整理及管理，冥王星本身也有一點管理的意味，它代表合併、併購、重整，冥王天蠍時出現了很多併購的事件，所以土冥相位對經濟市場有一定程度的影響，問題是它影響哪個層面。很多人都不喜歡土星跟冥王星，原因是它們象徵了劇烈

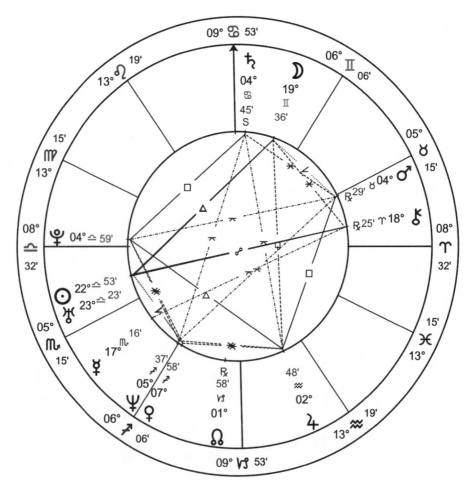

Oil Crisis
Event Chart
16 Oct 1973, Tue
06:00 EDT +4:00
new york, New York
40°N42'51" 074°W00'23"
Geocentric
Tropical
Placidus
Mean Node

（圖 03-36）

的變化及重大的整肅，我們必須知道土冥相位跟政府對於資源的重新管理及配置有關，除此以外，我們也肯定冥王星跟石油有關，石油國家怎樣去操控石油價格是我們應該要知道的，因為用多少美金買一桶原油決定了這個國家的經濟實力，美國從來不在乎自己怎樣影響其它貨幣，它唯一在意的是自己要用多少錢賣一桶原油，原油價格是美金唯一在意的事。

1973 年 10 月 16 日石油危機爆發那一天（圖 03-36），我們看到土星在巨蟹座 4 度，冥王星在天秤座 4 度，兩者形成一個正四分相，所以土冥相位的確跟原油價格有關。當時很多國家的衝突並非源於經濟考量，而是這些衝突讓石油生產國決定聯手漲價威脅歐美，所以這些產油國家對原油（冥王星）的控制（土星）影響了國際局勢。

石油危機期間所出現的土冥正四分相，土星在巨蟹座，冥王星則在天秤座，所以這是下弦四分相，兩顆行星相距 270 度，每當兩顆行星相距 270 度前後多半都會出現危機，270 度在財經占星學中是相當關鍵的時間點。在土冥相位循環中，每次強硬相位都象徵市場嚴重衰退及重組，2001 年土冥對分期間，市場出現了大衰退，當時最嚴重的

是冥王射手 12 度，航空業受到影響，當時土星在雙子，兩者形成土冥對分相，當時發生了 911 襲擊事件。

下頁圖 03-37 外圈是 911 事件星盤，內圈則是美國國家盤，當時正是行運土冥正對分相的時候。土星在雙子座 14 度，位在美國國家盤的下降點之上，冥王星則在美國國家盤的上升點之上，同時 911 那天的太陽在處女座。記住，外行星不會告訴我們事件會於哪天發生，負責採取行動的是內行星，它們才是觸發點。

在這星盤中，行運火星跟南交點合相，2015 年 11 月的時候，我們同樣有火星跟月交點的合相，當時則是巴黎發生恐襲的時刻，如果我們知道那一年會發生土冥相位的話，我們可以預期那一年會有重大事件發生，那可能是恐怖襲擊或重大的政權轉移，也可能是重大的政治事件。在 2001 年的時候，這些事件讓航空業及石油業受到影響，原因是當時冥王星在射手座，當我們把 911 事件星盤套在美國國家盤之上的時候，我們就知道這土冥對分相跟美國有著非常密切的關連，因為它發生於美國的上升下降軸線。另外，正如剛才提及，太陽位於處女座 18 度，跟土星及冥王星同時形成四分相，太陽在這裡觸動了土冥

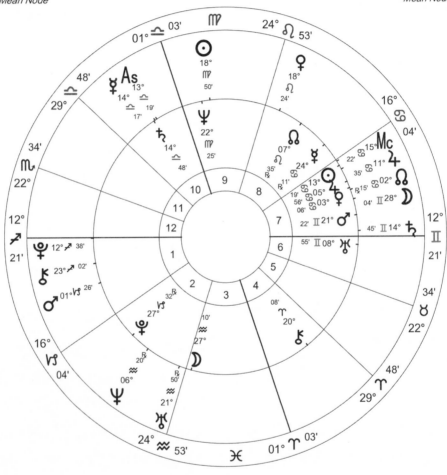

（圖 03-37）

相位；同時注意火星跟南交點相位，於
911 事件星盤中，它發生於魔羯座 1 度
附近，並且三分位於天秤座 1 度的天
頂。當外行星（包括火星）進入開創星
座 0 度的時候，往往是重大事件發生的

時刻，當時事件造成整個航空業的衰
退。

中國上海股市在 2015 年 6 月 15 日
當天曾經暴跌，那一天有土冥相位，

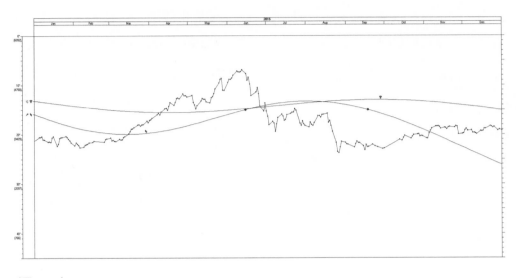

（圖 03-38）

我們能否找出土冥相位跟上海股市的互動呢？圖 03-38 是土星冥王星的運動跟上海股市之間關係的圖表，2015 年 6 月 12 日是土星跟冥王星相距 1 度的時候，2015 年八月底則是土冥相位完結的時候，這兩個時間點都是指數大跌的時候，當土星跟冥王星之後慢慢相距比較遠時，指數也穩定下來。另外，即使在指數暴跌之前，我們也看到當兩顆行星相距比較遠的時候，指數曾經開始攀升，但當它們靠近並形成正相位的時候，指數就大幅下跌。我們藉此看到了土冥相位與市場之間的關係，它的確對市場有著明顯的影響，而且其影響非常可能來自重大的社會事件，另外，要記住它很有可能會帶來蕭條。

政治上，土冥相位也有一些非常明顯的衝突，它算是政治上明爭暗鬥最明顯的階段，或是之前沒被看見的東西終於曝光的時刻，殖民、反抗及革命都跟土冥有著密切關聯。1982 年 12 月 4 日，中國通過了現行的憲法修訂，憲法是土冥對架構的重大改變。

天冥相位循環

在過去學習財經占星學的過程中，我的老師認為天冥相位對經濟市場的影響並不重要，認為它傾向跟社會事件有關，我跟他的意見不太一樣。我清楚知道天王星代表資本主義者、變動跟科技業，所以當天王星跟冥王星產生強硬相位的時候，它們的影響會越來越明顯，

尤其天冥相位很久才發生一次，它們多半會帶來一種預期跟緊張。

天王星是緊繃的狀態，冥王星則是具壓力的狀況，當天冥發生強硬相位時，基本上它會維持相當長的一段時間，例如從 2012 年到 2015 年，天王星跟冥王星前後就有七次的正四分相。當我在教授財經占星學或發表相關文章時，總有人問我為什麼還在討論天冥四分相，因為天冥四分相明明已經結束。事實上，從圖象星曆中，我們會清楚看到 2016 年 1 月至 3 月期間，天王星跟冥王星會相當靠近，彼此只有 1 度距離──1 度距離算是「沒有產生相位」嗎？當行星相位在角距容許度內，即使不是正相位，它們也仍然會互相影響。

天王星跟冥王星的影響是漫長而遙遠的，在 2016 年 1 月至 3 月期間會有 1 度角距，甚至 2017 年都仍然會有 3 至 4 度的角距，天王星跟冥王星都走得非常慢，所以它們不會輕易分開。當預測 2016 年春天走勢的時候，我們可以先回顧一下 2012 年到 2015 年之間曾經發生什麼事情。天冥相位每個循環需時 127 年，我們必須先觀察這相位循環中早前的敏感時間點曾經發生了什麼事，觀察上一次天冥形成相位的時候發生了什麼，這對於我們進行預測相當重要。

天冥相位暗示了政治影響力的衝突，André Barbeau 認為天冥相位象徵了殖民國家跟殖民地之間關係的影響，雖然現在很多地方已經脫離殖民國家，但當中政治影響力的關聯仍然存在著。例如歐洲有很多來自象牙海岸的人（都說法文），很多中東及印巴人因為文化上的熟悉感而喜歡移民英國；台灣曾被日本統治五十年，很多老一輩都認為自己是日本人。我們必須明白的是，當你曾被某國家統治一段時間，該國家的文化會深刻影響你生活的每一件事情，這是文化及教育所帶來的影響。在英國統治香港期間，當我們去香港的時候，雖然那裡一樣是中國人居住的地方，但文化差異相當大，因為英國人的文化深植其中。

1960 年代最著名的是中東衝突，整個以色列的建國運動奪取了巴勒斯坦的土地，讓巴勒斯坦地區無法立國並身處在掙扎當中。巴勒斯坦的建國一直跟天海有關，每次中東衝突都跟天冥強硬相位有關，這是西方列強當時所做的好事。1960 年天冥合相時，當時很多非洲殖民地發生獨立運動離開殖民國家，但最近幾年，辛巴威（Zimbabwe）或一些非洲國家出現了很多政治紛爭，最後需要原殖民國家的介入，辛巴威的政

治也需要英國的介入，利比亞跟阿爾及利亞和突尼西亞的軍事恐怖行動最後還是需要法國介入，這並不是說他們依賴曾經的宗主國，而是彼此的關係會在天冥四分相的時候被看見。

香港 2014 年的雨傘運動中，有趣的是我們看到了香港人討論被殖民的議題，更有趣的是很多人說：「如果你不當中國人，你就是要當英國人的奴隸。」因為曾經被英國人殖民過，所以反對中國的人就等同於英國人的奴隸，我們從這種論調中可以看到這運動呈現的殖民文化討論。冥王星代表被控制、被影響或暗中的影響力，天王星是掙脫及自由，這會不會暗示了脫離殖民國家的影響？所以，天冥四分在政治上通常跟劇烈的變動及革命有關。

2010 年我們看見中東、利比亞、阿爾及利亞、突尼西亞都出現了茉莉花運動，然後馬來西亞到 2015 年年中前幾個月都有劇烈的變動，新加坡也是另一個案例。2015 年新加坡選舉、以及同年初 Amos Yee 因為批評李光耀而被關到精神病院等事件，我們看到新加坡也在經歷這些激烈的變化。1960 年代也是科技大躍進的時代，避孕藥的出現非常重要，尤其對女性而言，因為這能讓女性自主要不要避孕，讓很多女性不再被傳統女性生育角色限制住，我認為這是非常重要的事情。

天冥於處女座合相時會對精細的東西帶來影響，其經典作品是液晶體的出現；電腦剛發明的時候，也就是 1947 年到 1960 年期間，它們的體積差不多是一個房間般大，液晶體當時的出現及使用讓機器從相當龐大的體積大大縮小，它是工業的重大革命，也的確跟天冥有密切關係。而天冥接下來會有最後一次靠近的機會，不妨觀察當下會否有相關的重大資訊出現。

時間有其連動性，天冥合相與 2012 年至 2015 年期間發生的天冥四分關聯非常緊密，所有在 1960 年代發生的事情會在這組四分相期間產生最激烈的選擇，中國當然也包括在內。2012 年期間當我正在中國時，看到了一些有趣的現象，並讓我聯想到六十年代中國發生的事情。中國在六十年代發生了文革，如果你人在香港的話感受可能會比較深刻，因為天冥四分相期間香港不同觀念的市民之間的衝突，他們會指責對方是紅衛兵；另外，2012 年我在上海時，那陣子有「唱紅歌」的運動，那是歷史時代的東西，它跟文革有明顯關聯也互相呼應，但那不代表天冥四分相期間是文革再現，我們只需要知道兩個時

代之間藉由天冥相位而互相呼應。

　　天冥相位也跟經濟有絕對關聯，因為天冥相位的關鍵字很有可能涉及金權管制。我們現在的社會某程度上算是金權管制的社會，有錢人掌握政治局勢，有錢人告訴你生活該怎麼過，他們掌握政治實力，為你定義對錯，只要你反對，你就是違反國家安全；天王星想要改革，它代表的是中產及資本家，也就

France 1st Republic
Event Chart
21 Sep 1792 NS, Fri
15:30 LMT −0:09:20
paris, France
48°N52' 002°E20'
Geocentric
Tropical
Placidus
True Node

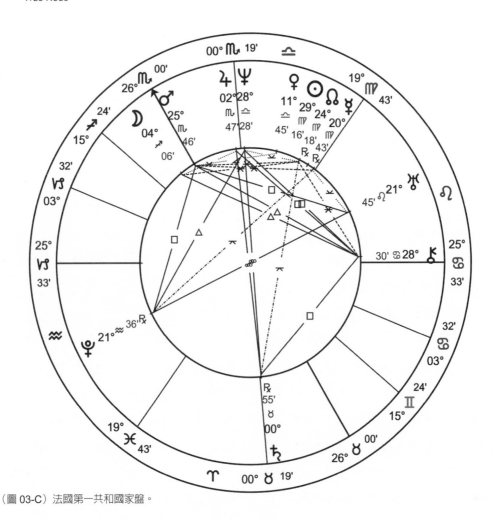

（圖 03-C）法國第一共和國家盤。

是那些被控制、不能享受權力但又有錢的人。

我們可以看看歷史如何忠實地反映天冥相位的影響。圖 03-C 是法國的第一共和國家盤，也就是發生在法國大革命不久之後的星盤。天王星在獅子座 21 度，冥王星在水瓶座 21 度，我們之前曾經提及過，領導法國大革命的是那些中產階級、有錢但沒有貴族身分的人，雖然資本主義社會的歷史課本告訴我們當時窮人走上街頭喊著要麵包吃，於是農民們攻陷了凡爾賽宮並把路易十四跟瑪麗‧安東尼拖出去砍頭，但是直到我到法國唸書，才知道事實根本不是這樣一回事，真正領導這場革命的不是窮人而是中產階級。

來到廿一世紀，我們看看天冥四分相期間發生了什麼事情？不論美國、台灣、香港、日本、韓國都有不同社會運動發生，這些制度上的改革絕對會對經濟帶來強烈影響，當天冥四分發生的時候，不必急著猜測它是否影響經濟，應該做的是著眼於整個大環境都正身處的變動之下。如果說這幾年天冥相位對中國來說是反腐運動，那麼它對中國經濟及股市有沒有最直接的衝擊呢？是不是一宣布之後股票馬上下跌呢？在這反腐運動中，天冥相位有可能從背後影響先

前的經濟運作，讓很多人不敢花錢並把資金轉移出去，這樣的確會進一步的影響經濟。

天冥相位對投資市場的影響巨大深遠，但它帶來的不是立竿見影的直接效果，所以要觀察整個時代背景，不是天冥相位一形成我們就預測經濟會馬上掉下去，必須觀察整個時代背景遭受的深遠影響。

其他外行星相位

關於天海相位，到目前為止我不認為它對經濟有劇烈影響；海冥相位循環帶來的影響範圍更大，它是一個歷時差不多五百年的相位循環，比較像是人類文明演變的循環，所以沒有明顯的經濟關聯，而且短期內我們不會遇到太多次的海冥相位。

因此，我認為需要關注的相位循環是：木土、土天、土海及天冥。土冥相位循環對其他國家影響沒有中國跟香港深刻，但仍然在做出預測的時候列入考量。

南北交點

記住南北交點於財經占星學中非常重要！我們之前在 911 事件案例中，看

到火星合相南交點，2015 年 11 月巴黎恐襲事件中也出現這個星象。南交點或北交點在占星學中的定義除了業力外，它也同時意指事物交會的地方，南北交是十字路口，所以它影響的是人群。

簡單來說，當南北交跟任何外行星產生相位的時候，都會帶來該行星為主題的感受，人們會對那行星的主題感到強烈的呼應，這就是為什麼當火星靠近南交點的時候，全世界都看見了戰火跟屠殺，並引起了人們的注意。2015 年 11 月那幾天，其實敘利亞、黎巴嫩跟肯亞也發生了大屠殺，只是在以西方媒體主導的環境中，焦點就只關注法國身上。但重點不是有沒有被報導，而是我們可以想想，當聽到敘利亞跟黎巴嫩發生戰火的時候，你會有何感想？你也許並非鐵石心腸，但這些地區這幾年本來就戰火頻生，所以人們可能已經痲痺了；但當襲擊在巴黎發生，那就會是比較罕見的事件，於是這種罕見的事件就會引起人們的注意，這正是火星南交點合相的焦點所在。

所以要注意的是，每一次當包括火星在內的外行星、凱龍、南北交點合相或四分相的時候，我們都需要注意那行星所帶來的影響力。火星帶來的是生死、槍擊、傷害、屠殺；木星是經濟發展、希望、宗教的影響；土星跟月交點合相或四分相讓人們感到抑鬱、壓抑、不快樂、蕭條；天王星跟月交點合相或四分相帶來的是驚訝、驚嚇、切割；海王星跟月交點合相或四分相帶來瘋狂、狂熱、污染、混亂、疾病，因為海王星跟病毒有關。冥王星跟月交點合相或四分相則可能帶來危機、生死存亡的時刻、以及一些大幅的壓力跟控制；凱龍跟月交點合相或四分相則可能帶來傷痛，美國占星師比較不注意凱龍，我們在財經占星學中也比較少觀察，但它會在當下所在的星座帶來傷害跟傷痛。有趣的是在我的凱龍研究中，可以看見凱龍入境所帶來的影響，在經濟當中，我們會預期當凱龍轉換星座或產生相位的時候，可能帶來重要及直接的影響。

每次當外行星跟月交點合相或四分相的時候，我們都會看到市場被該行星所影響，千萬不要小看南北交點的影響力，在財經占星學中，每當它跟外行星產生相位，都會看到市場被該行星影響。

案例：2010 年墨西哥灣漏油事件

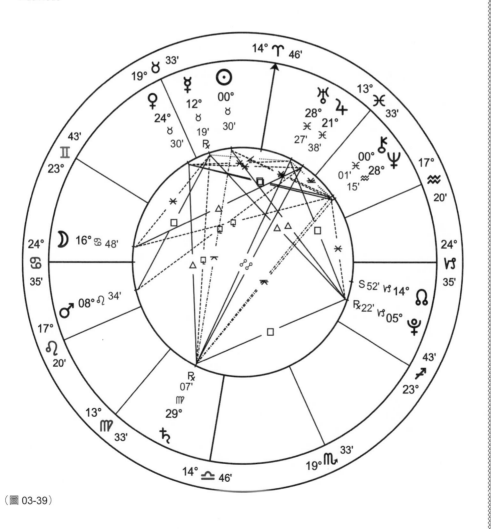

Deepwater
Natal Chart
20 Apr 2010, Tue
12:00 CDT +5:00
new orleans, Louisiana
29°N57'16" 090°W04'30"
Geocentric
Tropical
Placidus
True Node

（圖 03-39）

　　以下是一個非常有趣的案例。2010 年 4 月 20 日，英國石油公司發生了墨西哥灣漏油事件，事件發生於當天深夜，我用當天中午時間建立星盤，星盤地點為事發當天附近的紐奧良，當時凱龍在雙魚座 1 度，它前一天仍然在水瓶座 29 度 29 分。

　　這事件應該算是當代最嚴重的海洋污染事件之一，人們花了一兩年都仍然在清理油污，這不但重創了當地的觀光及經濟，也重創了英國石油公司本身。所以我常常跟我的美國占星師朋友說：「不要再說凱龍不重要了。」因為這案例已經告訴我們凱龍有多重要。雙魚座是一個掌管海洋的星座，在我的研究中，每當凱龍進入某星座，跟那星座相關的主題就會受傷，跟雙魚座有關的主題除了海洋之外還有化學跟製藥。我們都知道凱龍接下來會進入牡羊座並在這開創星座帶來一些影響，然後它會在 2026 年的時候進入跟經濟有關的金牛座，可能會讓我們對經濟有不一樣的看法，但要記住，凱龍的影響並不會來得那麼快那麼直接。

❋ 分析 1973 年石油危機

在這部分，我們會分析發生石油危機的 1973 年 10 月，我們會使用一系列的星盤以及在這一章內容中所討論的技巧，從星座及行星相位循環出發來分析這次事件。通常我會建議先列出所有外行星，然後逐一分析。

Oil Crisis
Event Chart
16 Oct 1973, Tue
06:00 EDT +4:00
new york, New York
40°N42'51" 074°W00'23"
Geocentric
Tropical
Placidus
Mean Node

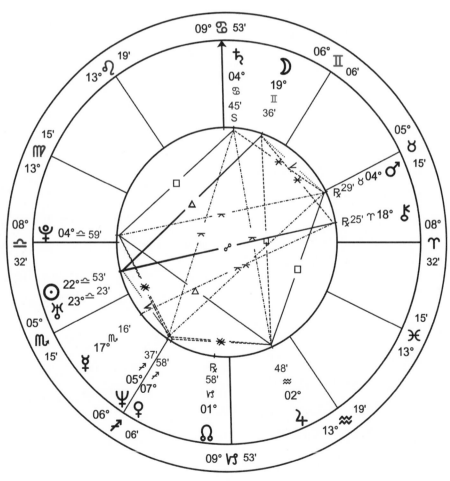

（圖 03-40）

行星星座

• 木星當時剛進水瓶座，當木星在這星座，那是對經濟發展不利的指標，代表觸底。（－）

• 土星當時在巨蟹座 2 度，我們說過不用太在意土星的星座，但如果土星位於開創星座，尤其是剛入境開創星座的話，那會對我們影響重大。（－）

• 天王星位於天秤座，那也是開創星座，所以也會有影響。（－）

• 海王星在射手座 7 度，還記得海王星有一個非常特殊的條件：火元素星座對它是有利的。（＋）

• 冥王星當時在天秤座，也是開創星座，所以不利。（－）

• 南北交點當時落在雙子射手 28 度軸線，根據之前的圖表跟討論，我們知道這是不利的局面。（－）

單憑行星星座，我們已經可以預料當時的經濟狀況是不利的，所有行星當中就只有海王星位於有利位置。但更重要的是分析行星相位，那麼，有哪些行星相位是我們應當特別注意的呢？

• 木星跟土星當時有相位嗎？沒有，但當時木星在水瓶座 2 度，土星在巨蟹座 4 度，它們即將來到相距 210 度的範圍（另一個 150 度），這絕對不是一個對經濟發展有利的指標。

• 除了木土相位之外，土天相位跟土海相位的影響力也同樣重要。當時的土星在進入巨蟹座之前會產生一些相位，不過那會是一個三分相，所以我們先不管它。發生石油危機的 10 月 16 日那一天，土星在巨蟹座 4 度，海王星在射手座 5 度，兩者形成 210 度（另一個 150 度），這也是一個不利的局面。

• 當時有緊密的土冥相位，而這事件本身也充斥著濃厚的土冥主題氛圍。

• 天冥當時沒有相位。

• 南北交跟土星有合相，我們提及過，每當外行星靠近月交點，其特質會被世人注意，所以土星的特質會讓世人看見，但土星的特質對經濟發展並沒有幫助，因為其本質是壓抑及限制的。

從以上這些分析中，如果你是占星師並提前預測了 1973 年的經濟情況的話，那麼你應該不會認為 1973 年有好的經濟環境。

❊ 2016 夏至圖分析

讓我們用同樣的方式分析 2016 年上海的夏至圖（下頁圖 03-41）。同樣地，這裡有幾組相位需要觀察，首先，先分析星座及行星循環：

• 木星處女是觸底位置。（－）

• 土星射手影響不明。（？）

• 天王星在開創星座是不好的。（－）

• 海王雙魚影響不明。（？）

• 冥王摩羯是不好的。（－）

• 南北交從開創星座軸線移到了處女雙魚軸線，算是走勢不明顯的位置，但預計即將下滑。（－）

• 木土相位下弦四分相是不利的位置。（－）

• 土海下弦四分相是不利的。（－）

• 木星合北交、海王合南交、土星四分南北交，所以會讓人感到土星對經濟的壓力，而且我們知道 2016 年一月到三月的時候天冥四分相影響頗為明顯。

以上其中一些行星位置及相位明顯地是負向指標，天冥四分相比較像是經濟改革的施行，但這個夏天的木土相位跟土海相位更加需要我們注意，當看到這些相位的時候，我們應該可以預計 2017 年的經濟應該不會好轉。

我們可以運用這種方法去進行季度分析，需要注意的是，從這個季度分析中，我會認為木土、土冥、天冥四分這些相位都是出相位，代表這些相位應該是第一季的事情，第二季開始因為木星北交相位、海王南交相位，所以應該會有一些流言跟誤解，讓市場「海王星化」，誤以為市場會有好轉。不要小看木星跟海王星在這裡的影響力，它會讓你認為市場終於有救，終於有人出來救市，海王星會帶來模糊混亂的感覺，而土星也許會打破它，後面還會有一組木土跟土海的相位，所以預計市場會再往下一點。

❊ 分析金磚四國公司盤

每個人跟每個國家都有自己的出生圖，我們已經探討過國家盤，事實上公司也有自己的出生盤，我們會在後面的

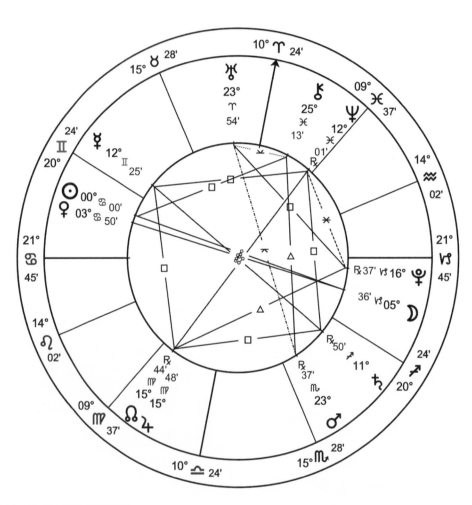

2016 Cancer Ingress
Natal Chart
21 Jun 2016, Tue
06:34:09 AWST −8:00
Shanghai, China
31°N14' 121°E28'
Geocentric
Tropical
Placidus
True Node

（圖 03-41）2016 年上海夏至圖。

內容中深入探討。高盛在 2015 年 11 月 8 日結束了金磚四國的基金，對市場造成很大的震撼，事實上，這位基金經理在 2001 年 11 月 30 日提出的報告當中，第一次提出中俄印巴金磚四國的概念，那時 911 事件剛發生沒多久，我們可以觀察報告被提出當時的星盤，把它當成金磚四國的出生盤。

當觀察流年行運，我們需要把當下行星位置去對應本命盤，每個人、每個國家、每個政權、不同政府及政黨都有自己的出生盤。我們已經在之前討論過國家的出生盤，事實上公司也有自己的出生盤，甚至一個想法、一個念頭也會有自己的出生盤。

高盛公司在 2015 年 11 月 8 日結束金磚四國基金，對市場造成非常大的震憾及影響，從我找到的資料中，高盛這個金磚四國基金於 2006 年正式開始，但事實上，早在 2001 年 11 月 30 日提出的報告當中，這基金的經理吉姆・奧尼爾（Jim O'Neil）已經第一次提出中國、俄羅斯、印度及巴西「金磚四國」的概念，我們知道那時候 911 事件剛發生沒多久。

下頁圖 03-42 是提出金磚四國概念時的星盤，於當時來說，金磚四國並不止新興市場那麼簡單，它是從一眾新興市場中把最有前景的四個市場抽出來，然後給大眾一個想法，所以這星盤同時也是這「想法」的出生圖。這想法於 2001 年 11 月 30 日的報告中首次被提出，我沒有報告發表的確實時間，所以我用日出時間，也就是太陽合相上升點的位置，這象徵了占星師一天的開始，對於欠缺確實時間的事件，有些人會用

正午，有些人則用子夜，我則習慣把太陽出現在東邊地平線的一刻象徵一天的開始，這是個人習慣使然，不是硬規矩。

讓我們看看這星盤（圖 03-42）有沒有暗示新興市場的特質。火星跟天王星在水瓶座合相，火天合相是一種刺激的能量，也是一個新的開始；另外我們看到射手星群，射手座算是我們比較少注意到的地方，而且這個星群的構成也很有趣：太陽跟冥王星合相你會想到什麼？如果太陽是「看見」及「覺察」，那麼我們在這裡看見的，應該會是過去隱藏、忽略的東西。在發表金磚四國報告當天，這主題的確描述了相對的氛圍，可惜的是，我只知道高盛在 2006 年 6 月開始募集這基金，但找不到它真正開始募集的日期。高盛於 2015 年 11 月 8 日宣佈停止運作這檔基金，我們不妨看看當天這基金的行運星盤。

看到這張合盤的時候（第 185 頁圖 03-43），可能你會注意到行運土星落在上升點，但真正要注意的是，我在這裡所使用的並非準確時間，而是日出時間，所以我們可以不用太強調基礎圖的上升點。反而我們可以注意一下行運土星合相本命太陽，那象徵了一個週期的完結，這特質我覺得還蠻有趣的。水星

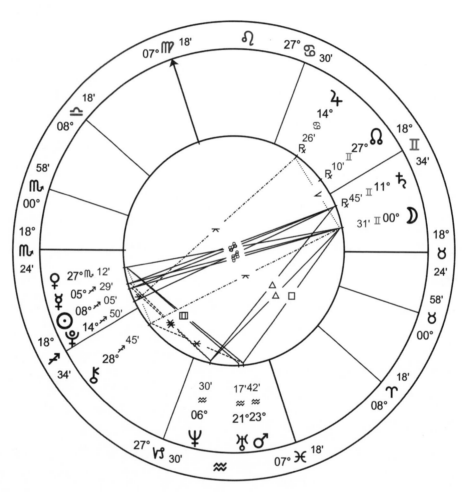

BRICS
Natal Chart
30 Nov 2001, Fri
06:00 GMT +0:00
London, UK
51°N30' 000°W10'
Geocentric
Tropical
Placidus
True Node

（圖 03-42）

象徵「想法」，行運土星這時候緊密合相本命水星，彷彿之前大家聽到這基金的時候，一片歡天喜地，然後土星這時候走過來跟你說：「不好意思，它其實行不通。」行運土星跟本命土星正形成對分相，請務必關注這種相位，如果你看到任何一家公司的星盤，其行運土星來到了跟本命土星四分相或對分相位置

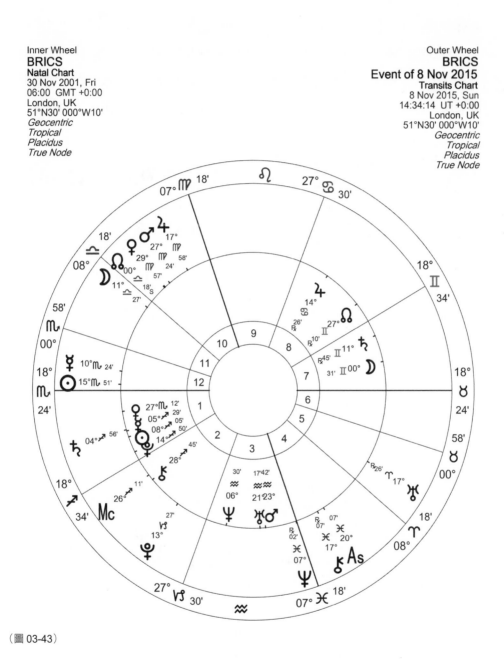

Inner Wheel
BRICS
Natal Chart
30 Nov 2001, Fri
06:00 GMT +0:00
London, UK
51°N30' 000°W10'
Geocentric
Tropical
Placidus
True Node

Outer Wheel
BRICS
Event of 8 Nov 2015
Transits Chart
8 Nov 2015, Sun
14:34:14 UT +0:00
London, UK
51°N30' 000°W10'
Geocentric
Tropical
Placidus
True Node

（圖 03-43）

的時候，請注意這公司的運行狀況。或者更簡單的是，當一家公司來到它第七年、第十四年、第廿一年或第廿八年的時候，它絕對會遇到重大關卡，原因是在這些時間點上，行運土星會跟本命土星形成四分相、對分相或合相，所以這合盤中的土土對分相絕對是非常重要的主題。

此外，我們也可以注意行運盤的海王星，它分別跟行運土星及本命土星形成四分相。要注意的是，這個基礎圖屬於一個想法而不是一家公司，否則它應該已經倒閉了。如果你有在投資的話，當年第一次聽到「金磚四國」這概念的時候，你感到興奮嗎？很多人或許會，因為它象徵了出產原物料的國家、製造業的國家以及代表新興市場、非常有發展潛力的國家，當中可能象徵不少願景跟希望，在這行運盤中的土海四分相則敲醒了這個夢想。最後高盛聲稱這基金

已經虧本了一、兩年，所以要把它停掉，也表示他們認為「金磚四國」這個概念已經再沒有任何吸引力，這是當年創立這基金的人自己親口講的話。

✳ 分析紐約證交所公司盤

從金磚四國的案例中，我想大家應該已經明白，一個念頭的出生盤或一家公司的出生盤其實有著非常重要的影響，讓我們用紐約證交所的公司盤（圖03-44）做案例跟大家再分析一下。

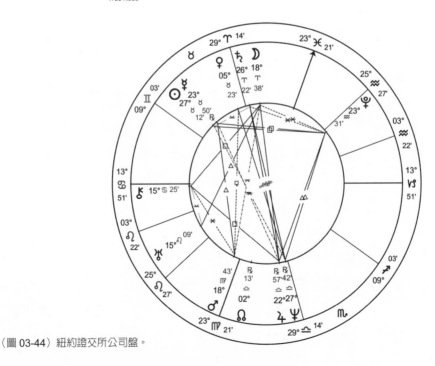

NYSE
Natal Chart
17 May 1792 NS, Thu
07:52 LMT +4:56:02
new york, New York
40°N42'51" 074°W00'23"
Geocentric
Tropical
Placidus
True Node

（圖 03-44）紐約證交所公司盤。

紐約證交所於 1792 年 5 月 17 日上午 7 時 52 分正式開市，如果你去觀察歷年來美國股市大漲跟大跌時段的行運，你會發現以上星盤中四個軸點跟月亮都會是非常重要的敏感點。這星盤本身有一組土星跟木海形成的對分相，這相位跟我們在上述的 2016 年夏至圖分析中所看到的那一組非常相似，如果你有一定占星學基礎的話，可以想想，當本命盤中有著某組相位，然後行運盤中再度出現同一組相位的時候，那到底會發生怎樣的影響？一般而言，我們認為

在這情況下，這本命盤的主人會特別容易感受到該相位影響並會產生共鳴。

✳ 分析中國及香港 2016 年 3 月概況

圖 03-45 是由中國國家星盤（內圈）與及 2016 年 3 月日蝕圖（外圈）所組成的合盤。我們看到日蝕圖的木海對分緊密地落在中國國家盤的土星上，而日蝕圖的天王星則合相中國的北交點；日蝕圖的海王星對分中國的土星，

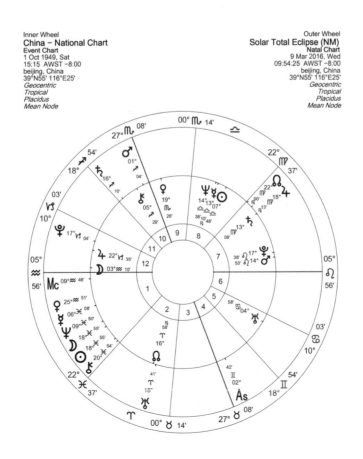

Inner Wheel
China – National Chart
Event Chart
1 Oct 1949, Sat
15:15 AWST −8:00
beijing, China
39°N55' 116°E25'
Geocentric
Tropical
Placidus
Mean Node

Outer Wheel
Solar Total Eclipse (NM)
Natal Chart
9 Mar 2016, Wed
09:54:25 AWST −8:00
beijing, China
39°N55' 116°E25'
Geocentric
Tropical
Placidus
Mean Node

（圖 03-45）

日蝕圖的凱龍在雙魚座 20 度；日蝕圖的太陽、月亮、凱龍都非常靠近南交點，並且相當靠近中國的第二宮宮首。

海王星是中國的二宮守護，日蝕圖的木土四分跟土海四分絕對會影響中國的經濟，原因是木星跟海王星都是雙魚座的守護星，當兩者這時候同時被土星所左右，這絕對會對中國經濟帶來影響。另外，我們看到其實行運北交點會越來越接近中國的土星，越接近 2016年下半年，北交點會越靠近中國的土星，所以會有那種讓人明顯感受到壓力

跟蕭條的氛圍。

我們也可以用同樣的方法觀察 2016 年的夏至圖跟中國國家盤之間的互動（圖 03-46）。這時候我們看到凱龍已經來到中國的第二宮，這會是一個重要指標，當然這不代表中國的經濟一定會下滑，但某程度上它可能暗示了中國政府的立場即使不跟隨市場起舞，但也不會立刻放棄。夏至圖的木星也跟中國的土星合相，夏至圖中逆行的火星剛剛經過天頂退回第九宮，夏至圖的土海相位落在中國的第一宮跟第十宮，暗示

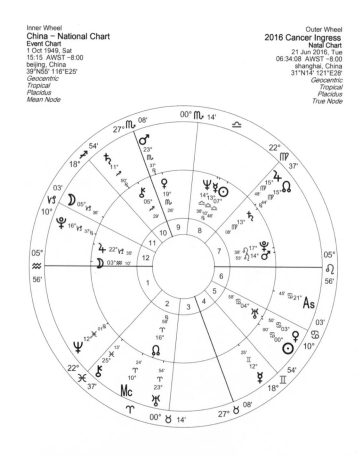

Inner Wheel
China – National Chart
Event Chart
1 Oct 1949, Sat
15:15 AWST –8:00
beijing, China
39°N55' 116°E25'
Geocentric
Tropical
Placidus
Mean Node

Outer Wheel
2016 Cancer Ingress
Natal Chart
21 Jun 2016, Tue
06:34:08 AWST –8:00
shanghai, China
31°N14' 121°E28'
Geocentric
Tropical
Placidus
True Node

（圖 03-46）

了政府主要的應對方向。

我們也可以獨立觀察這張以上海為基礎的日蝕圖（圖 03-47）。火星在下降點，守護第十二宮；另外雙魚座有星群，如果牽涉其中的是第十二宮的話，那麼我的判斷會傾向於中國在 2016 年春天之後最需要注意的其實並不是經濟問題，因為當下中國已經著手處理了。火星在這裡暗示了非常明顯的騷動，這騷動可能跟醫療、醫院或監獄有關。

（圖 03-48）是同一段時間香港國家盤跟上述同一次日蝕圖之間的互動。日蝕圖的雙魚星群落在香港第十一宮，土星在香港第八宮的影響會蠻劇烈，它會跟香港的水星形成 150 度相位，而水星是香港的二宮守護，所以這也不是一個非常看好的位置。

如果觀察香港國家盤跟同年夏至圖互動的話（圖 03-49），注意夏至圖中的水土對分跟土海四分，夏至圖的冥王星也對分香港的水星，對香港來說，這也不會是一個太輕鬆的時刻。

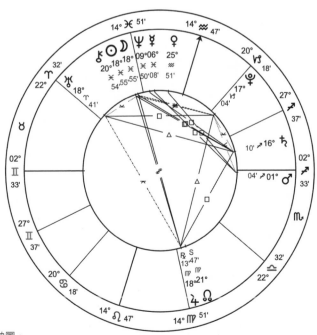

Solar Total Eclipse (NM)
Natal Chart
9 Mar 2016, Wed
09:54:25 AWST −8:00
Shanghai, China
31°N14' 121°E28'
Geocentric
Tropical
Placidus
True Node

（圖 03-47）上海日蝕圖。

Inner Wheel
Hong Kong – National Chart
Natal Chart
1 Jul 1997, Tue
01:30 AWST −8:00
Hong Kong, China
22°N17' 114°E09'
Geocentric
Tropical
Placidus
Mean Node

Outer Wheel
Solar Total Eclipse (NM)
Natal Chart
9 Mar 2016, Wed
09:54:25 AWST −8:00
beijing, China
39°N55' 116°E25'
Geocentric
Tropical
Placidus
Mean Node

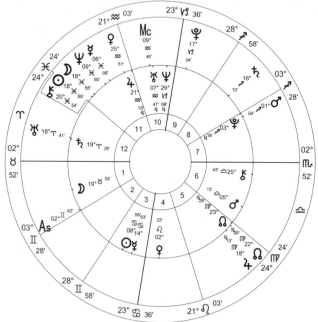

（圖 03-48）

Inner Wheel
Hong Kong – National Chart
Natal Chart
1 Jul 1997, Tue
01:30 AWST −8:00
Hong Kong, China
22°N17' 114°E09'
Geocentric
Tropical
Placidus
Mean Node

Outer Wheel
2016 Cancer Ingress
Natal Chart
21 Jun 2016, Tue
06:34:08 AWST −8:00
shanghai, China
31°N14' 121°E28'
Geocentric
Tropical
Placidus
True Node

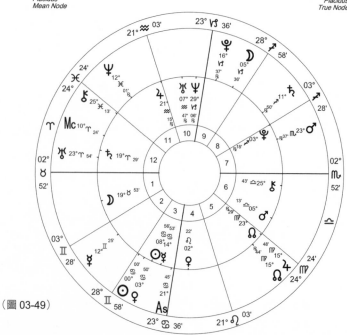

（圖 03-49）

Chapter 4
進階財經占星技巧

※ 周期與波動

在前面的內容中，我們從完全不了解財經占星學的背景，到慢慢了解到財經跟占星學之間的互動，占星學能夠突顯一些重要的世界大事，也能夠告訴我們生命中一些循環周期，例如重大危機、重大事件及生老病死。事實上，透過占星學符號，我們也能夠看到國家或公司的經濟或股票可能受到的影響，所以我們叫它周期及周期中的波動。

周期的概念周而復始，從一個出發點到高潮、經歷谷底最後再回到出發的原點，這種概念一直是占星學看待事業的依據及標準。就像太陽每天從東方升起、到達黃道的最高處天頂然後下降，日落後來到地球另一端我們看不見的天底，隔天早上再從東方地平線升起，這是一天的周期。至於太陽跟地球的關係，也有太陽對準赤道帶來晝夜平分的

一天，那是春天的時候，太陽會在赤道牡羊座，然後它會慢慢因為地軸傾斜而在夏天來到北緯 23.5 度，位置相等於台灣花蓮嘉義一帶。然後太陽會慢慢往南半球移動，在 9 月 23 號左右會回到赤道，也就是秋分點，並且再繼續往南走，最後來到最低點的南回歸線，也就是南緯 23.5 度，位置相當於澳洲的昆士蘭。太陽經過最南端之後，會慢慢又再回到赤道，3 月 21 再次進入牡羊座，也就是跟赤道同一高度的地方，這是太陽跟地球周而復始的循環。

月亮周而復始的循環可以從任何一個星座的起點到另一個地方，生命當中周而復始的循環則可以從你誕生那天的太陽位置，到隔一年太陽再次來到你出生那天的同樣位置，也可以從你誕生那一天的木星位置到它再次來到同一位置之間所形成的循環。很多人都聽過土星回歸，你誕生那一天土星的位置，在你出生大約 29 年後，土星會再次回到這

個位置。

循環也可以是兩個行星的交會，例如新月就是太陽跟月亮之間的交會，從一個新月到下一次新月之間形成了循環，也就是中國人相當熟悉的農曆。循環也可以是任何兩顆行星所組成的循環，例如在上一章裡討論過的木土相位循環，就是所有占星師從巴比倫時代開始一直沿用到今天，用來判斷人世間政治經濟及社會變遷的重要循環。所以，我們其實一直都在研究循環周期，這些周期當中有高點及低點，在上一章，我們討論及建立了幾個重要基礎：第一，相信大家現在已經非常熟悉我們所研究的是外行星在黃道上的循環；第二，行星相位循環是從合相到上弦四分相、對分相及下弦四分相最後再次合相的循環；第三，我們也列出了一些重要的資訊，例如木星星座有著相當明確的指標，這些都是周期循環與波動，希望大家有掌握好這些概念。

另外，在之前的內容中，我們鎖定了個別國家地區做討論，接下來我們首先會快速的複習一些波動與周期的概念，因為我們要進一步應用這種周期的概念，甚至會掌握到更深入的周期概念。在接下來討論的內容中，最主要是要把預測範圍縮小，我們已經清楚行星在哪些星座容易帶來市場的混亂、高潮及谷底，也知道哪兩個行星交會會帶來刺激、危機、以及如何靈活地應用這些概念，而在危機及谷底的時刻，行星的交會也可能保護市場。所以如果你擁有完整的占星學概念，就不會偏頗地認為土星只會讓市場降下來。

接下來我們會先複習及更加深入探討行星周期及波動的概念，然後會討論月交點八年的景氣循環。在這當中，內行星相位能讓我們把範圍從年度或數年間慢慢縮短到一年甚至某一段短時間之內，並能夠透過內行星相位預測市場上的一些重要起伏。此外，我們也會討論行星的順行、逆行、停滯對市場的影響。在這一部分的內容中，其中一個最重要的主題會是日蝕，雖然前面我們已經討論過如何於預測技巧中應用日蝕圖，但在這一章裡我們會重溫及加深對日蝕的了解，甚至運用日蝕把預測的時間範圍縮短至一個月左右，並探討月亮的運行跟經濟、交易市場之間的互動。最後，我們會討論已經學過的國家經濟的觀察方式，在上一章的案例中，我們已經展示過幾個交易所及股票市場都有它自己的出生圖，每檔股票、公司都有它可以應用的星圖，這是很多人都知道的、比較簡單的占星學概念。但你應該

要知道並小心背後的影響，這會是我的財經占星學比較與眾不同的地方。

我們無疑可以從公司盤看出該公司交易的漲跌，但問題是如果你欠缺完整的占星學概念，那麼你不會知道這些東西可以受到日蝕、月蝕、四季入境圖、外行星相位循環及國家星盤的影響。有學生告訴我 2015 年年初有金木三分，因此股票市場應該會大漲，然後問我為什麼當時沒有發生這件事，那是因為他們忽略了一件事情，我們現在正處於木土二十年循環中的土星十年，而且我們更接近的是木土循環及土海循環的下弦四分相，象徵了自然界的秋冬階段。這是重要的關卡，如果你沒考慮這部分如何暗示了全球蕭條的氣氛，那麼你自然也會誤以為分量很輕的金木相位可以撐起整個股市。所以，我們需要考慮全球背景氛圍，外行星背景是需要優先考量的，記得考慮我們當下處於哪個外行星循環階段，然後再套用內行星運行、停滯及月相周期，這部分有很多細小、複雜的內容，因為如果要學會預測一個月或一段時間的發展局勢的話，有很多細微的規則需要考慮，所以希望大家記住，這也是為什麼我在這一章要再次占用篇幅再次提起周期跟波動。

假設你的生日是 7 月 1 日，那麼，每年 7 月 1 日就是你人生循環的重要時間點，原因是太陽再次來到了其循環的起點並再次出發。國家的生日就是太陽於國家盤的太陽回歸，是一個帶來新的演變階段的時候，我們可以同樣地看待其他行星的回歸，所以黃道度數的循環是特別重要的。

事實上，行星在黃道當中有一個非常重要的概念，我們必須知道行星並非只會在同一條線上運行，因為其中同時牽涉了赤緯高度。在下頁圖中（圖 R4-001），中央的是地球，中間向右傾穿過地球的是傾斜的地軸，我們看太陽的時候，會以為它跟赤道位在一樣高度，但其實它有些時候比赤道高或比赤道低，最高或最低的位置都是 23.5 度。地軸的傾斜為我們帶來了四季的分別，從傾斜的地軸，我們得知地球是斜著自轉的。同樣地，當我們把赤道投影到天球上，會帶來相應的天球赤道（celestial equator），至於太陽的軌道則是上圖正中央成水平線橫著的圓圈。

古人認為太陽繞著地球運轉，事實上大家需要明白一件事，雖然我們說行星在黃道上移動，但那其實是行星投影在天球赤道上下附近移動的意思。我們看到此圖中（圖 R4-001）土星跟火星都在牡羊座 12 度，但問題是它們並不

是跟著太陽在同一條線上行走，它們有時候偏南、有時候偏北，行星移動的這個範圍就像是一條帶子，所以我們常常說的黃道帶其實是一條從赤道開始、南北各有 23.5 度寬的一條寬帶，就像是一條有不同行車線的大馬路。車子有時靠近北半球，有時靠近南半球，有時候則會跨過赤道去另一半球，也就是說，行星在運行的時候也有高度上的循環，它不止會在經度回歸，也會在緯度之間

來回移動。

自然的循環有黃道度數上的循環，也有行星之間的相位循環，然而在這一章的最後，我們會觀察非常特殊、大家都了解卻從沒應用過的循環，它叫「紀念日循環」。例如生日、國慶日、公司成立的日子、以及重要經濟活動的日子，像是證交所成立的日子及上證成立的日子，我們會討論一些成立日期需要

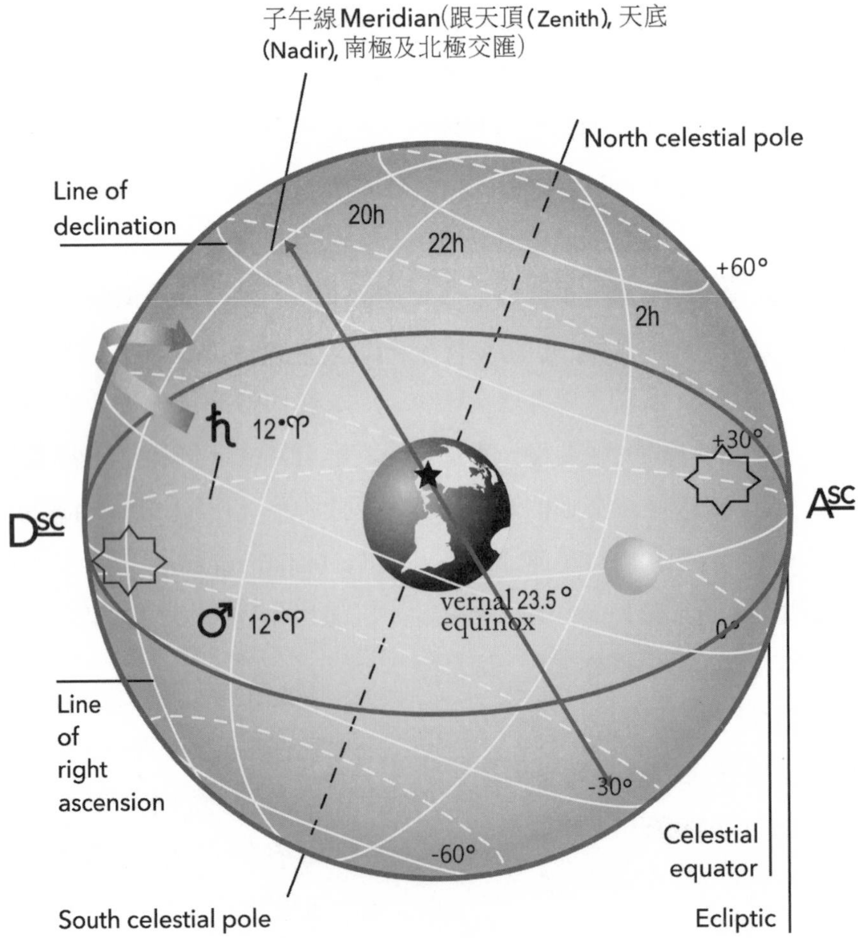

(圖 R4-001)

考量的細節。這些特殊的紀念日包括了一些重要漲跌的日期，它們都是我們接觸財經占星學時需要學習的。自然循環、相位循環跟重要紀念日循環都是需要考量的，人類的太陽回歸、新年或是四季入境圖，市場都有其景氣循環，我們可以找出這些循環的特色並從中看見一些特質。例如美國房地產的 18 年循環或是香港股市的 10 年股災循環，它們其實都對應了占星學上的某些循環，例如木星與土星的 10 年周期、木星 12 年循環、土星 28 年的循環以及其相關的 7 年周期。

相信有接觸占星學的人一定都知道土星回歸，中國成立日期是 1949 年 10 月 1 日，土星在處女座 13 度第七宮，29 年後行運土星再次回到這裡就會發生土土合相，也就代表中國會經歷土星回歸。土星有完整的 29 年循環，但難道土星只會每 29 年才發揮一次影響嗎？讓我分享一個有趣的例子：兩個人結婚後，在婚姻中其中一個重要考驗叫做「七年之癢」，這七年其實在占星學中跟土星有關，因爲它是土星在行運中跟本命土星形成四分相的一年。假設他們在 2000 年結婚，當時木土合相於金牛座，7 年之後土星會在獅子座，跟結婚那時候的土星形成四分相；再 7 年之

後，也就是結婚 14 年之後，土星會來到天蠍座並跟當年的土星對分相。然後再過 7 年，也就是 21 年之後，土星會來到水瓶座，跟當年的土星形成下弦四分相；最後，在結婚 28 年後，土星會回到結婚那一年的土星位置，所以每 7 年是一次重大考驗。

對於人生循環也是如此，7 歲、14 歲、21 歲跟 28 歲都是重要的年紀，此外它同時也是社會發展的重大考驗，這概念在國家跟公司上也一樣。如果公司非常小心的經營，我們可以在第 7 年及第 14 年看到它的大收穫，否則應該會在第 7 年就結束掉了，這是占星學告訴我們的一個重要訊息。

✳ 進階財經占星技巧——姜恩技巧導論

威廉‧姜恩（William Delbert Gann，1878 年 6 月 6 日～1955 年 6 月 18 日）是二十世紀的金融交易員，也是一名財經占星師，他所寫的經濟預測理論在中國跟台灣流傳度相當高，當中包括期貨的預測理論。他的理論都是從占星學來的，爲了教育不相信占星學的人，他把占星學的元素從理論中拿掉，變成數字跟魔術方塊，但無疑地也同時

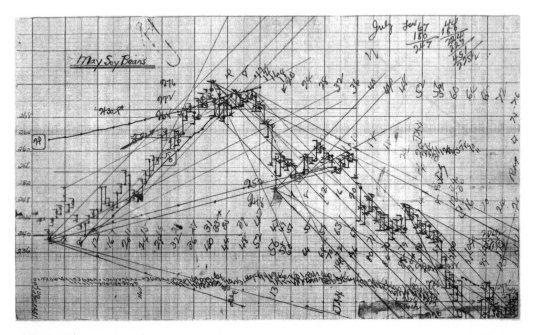

（圖 R4-002）

讓這些理論失去了它們原有的色彩。

如果你有接觸過姜恩理論的話，你大概有看過上圖（圖 R4-002），這是姜恩對美國黃豆價格進行預測時所繪製的預測圖，他運用了相當多的波動跟軸線。請注意圖中用長方形框起來的地方，那兩個符號分別是木星（左）跟火星（右），他在這預測圖中分別畫出了木星線跟火星線，在這圖表中，這兩條線交會的地方，那裡是姜恩預測黃豆價格的最高點，他認為火星跟黃豆有關。

姜恩是投資學中是像神一樣的存在，但他為人相當奇怪，我在學習財經占星學的時候，當時老師帶我們去訪問

一些倫敦金融城那邊利用姜恩技巧的助手，他們表示如果你要學姜恩技巧，那麼你有必要先去學習相當多的占星學內容。

我們之前也有討論過外行星的星座位置跟市場漲跌之間的互動關係，以木星為例，當它在自己強勢星座的時候，市場經濟活動也會同時來到最高峰，這包括了從巨蟹座到獅子座期間、射手座期間以及從雙魚座到牡羊座之間。相對地，木星在處女座是低點，在水瓶座則是低到不能再低的地方，通常由水瓶座的中間到尾巴開始，市場會攀向高點；另外，也有老師說當木星在火象星座時

會有不錯的市場景氣，有時候在火元素10至15度左右會有一些震盪，並從這個位置開始掉到低點，例如獅子座。

在土元素的開始位置時，市場可能比較高峰，這或許是從火元素蔓延過來的，但在土元素的時候，這個經濟景氣會一路下滑，通常木星在風元素的時候會在15度來到危險的時間點，從15度開始到25度會是經濟比較活躍的時候，木星一進入水元素通常就會有高潮

點，然後慢慢往下，這是財經占星師對黃道度數的觀察。火元素多半比較強勢，但在10度到15度期間會有比較多晃動跟不確定性；風元素也需要注意，當木星在風元素15度左右通常會來到整個景氣的最低潮，然後從15到25度左右慢慢回到一個比較景氣的市場環境。記住雙魚、巨蟹、射手都是它來到高峰的地方，木星最容易在水瓶座及處女座來到低潮，這些時候要買要賣就要靠你的投資知識。

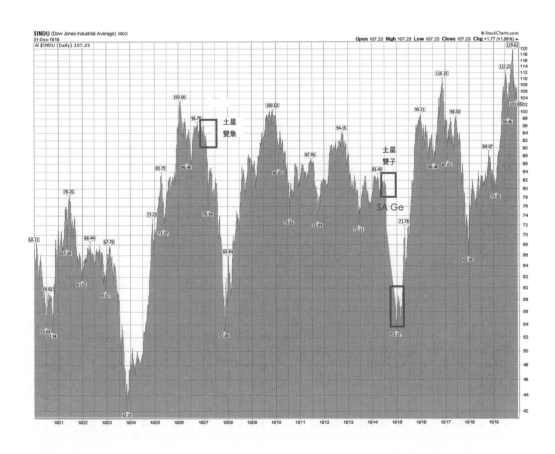

（圖 R4-003）

土星也一樣，在上一章內容中，我們討論過土星在開創星座多半有非常危險的時間點，雖然所有外行星都一樣，但土星更重要的是有 7 年一次的時間點，而且反應非常劇烈，包括姜恩跟其他財經占星師都這樣認為。上圖（圖 R4-003）是道瓊指數從 1901 年到 1919 年期間的資料，我們看到市場從 1904 年開始攀上 1907 年的高點，然後

在 1907 至 1908 年的時候，指數劇烈的滑落，當時土星來到雙魚座的尾巴。很有趣的是，在 1914 年左右市場又發生了另一次大幅滑落，那是土星在雙子座的時候，而且下跌的幅度跟 1907 年差不多的谷底，時間相隔 7 年，彷彿就像「七年之癢」發生於股市一樣。

下圖 R4-004 是 1921 年到 1939 年

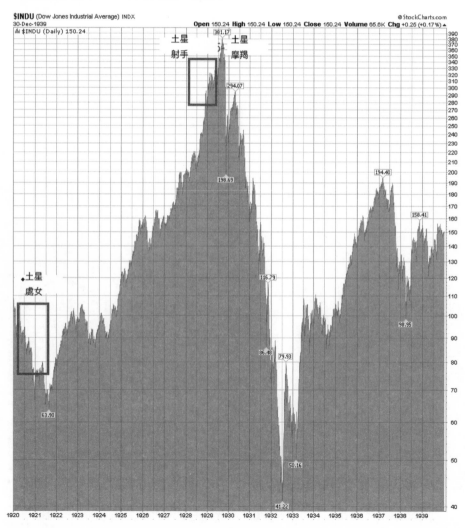

（圖 R4-004）

的道瓊指數資料，1921 年的時候土星
來到處女座 20 度，指數跌到谷底，之
後，1929 年市場從土星射手座到摩羯
座 0 度期間又大幅下跌，所以很多財經
占星師提醒我們，要注意的是土星進入
開創星座，這些時候市場往往會有劇烈
反應。有趣的是股票市場比起實際經濟
活動反應來得快，有人認為股票市場通
常會提早三至六個月出現反應。

上一章討論的內容告訴我們的是經
濟活動指數，它告訴我們當土星來到開
創星座，經濟活動多半都不活躍，而如
果股票市場真的提早三至六個月前就會
出現反應的話，那麼，多半從土星於變
動星座 20 度左右時，我們就會看到一
個重要的劇烈下滑現象，這時候我們就
要開始提高警覺。土星運行得很慢，這
時候你必須同時參考其他外行星的運
行、星座及相位。例如 2015 年土星在
射手座，難道我們真的要等它來到射手
座 20 度才推測下跌嗎？不，因為 2015
年至 2016 年期間會形成土海四分及天
冥四分，要記住 2016 年會發生什麼事
情，這兩組外行星相位對我們來說都相
當重要，所以完全不用等到土星進入變
動星座 20 度才說市場反應如何，因為
它會在之前就反映了。所以這是需要靈
活應用的概念，不要墨守成規，我們必

須了解的是 2016 年發生的這些事情會
怎樣影響我們。

我們知道土星的循環非常特殊，在
某幾位財經占星老師的研究中就提出過
一些相關理論，尤其是道瓊指數，於上
述兩個早期年分中都曾經每 7 年出現一
次的大幅滑落。這些老師喜歡說市場
「回到原點」，原因是當時的股票市場
漲跌幅度並不大，所以回到原點很正
常；在現代的市場中，我們不會真的回
到原點，但市場會出現相當激烈的滑
落。

✷ 月交點的八年景氣循環

接下來我們要討論的是非常重要
的 18 年循環，下頁圖中（圖 R4-005）
看到的表格是姜恩的 18 年景氣預測表
格，表格的前半部由他本人製作，後半
部則是他的學生根據其理論所做的。在
這表格中有大約 8 至 9 年的循環，姜恩
並沒有告訴我們他怎樣預測出這 84 年
的循環，他的表格中也沒有使用任何星
曆，但它告訴你這是姜恩在投資市場的
重大發現。根據 Louise Madwort 的解
說，事實上姜恩這表格所根據的正是南
北月交點的循環，我們可以先看看姜恩
的預測，嘗試解讀他的代碼。

姜恩18年經濟循環表

1784	1803	1821	1840	1858	1877	1895	1914	1932	1951	1969	1988	1990	2008	2027	2045	2064	2082	2101	
1785	1804	1822	1841	1859	1878	1896	1915	1933	1952	1970	1989	1991	2009	2028	2046	2065	2083	2102	A 景氣最低點 復甦的開始
1786	1805	1823	1842	1860	1879	1897	1916	1934	1953	1971	1990	1992	2010	2029	2047	2066	2084	2103	
1787	1806	1824	1843	1861	1880	1898	1917	1935	1954	1972	1991	1993	2011	2030	2048	2067	2085	2104	
1788	1807	1825	1844	1862	1881	1899	1918	1936	1955	1973	1992	1994	2012	2031	2049	2068	2086	2105	
1789	1808	1826	1845	1863	1882	1900	1919	1937	1956	1974	1993	1995	2013	2032	2050	2069	2087	2106	B 股市高點
1790	1809	1827	1846	1864	1883	1901	1920	1938	1957	1975	1994	1996	2014	2033	2051	2070	2088	2107	
1791	1810	1828	1847	1865	1884	1902	1921	1939	1958	1976	1995	1997	2015	2034	2052	2071	2089	2108	C 恐慌
1792	1811	1829	1848	1866	1885	1903	1922	1940	1959	1977	1996	1998	2016	2035	2053	2072	2090	2109	D 低點
1793	1812	1830	1849	1867	1886	1904	1923	1941	1960	1978	1997	1999	2017	2036	2054	2073	2091	2110	
1794	1813	1831	1850	1868	1887	1905	1924	1942	1961	1979	1998	2000 E	2018	2037 E	2055	2074 E	2092	2111 E	E 高點
1795	1814	1832	1851	1869	1888	1906	1925	1943	1962	1980	1999	2001 F	2019	2038 F	2056	2075 F	2093	2112 F	F 恐慌
1796	1815	1833	1852	1870	1889	1907	1926	1944	1963	1981	2000	2002	2020 F	2039	2057 F	2076	2094 F	2113	
1797	1816	1834	1853	1871	1890	1908	1927	1945	1964	1982	2001	2003	2021	2040	2058	2077	2095	2114	G 股市低點
1798	1817	1835	1854	1872	1891	1909	1928	1946	1965	1983	2002	2004	2022 H	2041	2059 H	2078	2096 H	2115	H 股市高點
1799	1818	1836	1855	1873	1892	1910	1929	1947	1966	1984	2003	2005 H	2023	2042 H	2060	2079 H	2097	2116 H	資金流動性高
1800	1819	1837	1856	1874	1893	1911	1930	1948	1967	1985	2004	2006 E	2024	2043	2061	2080	2098	2117	J 大恐慌
1801	1820	1838	1857	1875	1894	1912	1931	1949	1968	1986	2005	2007	2025	2044	2062	2081	2099	2118	
1802	1821	1839	1858	1876	1895	1913	1932	1950	1969	1987	2006	2008	2026	2045	2063	2082	2100	2119	
1803	1822	1840	1859	1877	1896	1914	1933	1951	1970	1988	2007	2009 K	2027	2046 K	2064	2083 K	2101	2120 K	K 低潮與蕭條
1804	1823	1841	1860	1878	1897	1915	1934	1952	1971	1989	2008	2010	2028 K	2047	2065 K	2084	2102 K	2121	
			1842																

（圖 R4-005）姜恩表格。

在這表格當中，姜恩預測了股票市場的循環，當市場從低處重新爬升的年分，他會在表格的最右方給予一個 A 的標記，這一年會是市場復甦的年分；B 的年分是高點，通常在來到高點的兩年之後，我們會來到標記了 C 的年分，C 代表恐慌，D 是最低點。很有趣的是，市場通常會在 E 的年分又來到了高點，然後又隨即在 F 的年分遇到恐慌，並在翌年或相隔一年後來到 G 所代表的低點。注意 D 跟 G 都是低點，有趣的是，在姜恩的股票預測當中，H 的年分通常會是大量的金錢流動，市場來到最高點，非常多的奢華跟浪費都發生在這一年。

然後就來到 J 的市場大恐慌，通常聽到最高點之後人們都會提高警覺，因為最高點之後往往就是大跌。在市場大幅滑落之後的兩三年，我們來到 K 所代表的低潮跟蕭條周期，有些時候 K 跟 A 是差不多的時間點。這表格有時候會特別多出一年，這讓很多人都想不明白，他們因此認為這表格很凌亂，明明乍看很有秩序，但每隔一陣子它又會調整一下，特別是在 E 跟 F 的年分。

如果要按照笨蛋的秩序，覺得一定要第幾格就怎樣的話，這表格一定會出現問題。標記的年分之所以不太統一或需要調整，原因是製作這圖表的姜恩同

時也是占星師，他根據南北交點的循環給予我們重大的資訊，在姜恩的邏輯中，他有時候使用 19 年循環，有時候使用 18 年，這其實是因為北交點的完整循環是 18.6 年，而且每隔十多二十年就會再調整一次。不知道大家有沒有注意到 K 跟 A 其實是同一年，K 通常就是許多蕭條罷工失業發生的時候，而跟 A 差不多同時發生的時候，那幾乎就是股票市場非常低、人們感到絕望、但也是市場開始復甦的時間點。然後慢慢地市場會來到低點，低點通常是中間階段的高潮，但它維持不了多久，一兩年之後又來到市場比較低的位置，通常會在 C 發生恐慌。在這表格中，離我們最近的 C 發生在 2015 年，在 1997 年的時候，東南亞跟俄羅斯都發生過經濟危機，然後中國跟巴西經濟都相當不景氣，所以我們可以看到這樣的一個特質。

當討論財經占星，我們若能關注大盤、留意全球景氣的話，你大可以跟著這個表格走，而且這是調整後的表格，它是可信的。

這表格曾經預測大恐慌會發生在 2006 年，但事實上真正的大恐慌是從 2007 年開始，然後一直持續到 2009 年來到最底部再慢慢回來。如果你之前有一直注意投資市場的話，你應該已經熟悉這段歷史，這是姜恩給予我們的股票運行周期。

姜恩認為所有期貨市場及股票買賣當中都有著 10 年的周期，他沒有告訴人家說這是北交點 18.6 年的循環周期，免得人家質疑他到底在講什麼。當中他做了一些調整，回顧了這些狀態並告訴我們在這 10 年當中，通常從熊市開始的時候，到熊市的結束，就像這表格一樣。從這個由 1784 年開始的表格中，我們看到非常多次的歷史循環，再來是一個小小的反彈，然後又再下跌兩年左右，再開始回到牛市，所以我們看到北交點的循環基本上在這裡可以被觀察，也是著名的姜恩預測表格，它是根據月交點循環所做的預測。

當我們在使用這表格的時候，需要注意一點，我們絕對不能因為單一的符號象徵就去預測經濟走勢，不能因為一組行星相位就預測經濟走勢，不能因為某行星或月交點進入某一星座就預測經濟趨勢。因為我們同時也需要考慮外行星的星座及其相位循環。我不反對這表格的用處，它幫助不了解占星的人去了解經濟循環，其實我當年也是接觸到這表格才決定要開始教授財經占星學，因為我認為這理論是需要被還原成占星學

的，你不能夠光靠一個表格就決定一切，需知道姜恩的理論有很多魔術方塊，那其實都是占星學的變化，有一些我們能找出根源，有一些則不能夠。

在姜恩的預期中，2013 的確會來到市場高點，1973 年至 1974 年也的確有可能，但為什麼這些年分最終沒有出現市場高點呢？如果你記得我們之前討論過 1973 年至 1974 年期間出現的木土相位及土海相位，你就會明白背後原因。這個表格的可信度及脾性跟上一章內容中的木星循環很像，準的時候非常準，但也一樣相當容易受到其他因素的影響。

這表格另一個好處是，假設我知道 2013 年市場會來到高點，但我也知道當時有天冥相位，這時候我可以觀察的是，當天冥相位比較寬鬆或當短期內行星或月亮周期影響市場價格的時候，我們就可以期待比較景氣的一段短時間，它仍然具有這種特質。但我們應該注意外行星的氛圍，當外行星的緊張狀況解

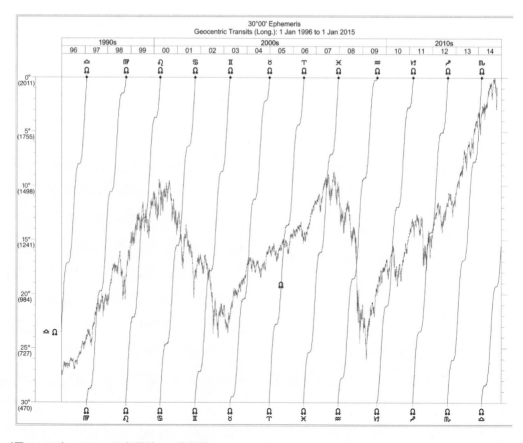

（圖 R4-006）1990~2010 年標普 500 指數圖。

除或其他內行星或月亮影響消散的時候，我們就可以推測該時段是經濟比較景氣或比較需要關注的時候。

姜恩表格最重要的用法，其實是把它轉換成左頁（圖 R4-006）這種圖表。這是 1990～2010 年之間標普 500 指數圖，我們可以看到九十年代當標普指數上來，於 2000 年來到最高點，然後一路下跌直到 2003 年，它在 2007 年又來到最高點，然後在 2009 年觸底，當中你有看到任何完整的循環嗎？當北交點到獅子座中間的時候，指數往下跌，在雙子座的時候觸底，在差不多進入雙魚座的時候再次來到頂點，然後在水瓶座觸底，當它 2015 年左右來到天蠍座，我們預期標普應該會再次跌下來，原因是之後北交點會又再來到天秤座，這是一個相當完整的周期循環。

如果我們用剛才的姜恩表格對照這張圖表的話，我們看到 1995 年指數最低點的時候，月交點正在天蠍座，也是姜恩表格中 B 的年分，代表高價的位置，但其實當時並沒有發生這件事，要等到 2000 年北交點在獅子座的時候指數才來到高點。而在姜恩表格中，2000 年的確是高價沒錯，2000 年之後指數就一直下滑，姜恩表格 F 的年分代表那一年是恐慌。2000 年到 2001 年期間發生了科網股泡沫爆破，2003 年到 2004 年是觸底的，表格中的 2003 年是 G 的最低股價，也是北交點在雙子座的時候，等到 2004 年北交點進入金牛座的時候才開始回來，表格說 2005 年是股價比較高的一年，從以上圖表中我們也證實了這一點，當時市場還不錯。

到這裡，大家應該不會反對上面這張標普指數跟月交點關係的圖表，它其實蠻符合姜恩表格的周期走勢。要注意的是，姜恩給我們的是一個很易用的表格，但問題是這表格沒辦法告訴我們北交點在什麼時候換星座，也沒告訴我們它在各星座中會帶來什麼影響。在這裡我們可以知道的是，因為我的老師告訴我姜恩的這個表格是根據 18～19 年的循環，所以我才決定回到占星軟件當中，把我所有能找出來的股票周期列出，去看看北交點在黃道星座上循環的關聯。

我們從圖表中（圖 R4-006）可以看到一個從天蠍座到天蠍座的循環，另一張則是由獅子座到獅子座的循環。姜恩的表格無疑有它的參考價值，但做為占星師的我比較建議大家注意北交點的位置。北交點在獅子座的時候很容易來到循環的高點，市場通常在巨蟹座的時候就有一點恐慌，在金牛及水瓶來到谷

底，前面的圖檔讓我們知道北交點在水瓶跟雙子都不是什麼好位置，在天秤也蠻糟糕。財經占星師告訴我們，從水瓶、摩羯、射手到天秤之間通常是來到高點，也就是說，如果從觸底的水瓶座逆行出發的話，整個股市會一直往上爬，來到天蠍座是值得觀察的高點，到天秤座又回到低點重新開始，這些都是我們可以從以上資料中注意到的。

我們了解到姜恩跟他的學生利用北交點循環做出了重要的指數，北交點對於財經占星的影響其實相當大，特別在歷時一周至幾周的短周期預測當中，北交點有時會扮演重要的關鍵。它能告訴我們哪些月分、星期會是特別需要警覺的時間，我們會在日月蝕及北交點短暫循環中再次討論這部分內容。

我們之前討論過如何利用圖象星曆進行觀察，現在讓我們用同樣的技巧觀察一下 2011 年初北交點的位置跟股市

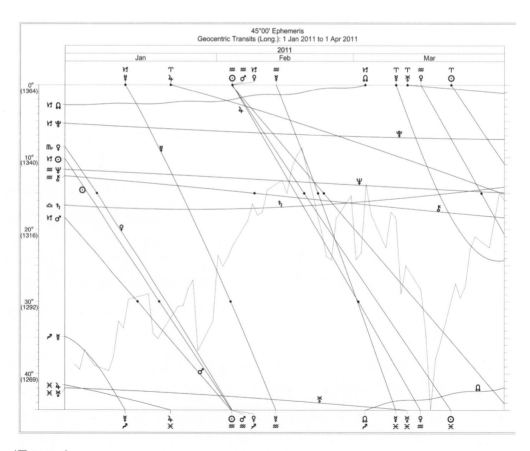

（圖 R4-007）

之間的互動狀況。左圖（圖 R4-007）起伏的曲線是標普 500 的價格，在這裡可以觀察兩個部分：我們可以觀察圖中左上角北交點的線，每次有行星跟月交點產生相位的時候，那都能告訴我們一些重要資訊。例如水星跟月交點形成相位、或木星跟月交點形成強硬相位的時候，幾乎是標普 500 漲幅相當高的時候，而在這圖表中我們看到木星跟北交有相位。

在占星學中，金星是另一顆吉星，但因為它運行得很快，每天前進一度左右，如果它前後 5 度開始帶來影響的話，當它靠近北交點前五度、到它離開後五度都會有重要影響。上圖中金星北交於摩羯座合相的時候，往後幾天指數都明顯上漲，但來到天王星遇上北交點的時候，市場就開始劇烈地不穩定。從上圖中，我們看到逆著黃道前進的北交點在 2011 年 3 月初跟天王星產生相位，而天王星象徵突變，所以這時候整個局勢有所改變。

同時，從前述的姜恩表格中，我們知道 2011 年位於 A 跟 B 之間，屬於經濟復甦中並邁向 2013 高股價年分的一年。而從上面這張 2011 年首三月的圖表中，我們的確看到一個向上的走勢，我們也知道在短期資訊中有一些內行星

的相位相當值得觀察，例如金木或金星北交點的相位都會為我們帶來幫助。我們在這圖表中也看到三月的時候出現過金木相位，可是當時股價一直下滑，但二月的時候金木相位形成的時候，股價卻正在大幅上升中，原因是二月的時候金星北交點正在合相，三月的時候它倆則是 45 度相位。為什麼同樣是金木相位卻相差這麼多？我們有沒有看漏了什麼？天王星跟北交點的相位在這裡扮演了相當重要的角色，同時天王星也進入了開創星座的牡羊座，三月中出現土海 135 度相位，這些外行星位置都有著非常重要的影響。

我們應該已經了解到，姜恩跟很多財經占星師告訴我們的資訊其實都跟月交點有著密切關聯。透過月交點在景氣循環中的移動，我們看到了它跟景氣循環走勢之間的互動，甚至看到每當它靠近行星的時候會如何反映行星的特質，例如跟天王星會帶來變盤的可能性，同時這些資料也告訴我們內行星其實是有影響的。問題是，如果你一開始就只關注內行星的影響，那麼你會沒有辦法抓住星盤要告訴你的重點，也許有許多人會嘗試從內行星當中得出重要的投資時間點，但我會建議大家需要先注意外行星所提供的資訊。

在後面的內容中，我們的注意力會從外行星的觀察轉移到內行星的影響，我們要認識內行星在投資市場中所帶來的影響。我們會先從內行星跟外行星的相位、及內行星彼此之間的相位中取得資訊。我在這一兩年找出了標普 500 跟上海上證指數前 50 個大漲日子的星象以及前 50 個大跌日子的星象，做出了一些非常有趣的統計，相信這能夠幫助你更深入地了解占星學。

✳ 內行星相位

我們已經複習了一些關於外行星循環的概念，也討論了八年景氣循環，這些內容讓我們知道，不論是姜恩的概念還是之前討論的循環基礎概念，包括行星及紀念日的循環，這些循環的概念主導了非常重要的財經占星學研究。我知道有些人會想馬上知道某檔股票的漲跌，但我希望讀者能夠根據這些方法預測並進行更多的財經占星研究，發揮以前的人沒想到的內容。

例如姜恩的八年景氣循環事實上是根據南北交軸線的移動而建立，其目的是要教導不懂占星又沒耐性的人如何賺錢，並嘗試把占星學變成符號。問題是如果你不知道這些符號暗示了北交點獅子帶來高點、巨蟹座恐慌、在雙子座低點、在金牛座及水瓶座是蕭條、水瓶座到天蠍座是復甦等等，如果這個人因為對占星學不感興趣而錯過了這些資訊的話，那麼他就同時錯過了非常重要的資訊。他會以為姜恩這些數字符號的年分是從 1 月 1 日開始的，所以，姜恩這些數字及表格其實確實地傳遞了一些資訊，但只有研究占星學的人才能真正發揮。

仍然有一些追隨姜恩的學者在做另一層面的發揮，他們嘗試根據當中的圖形跟符號去做推演，但在我個人角度而言，我認為姜恩於其理論當中把占星符號數字化跟符號化，而他的學生再使用這些數字跟符號做出演變，那已經不再是占星學了。而我是一名占星師，雖然我不是研究姜恩的學者，但透過閱讀姜恩的著作及教材，我了解他為什麼要教大家去找出木星、土星、天王星、海王星及冥王星的行星中點做為年度敏感點。他直接寫出了占星學，直接告訴讀者如果想要了解他的理論的話，他們需要了解占星學。那個年代中點是占星學中相當重要的一門技巧，根據中點的計算技巧，能夠找出每個行星的位置，然後求取它們中間的一個敏感點，於是那個敏感點的數字就成了跟價格變化、翻

轉或變盤有密切關聯的位置，正如他用火木運行的交會做為黃豆最高價格的預測。

在上一章，我們討論了非常多的外行星循環及相位循環，當中有一些循環非常準確，例如木星，但它們很容易受到其他更具影響的外行星循環的左右而改變我們對它們的預期。你可能預期木星進入巨蟹座跟獅子座可以帶來不錯的經濟發展，可是我們已經討論過土海相位或木土相位會帶來影響，如果這一年外行星都在開創星座、發生土海強硬相位、土天強硬相位的話，種種跡象指出了市場的蕭條，這樣會掩蓋木星巨蟹本應帶來的繁榮。這時候我們就必須判斷，光是木星在巨蟹座不足以預測經濟市場的逆轉，相信大家已經慢慢清楚這一點。

從這裡開始，我們要慢慢把預測範圍從大格局縮小到可能是月分或星期。之前討論外行星循環的時候，我們以「年」做單位去進行預測，我們目前已經掌握了長時間影響的預測，現在要討論的是比較短期的影響，當中我們要綜合前人及現代的研究，一起討論內行星在經濟市場的變化。

首先，讓我們認識一下內行星在財經占星中的影響。

我們要先建立幾個概念：第一，你必須了解內行星的影響力少於外行星，火星、金星、水星、太陽跟月亮彼此間的相位很少帶來重大影響。也就是說，如果你是進行短期投資的話，內行星會有一些幫助，但更重要的是月相及月亮的位置。對於一般的、不是非常熟悉瞬息萬變的經濟市場的人，你要掌握的是外行星彼此間的相位、以及內外行星之間的相位。前者能幫助你做出中長期的決定，後者可以得到中短期的訊息，而內行星之間的相位及月相所帶來的影響是非常短期的，只歷時一兩天，我們將逐一討論。

二十世紀初，一些財經占星師們研究並得出了一些他們認為能幫助股票市場的行星相位，他們認為只要這些行星形成相位就可以了，不用再區分四分相、合相、三分相等等，只要兩顆行星接觸就代表有影響。這想法源自於美國很多占星師都是漢堡學派的研究者，他們在美國發展出相當多具影響力的概念，他們認為行星只要有相位就是產生連結，無分好壞。所以我們也用同樣的觀念去看待跟討論內行星相位的部分，不用再認為三分相跟六分相是好，四分相對分相是壞，漢堡學派的人認為這是

不重要的，他們甚至會把三分相跟六分相放到一邊去，他們認爲相位無分好壞，它只是兩個行星之間的特質產生互動而已。

對市場發展有利之內行星相位

首先，讓我們先討論一下在傳統財經占星師眼中，哪些相位對經濟發展及股票市場有利。首先是跟**太陽**有關的相位，包括日月、日水（它只會產生合相）、日金、日木及日天相位，他們認爲這些相位是能夠刺激經濟市場及股票市場發展的。這時候我們要考慮的是這些相位到底能夠影響多久？日月相位影響不到兩三個小時，日水及日金相位可能影響三五天，日木及日天相位的影響可能長達十天。

至於跟**月亮**有關的相位，月水、月金、月木及月海相位容易帶來對市場有幫助的影響，但由於其快速的移動速度，月亮的這些相位影響力通常都只持續幾小時而已。

至於**水星**，水金、水木、水天、水海相位多少能夠刺激商業交易，對股市推升有些幫助。但請想想看，水海當然會有狂熱信息，但也可能帶來市場混亂；水金相位的影響期比較微妙，如果它們合相的話，影響力會維持一段時間，原因是它們運行的速度其實差不多，我們在日木或日天這種相位上比較可以明確的列出影響時間。原因在於相對太陽來說，木星跟天王星的速度慢很多，我們就比較容易計算入相位跟出相位的影響時間。從這角度來看的話，水金合相會持續一段時間，但同時需要注意的是水金相位的分量比較輕，內行星的影響力一般都是較弱，別忘了這一點。

金星跟木星、天王星、海王星及冥王星的相位多半都會帶來一些市場發展，但必須注意投資項目是什麼，因爲它可能會跟金星的一些變化有關。例如金冥、金木有些時候被認爲跟黃金價格有關聯，更不用說金星跟月交點的相位。過去的財經占星師有時候會特別看待南北交，金星跟南北交的相位往往會帶來特別的市場變化。金木、金天、金海、金冥相位都是相關的，尤其金冥相位需要我們小心思考，因爲它會帶動黃金價格。但你知道黃金價格什麼時候容易推升嗎？金星跟冥王星不代表全然的投資市場，也不一定是經濟不好的時候金價才會升，但大家都傾向把黃金跟美元掛勾，當美國不景氣、美金弱勢的時候，黃金價格是不是通常就升高？此

外，別忘了美元也跟石油價格有關。

過去我的老師認為**火星**在市場上沒有重要地位，他們不認為火星對市場好轉有任何影響。火星的確多半帶來壞影響，但如果你投資的是原油的話，那麼你自然就會去注意火星。因為首先火冥相位跟原油價格有關，當火冥相位發生的時候，多半就是原油價格波動的時間點。如果原油價格暴漲，你多半會聽到股市開始下跌，你知道為什麼嗎？因為生產成本開始增加，這是我們之前提及過的，所有的化工製品，包括塑膠、成衣的尼龍、合成製品、藥物這些東西都是透過原油去做輕油煉解而得到原料。雖說人們開始尋找取代燃料的能源，但是原油仍然是重要的原料，大部分的原料價格會因為原油價格上升而增長，所以這是我們必須關注的。一般來說，雖說火星不會為經濟市場帶來什麼好影響，但火木相位某程度上跟農產品價格有著密切關聯，至於木星及之後的行星相位，我們已經在之前討論過了。

對市場發展不利之行星相位

相對地，傳統占星師認為哪些行星相位會對經濟市場及股票市場帶來壞的影響呢？同樣地，首先是跟**太陽**有關的相位，包括日火、日海及日冥相位，這是過去我的老師告訴我的，我自己會再加上日凱相位，我認為它會帶來壞的經濟影響，這些相位的有效期都是十天左右。

至於**月亮**，需要注意的相位包括月火、月土、月天、月冥、月凱。在太陽跟月亮的這些相位中，有一件事也許比較需要我們注意：為什麼日天相位不會對市場帶來壞影響，但月天相位卻會呢？這涉及了我們對符號的認識。太陽代表榮耀及成就，天王星某程度上可以是變動、波動及叛亂，所以，某些時候日天相位可能暗示了世上某些角落正發生波動、叛亂跟改革，多半人們反應也會比較積極，而且是比較不確定的改革，但同時日天相位其實也可能暗示了資本家的榮耀及成就，所以我認為它是屬於比較好的影響。另一方面，月亮是屬於比較生活層面的，它不是榮耀，而是思考、想法、感受，天王星是波動，這時候月天相位可能代表人們生活不穩定或感受到波動的時刻，並同時暗示市場正朝著比較壞的影響前進。

水星包括了水火、水土、水凱、水冥；**金星**則包括了金土及金凱。很多老師告訴我金火相位會為股市帶來壞影響，從符號來說，火星的確代表破壞及強烈影響，但我個人不完全這樣看，同

時也不是很確定。因為在我自己的研究中，當我參考不同的數據，發現火星好像跟所有外行星的相位都會帶來一些對市場波動或危機感的影響，原因是火星本身就暗示了一種攻擊及刺激的意涵。很多人問我說火星跟其他行星的刺激就不能夠暗示上揚嗎？火星本身具有攻擊性跟爆發性，在某些時候，火星跟木星有可能跟市場上揚有關。但我會希望大家小心一點，火星天王星絕對暗示對資本家的攻擊或者能源市場改變的一些暗示，天王星也跟能源有關；火冥每次有相位就會是原油價格的波動，影響也有好有壞，如果你投資的是能源的話，那麼它的價格到底是轉跌還是轉升，這需要你自己參詳一下。

最後，在短周期預測中，行星的廟旺落陷有一定程度的輔助作用，但其影響並不明顯。當觀察日蝕圖、四季入境圖或行運對國家盤或公司盤影響時，不妨把內行星的廟旺落陷列入考量，但行星本身的特質通常比較明顯，例如金星是溫和的、海王星是狂熱的、木星是預期的，所以你會在帶來良好影響的相位中看到它們的出現。天王星之所以常常出現在財經占星的理論中，而且出現在帶來良好影響那邊，原因是它代表了資本家，當它象徵波動的時候，那麼它就可能帶來壞的影響。

當我在做財經占星研究的時候，曾經進行了一些統計，我必須坦承這些統計的目的，是為了印證及呼應過去占星師們所提出的相位觀點，尤其關於相位好壞的部分，我想要做出對照。讓我先跟大家分享當中的理據及方式，然後大家才會明白當中的差異性。

我的方法是找出兩個市場的相關資料，這兩個市場分別是美國標普指數及上海證券指數，然後我找出了當年漲幅最大前 50 個日子跟跌幅最大 50 個日子，這資料不算很龐大，但我需要逐一親手處理，過程的確蠻繁複，因此我只抽取漲跌最大幅度的日子各 50 個。然後我再根據這些資料的統計，找出在這 50 個漲幅最大跟 50 個跌幅最大的日子中曾經出現哪些行星相位。我必須承認這資料庫並不足夠，但我認為從中可以看出一些有趣的跡象及變化。

圖 R4-008 是標普 500 漲幅最大 32 個日子當中出現過的相位，從上到下我列出了各行星相位，從左到右我們看到的是合相、對分相、三分相、四分相、六分相、半四分相、八分之三相、半六分相、十二分之五相以及該相位沒有出現的日子。所以，如果該相位沒有出現

	Conjunction	Opposition	Trine	Square	Sextile	Semisquare	Sesquisquare	Semisextile	Quincunx	None	TOTAL
Moon/Sun	0	1	2	1	0	0	1	1	1	25	32
Moon/Mercury	1	1	0	2	1	0	3	2	0	22	32
Moon/Venus	1	0	0	0	0	2	2	1	1	25	32
Moon/Mars	0	1	2	0	0	0	0	0	1	28	32
Moon/Jupiter	0	1	1	2	0	0	2	0	1	25	32
Moon/Saturn	1	0	0	0	1	2	0	1	0	27	32
Moon/Uranus	0	1	2	1	1	2	1	0	2	22	32
Moon/Neptune	2	1	1	1	0	1	0	1	2	23	32
Moon/Pluto	0	0	1	0	3	0	0	0	1	27	32
Moon/Mean Node	0	1	1	0	3	0	2	1	1	23	32
Moon/Ascendant	0	0	0	0	1	3	2	1	0	25	32
Moon/Midheaven	0	0	0	0	2	1	1	1	2	25	32
Sun/Mercury	5	0	0	0	0	0	0	0	0	27	32
Sun/Venus	2	0	0	0	0	7	0	6	0	17	32
Sun/Mars	2	0	0	1	0	3	0	1	0	25	32
Sun/Jupiter	1	1	0	0	1	1	0	1	0	27	32
Sun/Saturn	0	1	0	1	1	5	1	0	0	23	32
Sun/Uranus	1	0	2	1	1	0	3	0	1	23	32
Sun/Neptune	1	0	2	1	1	0	2	0	0	25	32
Sun/Pluto	0	0	1	3	3	0	3	6	0	16	32
Sun/Mean Node	0	1	1	1	1	4	0	0	0	24	32
Sun/Ascendant	0	0	0	0	4	6	0	6	0	16	32
Sun/Midheaven	0	0	0	0	0	19	0	2	0	11	32
Mercury/Venus	5	0	0	0	0	7	0	1	0	19	32
Mercury/Mars	2	0	0	0	0	0	0	3	0	27	32
Mercury/Jupiter	0	0	1	2	1	0	2	0	0	26	32
Mercury/Saturn	1	0	1	0	1	4	0	1	1	23	32
Mercury/Uranus	1	0	0	0	0	1	0	1	3	26	32
Mercury/Neptune	1	2	3	0	1	1	2	3	1	18	32
Mercury/Pluto	2	0	2	0	2	1	0	4	0	21	32
Mercury/Mean Node	2	0	0	1	2	0	0	0	2	25	32
Mercury/Ascendant	0	0	0	0	0	8	0	3	0	21	32
Mercury/Midheaven	0	0	0	0	3	2	0	6	0	21	32
Venus/Mars	1	0	0	0	2	2	0	0	0	27	32
Venus/Jupiter	0	0	0	3	4	3	0	0	2	20	32
Venus/Saturn	0	1	1	0	1	0	1	0	0	28	32
Venus/Uranus	1	0	0	1	0	1	2	1	1	25	32
Venus/Neptune	0	0	1	1	2	3	0	1	1	23	32
Venus/Pluto	4	0	0	1	1	0	1	1	0	24	32
Venus/Mean Node	2	0	1	1	1	1	2	2	1	21	32
Venus/Ascendant	6	0	0	0	1	1	0	2	0	22	32
Venus/Midheaven	0	0	0	2	2	2	0	1	0	25	32
Mars/Jupiter	0	0	1	0	1	3	1	0	0	26	32
Mars/Saturn	0	0	1	3	1	4	0	0	0	23	32
Mars/Uranus	0	1	1	2	2	1	2	0	1	22	32
Mars/Neptune	1	2	1	3	1	2	0	0	0	22	32
Mars/Pluto	0	2	1	1	1	3	1	3	0	20	32
Mars/Mean Node	0	0	1	1	0	0	0	1	1	28	32
Mars/Ascendant	0	1	0	4	0	3	0	2	0	22	32
Mars/Midheaven	2	0	1	0	3	3	0	4	0	19	32
Jupiter/Saturn	0	1	8	0	1	1	1	1	1	18	32
Jupiter/Uranus	0	0	3	0	4	2	0	1	2	20	32
Jupiter/Neptune	0	0	2	2	0	0	0	5	0	23	32
Jupiter/Pluto	0	0	1	0	0	2	2	2	1	24	32
Jupiter/Mean Node	0	0	0	0	0	3	1	5	1	22	32
Jupiter/Ascendant	0	0	0	1	2	3	0	0	1	25	32
Jupiter/Midheaven	1	0	1	0	0	1	0	2	1	26	32
Saturn/Uranus	0	9	1	0	0	1	0	0	0	21	32
Saturn/Neptune	0	0	1	1	0	0	4	0	6	20	32
Saturn/Pluto	0	0	0	0	0	0	0	0	2	30	32
Saturn/Mean Node	0	1	1	0	0	1	0	1	5	23	32
Saturn/Ascendant	1	0	2	1	1	0	1	0	0	26	32
Saturn/Midheaven	1	0	0	2	0	3	1	1	1	23	32
Uranus/Neptune	0	0	0	0	0	0	0	12	0	20	32
Uranus/Pluto	0	0	0	2	1	3	0	0	0	26	32

（圖 R4-008）

的日子數目越高，那就表示該相位跟標普大漲無太大關係。例如火星跟北交點的相位，我們看到這相位跟標普的大漲關係不大，這也算符合我們於前述內容中所討論的，因為我們知道當火星跟北交點有相位，人們都會感受到緊張、攻擊、刺激。

我們可以從上表中看到一些有趣的相位組合。上表中（圖 R4-008）數字高於 5 的相位組合相當值得我們注意。例如日金半四分相的數字是 7，意指它在 32 個大漲日中曾經出現 7 次。很多人會認為半四分相不是好相位，但我們需要注意的是，半四分相其實是太陽跟金星距離的極限。當太陽跟金星產生相位的時候，它們只能形成合相、半六分相跟半四分相，也就是說，每當日金相位出現，它們幾乎都跟市場漲幅有關，在 32 個大漲幅日子中，只有 17 天沒有日金相位，大家可以用同樣的邏輯去解讀上表。

我們可以再看看月火相位，在 32 個大漲幅日子中，有 28 天是沒有月火相位的，意思是月火相位對市場大漲沒有重大影響。有趣的是，透過上表，我們大概可以認為月水相位、月凱跟月亮北交點相位跟漲幅有關。但要注意的是，月亮是相當快速的行星，即使它跟

外行星形成相位，這數據仍然不太可靠。

另外一些值得討論的相位包括日土半四分相，這相位的出現相信是蠻讓人意外的。另外，在這 32 天的數據中，水金合相出現過 5 次，水金半四分相則出現了 7 次，我們可以認為水金相位在這裡是非常重要的相位；水海相位在這裡的影響力也非常高。讓我們把這轉換成占星學語言的話，水星是市場，海王星是狂熱，於是我們就不難理解水海相位對於市場上漲為什麼這麼具影響力。

所以這表格其實是在告訴我們，如果我們的占星語言紮實、思想脈絡夠清晰的話，其實我們是有能力推測上表中具影響力相位背後的原因。同樣道理，我們看到金火相位沒有多大影響，金木相位則蠻有趣，我們看到金木四分相、六分相及半四分相有一定出現次數，反而金木合相、金木對分跟金木三分很少出現。在三王星中，金海相位出現次數比較多，同樣需要注意的是金冥合相出現了 4 次，最值得注意的是金星北交點相位，它的出現次數蠻多，算是一個值得觀察的指標。火星的影響力不算特別明顯，但看一下火冥相位，它的影響次數還蠻高的，尤其是火冥半六分相的時候，這不能夠說是絕對的關係，但無疑

是相當有趣也值得觀察的地方。

木土相位的出現次數高達 8 次，我們需要留心的是，外行星彼此之間的相位會維持比較長的一段時間，如果它們有出現一個股市漲幅的好影響的話，那麼它會帶動連續好幾天的大漲。像是木土有相位的時候，並不代表它一定會帶來不好的狀況，木土三分應該會是影響最明顯的時刻，另外木天相位的影響也不少。

我個人認為最值得注意的相位有兩個，第一個是天海相位，半六分相出現次數在這裡高達 12 次，請特別注意三王星彼此之間的相位數據，因為當它們形成相位的時候，以天海相位為例，這相位其實可以長達好幾年，所以應該要小心看待上表中（圖 R4-008）從天海相位開始之後的數據。上表中我採樣的年分大約是 90 年代，當時有天海半六分相出現，上表中天凱相位的高次數原因亦一樣，因此我不認為這兩組相位跟市場的好表現有關，它們只反映出我採樣的年分。

日金相位其實解釋了非常多的事情，日冥相位也很有趣，尤其日冥半六分相在這裡出現高達 6 次之多。這些數據可以告訴我們一些跟過去不太一樣的

看法，我們看到水金跟日金的確有影響，水海相位也值得我們注意，然後還有木土相位。

下頁圖 R4-009 是標普 500 歷年來 50 個最大跌幅的相位資料，這堆資料反映的是那些有機會導致大跌的相位。我個人認為其實這是相當值得注意的，這也是一個比較有難度的觀察，因為老實說，這表格的資料分佈還蠻平均的，所以我們只能夠從相關資訊的比例著手。例如我們看到日金相位彷彿也跟市場大跌有關，而且次數跟大漲那張表格幾乎一樣，這說明了什麼呢？這裡我有一個很大的疑問，為什麼日金相位於大漲跟大跌的日子會同時出現？這是我們必須進一步研究，它當時到底是在相位循環的開始還是結束？跟行星當時的廟旺是否有關？

同樣地，水金半四分相出現了 7 次，我的老師之前一直告訴我日金相位及水金相位對股市大漲有幫助，但如果觀察上述統計的話，恐怕我不這樣認為。我認為這兩張表格其實是在告訴我們，只要這些行星有相位，那麼屆時股市反應都會蠻激烈。同時我們也發現在表中（圖 R4-009）幾乎沒有其他次數多於 5 的相位，唯一只有金冥合相跟火海四分相。更有趣的是我們看到木土相

財經占星全書

	Conjunction	Opposition	Trine	Square	Sextile	Semisquare	Sesquisquare	Semisextile	Quincunx	None	TOTAL
Moon/Sun	0	0	0	0	4	1	1	0	2	42	50
Moon/Mercury	0	3	3	3	1	2	0	1	2	35	50
Moon/Venus	1	1	4	1	1	1	1	2	2	36	50
Moon/Mars	0	0	0	3	1	2	2	2	1	39	50
Moon/Jupiter	1	0	2	1	2	0	1	1	0	42	50
Moon/Saturn	1	0	2	1	2	1	1	0	1	41	50
Moon/Uranus	3	1	0	1	0	2	2	1	0	40	50
Moon/Neptune	1	0	2	1	1	0	2	1	0	42	50
Moon/Pluto	0	1	1	0	0	1	2	0	2	43	50
Moon/Mean Node	0	2	3	1	0	1	1	1	1	40	50
Moon/Ascendant	0	0	4	1	1	1	1	0	1	41	50
Moon/Midheaven	0	0	1	0	0	1	2	0	2	44	50
Sun/Mercury	2	0	0	0	0	0	0	0	0	48	50
Sun/Venus	1	0	0	0	0	7	0	5	0	37	50
Sun/Mars	1	0	1	1	1	1	0	1	0	44	50
Sun/Jupiter	2	2	0	2	1	0	1	1	1	40	50
Sun/Saturn	0	0	1	0	3	2	0	3	1	40	50
Sun/Uranus	1	3	1	2	4	0	1	2	2	34	50
Sun/Neptune	1	0	1	3	0	2	1	0	1	41	50
Sun/Pluto	0	0	0	1	1	3	0	4	2	39	50
Sun/Mean Node	0	0	2	4	1	1	0	0	1	41	50
Sun/Ascendant	0	0	0	0	4	2	0	1	0	43	50
Sun/Midheaven	0	0	0	0	0	22	0	7	0	21	50
Mercury/Venus	3	0	0	0	0	7	0	2	0	38	50
Mercury/Mars	2	0	0	0	1	2	0	4	0	41	50
Mercury/Jupiter	0	1	2	2	0	1	1	0	0	43	50
Mercury/Saturn	0	0	0	0	0	3	0	1	0	46	50
Mercury/Uranus	0	0	1	1	0	2	1	2	4	39	50
Mercury/Neptune	1	2	3	0	1	0	3	0	0	40	50
Mercury/Pluto	0	0	1	1	3	2	0	2	0	41	50
Mercury/Mean Node	0	0	1	1	3	0	0	0	1	44	50
Mercury/Ascendant	0	0	0	2	3	4	0	2	0	39	50
Mercury/Midheaven	0	0	0	0	4	4	0	6	0	36	50
Venus/Mars	2	0	0	2	4	0	0	2	0	40	50
Venus/Jupiter	2	1	0	1	1	2	1	0	1	41	50
Venus/Saturn	0	0	1	1	2	0	0	2	2	42	50
Venus/Uranus	1	1	2	0	0	3	1	0	3	39	50
Venus/Neptune	0	0	1	1	4	4	1	2	0	37	50
Venus/Pluto	5	0	0	0	1	0	2	0	0	42	50
Venus/Mean Node	1	0	0	1	0	1	0	0	0	47	50
Venus/Ascendant	6	0	0	1	1	0	0	3	0	39	50
Venus/Midheaven	1	0	0	2	2	2	0	2	0	41	50
Mars/Jupiter	1	0	0	0	1	0	1	0	1	46	50
Mars/Saturn	1	1	0	1	1	3	1	1	0	41	50
Mars/Uranus	0	0	1	2	1	4	2	2	2	36	50
Mars/Neptune	0	0	1	5	0	1	0	2	0	41	50
Mars/Pluto	0	1	1	2	1	1	0	3	0	41	50
Mars/Mean Node	0	0	1	1	1	0	1	0	0	46	50
Mars/Ascendant	0	0	1	4	1	1	0	0	1	42	50
Mars/Midheaven	2	0	0	0	4	1	1	4	0	38	50
Jupiter/Saturn	1	0	10	1	0	0	1	1	0	36	50
Jupiter/Uranus	0	1	3	1	6	2	1	1	0	35	50
Jupiter/Neptune	0	1	4	0	1	0	0	4	0	40	50
Jupiter/Pluto	1	3	0	0	0	0	0	1	2	43	50
Jupiter/Mean Node	1	0	1	1	1	0	0	4	1	41	50
Jupiter/Ascendant	0	0	0	1	2	2	1	0	2	42	50
Jupiter/Midheaven	0	0	5	3	0	4	4	0	0	34	50
Saturn/Uranus	3	9	1	0	1	0	2	0	1	33	50
Saturn/Neptune	1	0	0	3	0	0	1	3	7	35	50
Saturn/Pluto	0	0	0	0	0	2	0	1	2	45	50
Saturn/Mean Node	0	2	0	2	1	2	0	0	5	38	50
Saturn/Ascendant	0	0	2	3	1	2	1	0	1	40	50
Saturn/Midheaven	2	1	4	1	0	1	1	4	1	35	50
Uranus/Neptune	0	0	0	1	0	0	0	5	0	44	50
Uranus/Pluto	0	0	0	2	1	6	0	1	0	40	50

（圖 R4-009）

位跟大漲和大跌都有關，這時候我們必須問自己：「爲什麼？」原因不是因爲資料出錯，而是在告訴我們要如何看待行星的相位。

土天相位出現次數其實也很高，土天對分甚至高達 9 次，合相也有 3 次，這非常值得關注。它跟日天相位算是這表格中最明顯的兩組相位，它們都有著大跌的影響，但這其實跟剛剛我提及老師所教導的內容是有差異的。三王星跟凱龍彼此間的移動非常緩慢，相位維持時間也相當長，所以一樣不需要考量。

我們必須清楚的是，前面這兩張表格（圖 R4-008、R4-009）只限於標普500，我只是嘗試從中得出一些線索。事實上，我們必須觀察其他市場，看看其他指標是否也有影響，透過不同資料的比對，我們可以看清楚哪些項目是值得注意的。

之前曾提及過行星的廟旺落陷對市場的影響，坦白說我不是非常清楚當中影響有多密切，下面這張柱狀圖（圖R4-010）是 50 個大跌日子裡面金星星座的統計，大跌日子出現最多次數的是金星天蠍的時候，金星弱勢的位置，最少則是金牛座，也是金星守護的位置，所以可能有一點影響。

讓我們也看看北交點跟標普 500中 50 個大跌日子之間的統計（圖 R4-011）。北交點在水瓶的高次數相當符合我們之前討論，關於北交點在水瓶座時市場會觸底的內容。

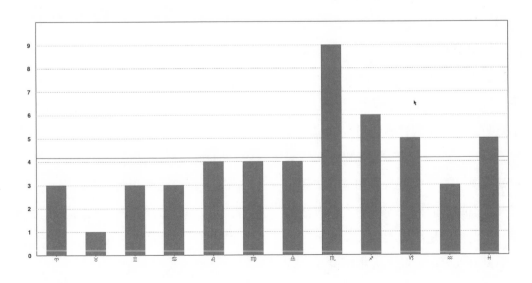

（圖 R4-010）

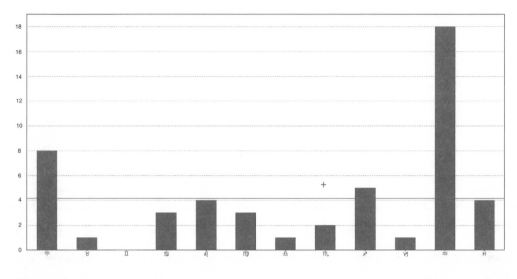

（圖 R4-011）

　　右頁這個表格（圖 R4-012）是上海證券指數 30 個最大跌幅日的資料，是我為了跟標普 500 比對而製作的。要注意一件事，占星學跟統計學只能用來互相參考比對，我不喜歡用統計學來驗證占星學，所以我其實很少做這種統計，但無疑地我們從中看到了一些非常有趣的跡象。例如我們看到在上證這邊，月凱相位跟金星北交相位的影響力還蠻明顯的，也同樣看到日金相位的影響。日金半四分相在這 30 個大跌日子中就出現了 5 次，但水金相位的次數在這裡就不如上面標普 500 的大跌表格明顯。土天相位是出現次數最多的，當中以土天半六分相尤甚，火木相位的次數也相當高。我們其實可以看到這跟進入

該市場的人其買賣的個性有關，可能中國人比較容易衝動，所以火木相位的影響比較明顯。

　　在上證大跌日子的統計裡面（第 218 頁圖 R4-013），金星廟旺的影響非常明顯，金星天蠍跟金星牡羊的日子非常多，這是相當值得關注的。

　　再看看第 218 頁的圖 R4-014，在上證大漲的日子裡，我們得出了一個比較有趣的結果，金星牡羊出現的次數非常高，天秤座跟魔羯座也在前幾名。從這些資料中，我認為內行星的星座位置還是需要一定程度的考量。

　　我必須告訴大家兩件事：第一，我

	Conjunction	Opposition	Trine	Square	Sextile	SemiSquare	Sesquisquare	Semisextile	Quincunx	None	TOTAL
Moon/Sun	1	0	0	0	1	0	1	1	1	25	30
Moon/Mercury	0	1	1	2	0	0	0	0	1	25	30
Moon/Venus	0	0	1	0	1	2	0	1	1	24	30
Moon/Mars	0	1	1	0	0	0	0	0	1	27	30
Moon/Jupiter	0	0	0	0	2	2	0	0	1	25	30
Moon/Saturn	0	0	0	0	0	1	1	1	1	26	30
Moon/Uranus	0	0	0	0	1	0	1	0	0	28	30
Moon/Neptune	0	0	1	0	2	0	2	0	0	25	30
Moon/Pluto	0	0	1	0	0	1	1	0	0	27	30
Moon/Mean Node	0	0	2	2	2	0	1	0	0	23	30
Moon/Ascendant	0	0	0	0	2	1	2	1	1	23	30
Moon/Midheaven	0	0	1	0	0	0	0	1	1	27	30
Sun/Mercury	0	0	0	0	0	0	0	0	0	30	30
Sun/Venus	1	0	0	0	0	5	0	2	0	22	30
Sun/Mars	1	0	1	2	1	0	0	0	0	25	30
Sun/Jupiter	0	0	1	3	0	0	0	4	1	21	30
Sun/Saturn	0	0	0	0	0	1	1	0	1	27	30
Sun/Uranus	0	0	2	0	0	0	0	1	0	27	30
Sun/Neptune	0	0	2	1	0	0	1	4	1	21	30
Sun/Pluto	0	0	0	2	0	1	0	1	0	26	30
Sun/Mean Node	0	0	0	1	0	0	0	0	2	27	30
Sun/Ascendant	0	0	0	0	3	3	0	0	0	24	30
Sun/Midheaven	0	0	0	0	0	0	0	0	0	30	30
Mercury/Venus	3	0	0	0	1	2	0	3	0	21	30
Mercury/Mars	0	0	2	1	2	1	1	3	0	20	30
Mercury/Jupiter	0	0	0	0	0	1	0	0	1	28	30
Mercury/Saturn	0	0	2	0	1	1	1	1	1	23	30
Mercury/Uranus	0	0	0	1	0	0	0	1	0	28	30
Mercury/Neptune	0	0	1	1	0	0	1	1	0	26	30
Mercury/Pluto	1	0	1	0	1	0	0	0	1	26	30
Mercury/Mean Node	0	1	1	0	0	0	2	1	1	24	30
Mercury/Ascendant	0	0	0	1	1	1	0	1	0	26	30
Mercury/Midheaven	0	0	0	0	1	1	0	7	0	21	30
Venus/Mars	0	0	0	1	0	2	3	0	0	24	30
Venus/Jupiter	3	1	0	0	1	1	1	0	1	22	30
Venus/Saturn	0	0	1	1	0	2	1	0	0	25	30
Venus/Uranus	0	0	0	0	0	0	2	1	0	27	30
Venus/Neptune	0	0	0	0	0	2	1	1	0	26	30
Venus/Pluto	0	0	1	0	0	0	0	0	1	28	30
Venus/Mean Node	2	0	2	0	1	0	1	0	1	23	30
Venus/Ascendant	0	0	0	0	1	0	0	1	0	28	30
Venus/Midheaven	1	0	0	0	1	1	0	3	0	24	30
Mars/Jupiter	0	0	5	0	0	1	0	0	1	23	30
Mars/Saturn	0	1	0	0	0	0	2	0	1	26	30
Mars/Uranus	0	0	1	1	0	1	0	0	2	25	30
Mars/Neptune	0	0	0	1	0	0	0	0	0	29	30
Mars/Pluto	0	0	3	1	1	0	1	0	1	23	30
Mars/Mean Node	0	1	1	0	0	1	0	1	1	25	30
Mars/Ascendant	0	1	4	0	0	1	0	0	0	24	30
Mars/Midheaven	0	0	0	0	2	1	0	0	0	27	30
Jupiter/Saturn	0	0	0	0	1	0	1	0	0	28	30
Jupiter/Uranus	1	0	0	0	1	1	0	0	0	27	30
Jupiter/Neptune	0	0	2	0	1	1	1	0	0	25	30
Jupiter/Pluto	0	0	0	0	1	2	0	0	0	27	30
Jupiter/Mean Node	2	0	0	2	0	0	0	1	0	25	30
Jupiter/Ascendant	0	0	2	1	1	0	0	1	1	24	30
Jupiter/Midheaven	0	1	0	0	2	1	1	0	0	25	30
Saturn/Uranus	0	0	0	0	4	4	0	5	1	16	30
Saturn/Neptune	0	1	0	0	0	4	0	4	0	21	30
Saturn/Pluto	0	0	2	2	0	0	0	0	1	25	30
Saturn/Mean Node	0	0	1	0	0	5	0	0	0	24	30
Saturn/Ascendant	0	0	0	0	1	0	0	0	1	28	30
Saturn/Midheaven	1	1	1	2	0	0	1	0	1	23	30
Uranus/Neptune	17	0	0	0	0	0	0	1	0	12	30
Uranus/Pluto	0	0	0	0	6	0	0	0	0	24	30

（圖 R4-012）

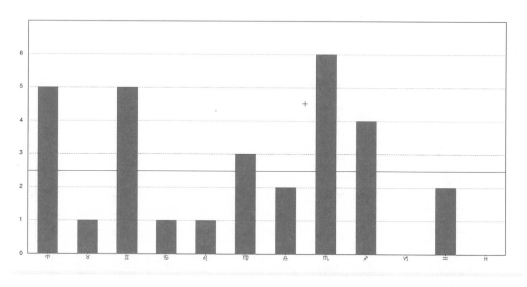

（圖 R4-013）

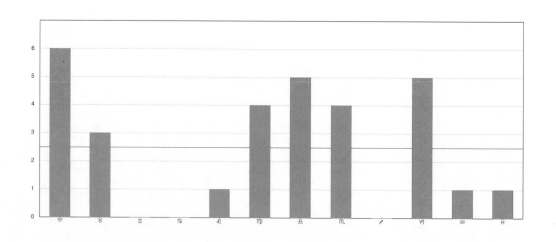

（圖 R4-014）

老師告訴我的資料其實並沒有多大的錯誤，在他們的年代，當時人們並沒有進行這些統計，而是單純地使用行星去詮釋，他們有他們那個年代的看法，但當

我進行上述最大漲幅跟最大跌幅的統計時，我發現了日金相位無論好壞都會出現，而且出現次數相當高，所以我會認為日金相位和水金相位跟股市的大漲大

跌有著密切關聯。

日金相位容易帶來明顯的漲跌，日金30度跟45度相位的影響都相當值得被注意，水金相位通常也同樣與市場的變化有密切關聯，所以我認為我們必須觀察跟了解行星相位跟市場之間的互動，不是說大漲或大跌的原因必定是基於某組相位，我們必須了解的是如何運用這種占星語言去做為解讀市場的工具，但是我們也必須知道日金相位出現的時候通常會有這影響。

第二件事則是，當參考內行星的時候，我們永遠必須記住內行星的影響力少於外行星。

✳ 行星之順逆行及停滯

我們之前討論了一些比較特殊的概念，如果我們整理一下從最基礎的占星學到不同層面的占星學的觀點，我們會知道任何一種關於兩個行星的接觸都會對財經、市場預測造成影響，從最簡單的行星相位，它們都暗示了行星在某種程度上彼此互相影響。而在財經占星學中，我們不會錯過任何一種影響的暗示。

接下來我們會討論兩個部分，第一個是大家都非常熟悉、卻很常會記不清楚原理或解釋的行星逆行及停滯，以及它們在財經占星中的影響；另一個部分是討論跟月亮有關的一些判斷，並會用月亮嘗試進行每週預測。

我們知道當觀察財經市場中短期效應的時候，要以外行星黃道星座與彼此相位為主，同時也要觀察外行星它們的停滯，太陽及月亮則是中短周期的敏感點，內行星的高度及停滯逆行則提供其他敏感點，並以其角距容許度做為反應長短的根據。我們要在腦海裡建立一個資料庫，要開始知道哪些占星學上行星運行的變化很有可能直接對經濟市場帶來什麼效應或暗示了哪些天災人禍，並會對市場帶來什麼影響。這門學問之所以叫做財經占星學而非股票占星學，原因在於這門學問中廣泛地討論發生哪些事件，而大家應當自行掌握這些事情發生的時間點及地點，必須就這些事情的時間點去思考會不會對某特定產業帶來影響。

舉例來說，中國主要稻米產區在湖南一帶，從入境圖及日蝕圖中，如果我們預測到湖南一帶可能出現炎熱氣候，那有可能會帶來乾旱的天氣，這時候你是不是可以預測大米價格會上漲？在美國，姜恩利用占星學概念預測密西西比

河流域的洪水狀況，密西西比河流域一帶是美國重要的棉花產區，於是他馬上下單買入了棉花期貨，原因是他預測了那一年密西西比河會洪水氾濫，棉花收成將會不太好，而市場對棉花一直有一定的需求，那時候很多人會前來想要購買你手上的棉花，於是現有棉花價格會因此上漲。你必須知道某地方發生事情的時候將會影響什麼，至少我們可以根據地區的四季入境圖及日月蝕圖，去預測這個國家或地區接下來幾個月會經歷哪些獨特的事件。我要帶出的概念是你們必須知道如何使用這些預測工具，因為接下來的內容會跟這些資訊有關。

我不會在這裡重覆所有關於順行及逆行的天文學原理，因為那實在太冗長，在這裡我要提醒幾個重要的內容，首先是行星逆行的定義。請觀察右圖中（圖 04-16）水星的位置，它在摩羯座 27 度 59 分，當時間推進一天，水星會移動到 28 度 50 分，這是水星每一天的移動範圍；到 1 月 1 日，水星來到摩羯座 29 度 34 分，由此可見，水星正往水瓶座的方向移動，也就是說它移動的方向是順著黃道走。

所謂順行，意指行星從牡羊開始往著金牛、雙子、巨蟹前進的方向。到 1 月 5 日，當上圖中的水星走到水瓶座 1

度 2 分的位置，這時候我們看到水星會慢慢停下來，在占星學中這稱作「停滯」，星盤中會以 S 標示。水星會停留在水瓶座 0 度至 1 度之間幾天，然後會開始退回到摩羯座 29 度，逆向回到它之前剛剛經過的地方，這正是「逆行」。水星逆行會持續大概三周左右，然後就會開始恢復順行。

我們知道順行跟逆行的定義，也知道在逆行開始及結束之前行星都會出現停滯。事實上，根據天文學原理，行星其實並不會真的逆行，所有行星其實都依著同一方向繞著黃道打轉，從天文學來說，逆行之所以會發生，是因為我們從地球看行星的時候，假設行星剛好在牡羊座 10 度，五天後地球移動到另一位置，火星亦然，投射的位置告訴你火星來到牡羊座 2 度，但地球的軌道在這情況下比火星的小，所以相對地地球移動得比較快，並因此發生這樣的狀況。

占星師最常用的比喻是，當一輛火車跟旁邊速度快上好幾倍的高速列車一起出發，假設你正在高速列車之上，你的高速列車追趕過普通火車的時候，你會看到那台普通火車就像是慢慢往後退一樣。同樣的道理，這正好解釋了為什麼我們從地球上看的時候，行星會在第 222 頁圖（圖 R4-015）e 的相對位置

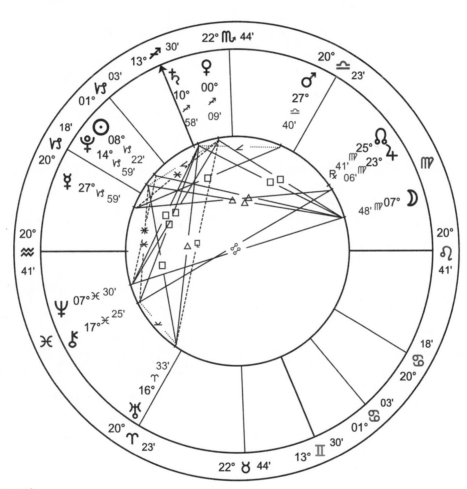

Transits 30 Dec 2015
Event Chart
30 Dec 2015, Wed
10:14:41 GMT +0:00
Croydon, United Kingdom
51°N23' 000°W06'
Geocentric
Tropical
Placidus
Mean Node

（圖 04-16）

停滯，並從 d 的相對位置開始看似向後退。這是解釋外行星逆行的時候相當重要的原理，它描述了行星的狀態，某程度上它跟行星運行的角度有關，另一方面也跟行星運行速度的落差有關。

至於內行星停滯逆行，當中原理會比較複雜一點。當我們從地球看水星，

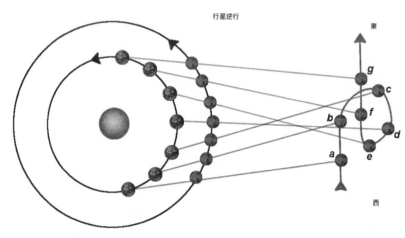

行星逆行

東

西

g

c

f

b

d

a

e

（圖 R4-015）

它跟太陽之間的距離永遠不會超過 28
度，金星則是 48 度左右，所以從地球
角度出發的話，以水星爲例，假設太陽
落在獅子座 10 度，水星落在獅子座 15
度，視覺上當水星來到跟太陽相差 28
度的距離，這時候看起來它就像不會移
動似的，從地球角度看，它就像正在原
地打轉，這其實是角度問題；然後我們
會發現水星開始往後退，這裡我們會看
到水星逆行跟停滯的狀態。

　我們已經了解到行星的運行方向及
當中意涵，接下來我們要知道一些關於
停滯及逆行的事實：**水星逆行**一年發生
至少三次，有時候因爲跨年，所以可能
會有 4 次，每次歷時三周左右。**金星**非
常少逆行，但金星逆行每次都會維持大
約一個月。兩次逆行的間距大約是一年

半，也就是說從今次金星逆行後，要
18 個月左右才會發生下一次逆行。**火
星逆行**就更不常見，大約 26 個月才會
發生一次。

　內行星及外行星的逆行都跟太陽的
角度有關，所有外行星的逆行都會發生
在它們跟太陽距離 130 度左右的位置。
舉例來說，當太陽經過火星之後，來到
第一次相距 130 度左右距離，火星就會
開始逆行，但太陽會繼續向前，所以它
倆會在火逆過程中遇到一次對分相；太
陽接下來會繼續向前，火星則完成逆
行，再發生另一次 130 度的位置。所有
外行星都是這樣子，每次逆行都是它們
發生 120 至 130 度左右的距離的時候。
古代宮廷占星師會以倫理的角度去看待
這現象，他們認爲面對君王時需要先後

退表示自己沒有敵意，再慢慢讓君王靠近你。

最容易發生的逆行其實是水星以及木星以外的行星，水星一年三次，每次 21 天；木星及以外行星每年有三分之一至四分之一的時間是持續逆行的。

在過去的教學中，很多學生都曾經問我水逆會不會讓市場大跌，或是想知道市場大跌跟水逆有沒有特別關聯，我們甚至會看到非常有名的股票占星師說水逆跟金逆會導致股市大跌。從占星學角度來看，水星暗示交易、合約、資訊，水星逆行的確可能暗示合約或交易某程度上的延緩或資訊的不明確，也可能會出現信息的落差，所以如果水星正在逆行，它的確可能暗示這些事情的發生。

但這裡沒有明示「市場大跌」，而是如果市場真的下跌的話，水星象徵的是大跌背後的交易混亂或信息不明確；同樣道理，金星象徵貨幣，金星逆行可能跟貨幣市場混亂有關。但除金星之外，你有沒有聯想到有其他行星會對市場帶來直接的影響呢？我們可能會注意木星跟海王星，冥王星也可能有一定程度的影響，這些行星逆行的時候的確會帶來經濟市場不穩定的狀態。但是你同

時要知道幾件事：是只要有水逆，所以接下來那 21 天市場都會是下跌的嗎？你必須結合其他指標觀察。但水逆的確指出了這段時間的信息不透明，金逆也沒有暗示那一個月市場會下跌，木星每年逆行三、四個月，難道市場每年都下跌三至四個月、沒有回升機會嗎？海逆也是同樣道理。

雖然如此，但行星逆行仍然透露了相當多重要的資訊，我們先從外行星講起，因為這相當重要。當包括火星在內的外行星在停滯周期的時候，市場會最為混亂，政局也會最為動盪。舉例來說，當你看到接下來幾天天王星處於停滯的時候，我們就要從占星學的角度做出觀察，天王星是能源、科技、電力、資本家，這時所有眼光都會放在跟天王星相關的事情上面，這時該怎麼判斷哪些國家受影響呢？我們必須從四張入境圖中觀察，如果天王星停滯的這個周期接近多至圖發生的時候的話，我們可以從多至圖中觀察哪些地方受影響，天王星停滯的這八天非常有可能出現天災或人禍；接下來，我們必須觀察感興趣的地區這期間或最接近這期間的入境圖，如果剛巧在多至，我們可以看多至圖中有哪些影響。

2015 年 12 月底有天王星停滯，它告

訴我們 12 月 22 至 12 月 30 日這八天特別容易有重大災害發生。接下來，我們必須觀察這段時間的入境圖，剛巧這段時間相當接近那一年的冬至圖，所以我們可以觀察這張冬至圖中所暗示的影響。

下頁是當時倫敦地區的冬至圖（圖04-17），我們知道 22 至 30 日有天王星停滯，所謂外行星停滯是以它停下來的度和分做判斷。天王星於 12 月 26 日下午在牡羊座 16 度 33 分停下並恢復順

2015 London Capricorn Ingress
Natal Chart
22 Dec 2015, Tue
04:47:56 GMT +0:00
London, UK
51°N30' 000°W10'
Geocentric
Tropical
Placidus
True Node

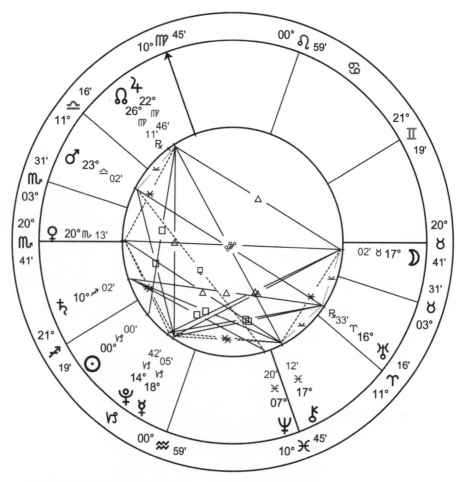

（圖 04-17）2015 年倫敦冬至圖。

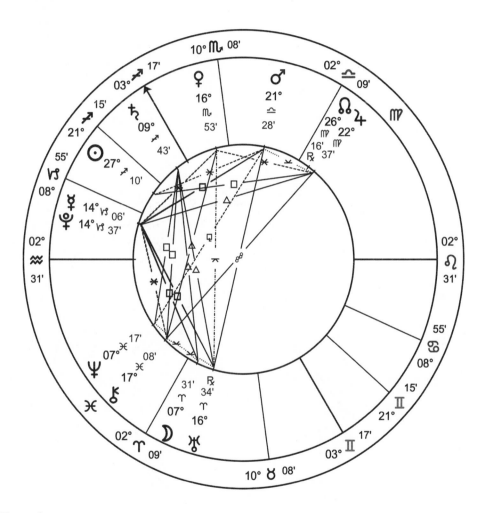

Transits 19 Dec 2015
Event Chart
19 Dec 2015, Sat
10:14:41 GMT +0:00
Croydon, United Kingdom
51°N23' 000°W06'
Geocentric
Tropical
Placidus
Mean Node

（圖 04-18）

行，只要天王星移動到這位置，它就算是停滯，至於內行星的停滯我們看度數就好。因此，我們必須觀察行星兩次停滯的位置及度數，當行星停在那位置的

那幾天，那就是我們所說的停滯周期。

讓我們觀察早一星期的星盤（圖04-18）。這時候天王星在牡羊座 16 度

34 分，慢慢地，逆行中的天王星就會移動到 16 度 33 分。一般來說，我們會預期天王星繼續前進到 16 度 32 分，但是事實上並沒有，天王星在 12 月 26 日那天於牡羊座 16 度 33 分的位置停了下來並且恢復順行，並於 12 月 31 日當天再次來到 16 度 34 分。於是，占星師們認為，從 2015 年 12 月 22 日天王星逆行踏入 16 度 33 分開始，一直到 12 月 31 日它順行離開 16 度 33 分為止，這

Transits 5 Jan 2016
Event Chart
5 Jan 2016, Tue
10:14:41 GMT +0:00
Croydon, United Kingdom
51°N23' 000°W06'
Geocentric
Tropical
Placidus
Mean Node

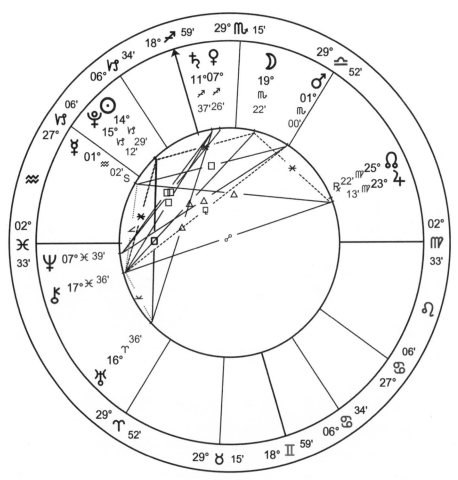

（圖 04-19）

差不多十天的時間正正就是天王星停滯周期。

在 2016 年 1 月 5 日，水星在水瓶座 1 度 2 分停了下來（左頁圖 04-19），正如之前所述，我們觀察水星跟金星停滯的時候只看度數就可以。如果你查看星曆表，水星於之後一天就回到了 0 度 58 分的位置，也就是說它就不再在 1 度的位置，不再算是停滯，所以內行星的停滯非常快，大概一兩天就結束了。三王星的停滯時間從五天到十天不等，越外圍的行星停滯時間可能越久，於是，我們最關注的會是天王星、海王星、冥王星跟凱龍的停滯周期，它象徵了重大的驚嚇事件、自然災害事件及人為災害事件。這是一個你可以預測明年哪些時候會有重大災害的時刻，在你自己的投資跟布局上面，你可以參考那一陣子是不是有你需要注意的事情。

以下是 2016 年行星停滯時間：

水 星	1 月 4-5 日（1 月 5 日回復順行）/ 4 月 26 日 -5 月 2 日（4 月 29 日開始逆行）/ 5 月 19-26 日（5 月 23 日回復順行）/ 8 月 30-31 日（8 月 31 日開始逆行）/ 9 月 21-23 日（9 月 22 日回復順行）/ 12 月 19-20 日（12 月 19 日開始逆行）
火 星	4 月 17-18 日（4 月 18 日開始逆行）/ 6 月 30 日（6 月 30 日回復順行）
木 星	1 月 6-11 日（1 月 8 日開始逆行）/ 5 月 9-10 日（5 月 10 日回復順行）
土 星	3 月 22-29 日（3 月 25 日開始逆行）/ 8 月 10-17 日（8 月 13 日回復順行）
天王星	7 月 24 日 -8 月 5 日（7 月 30 日開始逆行）/ 12 月 28-30 日（12 月 29 日回復順行）
海王星	6 月 7-21 日（6 月 14 日開始逆行）/ 11 月 19-21 日（11 月 20 日開始順行）
冥王星	4 月 13-23 日（4 月 18 日開始逆行）/ 9 月 19 日 -10 月 4 日（9 月 27 日回復順行）
凱龍星	6 月 24 日 -7 月 1 日（6 月 27 日開始逆行）/ 11 月 29 日 -12 月 4 日（12 月 1 日開始順行）

關於外行星，我們要注意的是它的停滯周期而不是它的逆行周期，因為這些外行星的停滯象徵了大事件進程方向的改變。試想像一個國家社會整個族群要轉變方向，那一定會是相當重大的事件才能夠做到，所以，那可能是劇烈的災害，也可能是重大的人民損失。

這幾顆外行星的停滯周期標示出這些時間點，你可以從該地區的星盤中，透過這些時間點找出自己在這期間應該注意什麼。例如在前面的倫敦多至圖中（圖 04-17），金星在天蠍座上升點，海王星相當接近天底點，差不多形成一組三分相。在多至圖中，合軸行星告訴了我們一些東西，金星強調女性、財物、貨幣、藝術；月亮也在下降點附近，它也象徵女性議題；在天底的海王星象徵漁業、化學、海洋、水資源、石化工業。所以在這裡，英國應該要注意這些主題事情，而在天王星停滯的這幾天，當時英國北部有著強烈的風暴襲擊，英格蘭北部正發生幾年來最嚴重的洪水。

讓我們觀察一下同一年美國的多至圖（圖 04-20）。我們看到木星靠近上升點，相距只有四度，木星象徵宗教、大學、空氣、風暴，在聖誕節前後，也就是天王星停滯的那幾天，美國的中西部及西南部發生了劇烈龍捲風，至少 42 人死亡。如果你知道美國中西部跟西南部是哪些地區和產業的話，例如德州出產石油，那麼你會不會預期這幾天油價會出現波動？這就是其中一個預測方式。

同一時段，在澳洲的多至圖中（第 230 頁圖 04-21），那時候澳洲東北部昆士蘭地區有一列載滿硫酸的列車出軌，所有車廂都翻倒在田野當中，那是一個相當嚴重的重大災害事件。可是打開以上這張多至圖時，我們沒有看到相關跡象，當中沒有合軸的重要行星。太陽的強硬相位是跟木星有關，但是，除了四季入境圖之外，我們還可以用什麼技巧預測六個月至一年的狀況呢？如果我在四季入境圖中找不到相關跡象的話，我會轉而從日月蝕圖中尋找。

接著是同一年 9 月坎培拉的日蝕圖（第 231 頁圖 04-22），我們看到海王星合相上升點，硫酸這種化學品正是海王星所守護，也就是說，這些外行星的停滯周期象徵重大的自然及人為災害，而這些事情會突顯在該地區的四季圖及日月蝕圖之上。

我們在這裡了解到的是，外行星的停滯周期是一種觸動，我們觀察的重點

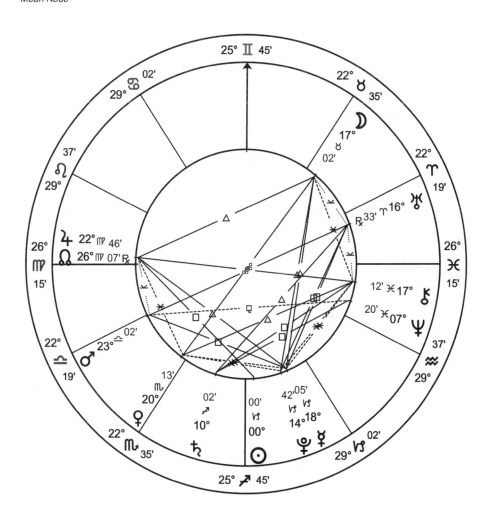

2015 Capricorn Ingress
Event Chart
21 Dec 2015, Mon
23:47:55 EST +5:00
whitehouse
38°N53'50" 077°W02'13"
Geocentric
Tropical
Placidus
Mean Node

（圖 04-20）2015 年美國冬至圖。

是這些停滯周期對該地區會帶來什麼影響，而這些影響又會如何左右經濟市場或投資市場的狀況。例如在上述英國的例子中，那陣子洪水的時候，該地區的

煤礦暫停運作，如果是 20 年前，我們就可以預測能源價格可能會上漲，因為英國的煤礦產區遭受到大洪水，整整一兩個星期都不會有煤生產。讓我們回到

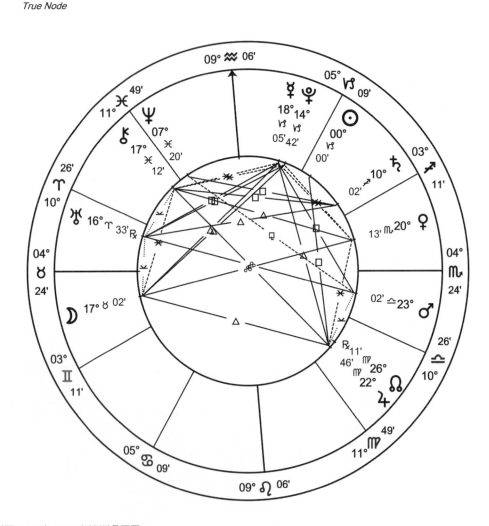

2015 Capricorn Ingress
Event Chart
22 Dec 2015, Tue
15:47:55 AEDT −11:00
canberra, Australia
35°S17' 149°E08'
Geocentric
Tropical
Placidus
True Node

（圖 04-21）2015 年澳洲冬至圖。

2006 至 2007 年，當你看到巴西地區的星盤有天王星、土星或海王星出現在星盤四個角落，那麼你可能會預測山崩、山泥傾瀉或洪水，它會影響巴西鋼鐵業及出口業，這時候你就可以預測鋼鐵行情出現重要變動。這需要你對市場有足夠的了解，占星學則會為你提供地點跟時間點，也就是外行星的停滯周期發生

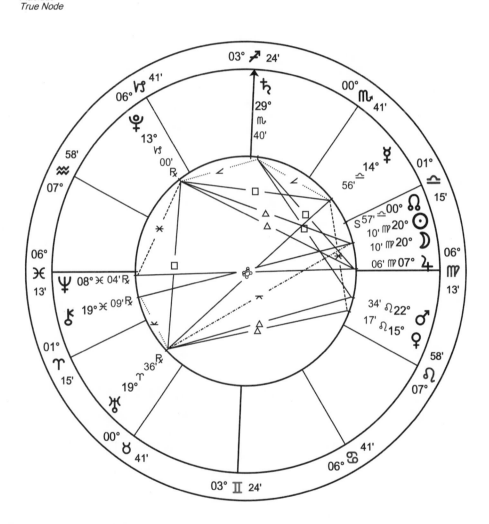

Solar Partial Eclipse
Natal Chart
13 Sep 2015, Sun
16:41:13 AEST -10:00
canberra, Australia
35°S17' 149°E08'
Geocentric
Tropical
Placidus
True Node

（圖 04-22）2015 年 9 月坎培拉日蝕圖。

的時間點。

　　至於水星跟金星，根據我個人觀察，經濟市場變動通常不是發生在水逆

期間，而是在水逆發生的前一周及後一周，也就是停滯前的那幾天及停滯後的那幾天。我經常看到這些時間點期間投資市場或經濟市場會發生一些有趣的改

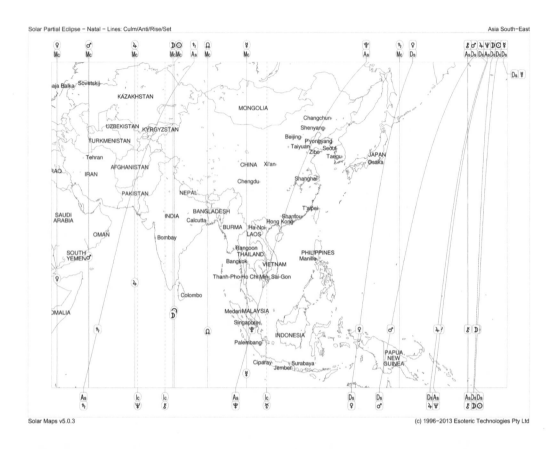

（圖 04-23）

變，所以，關於外行星我會建議大家關注停滯周期那幾天，至於水星及金星，則注意停滯前的三五天及停滯後的三五天。

至於行星停滯及逆行為市場帶來的狀況，外行星的停滯往往暗示著重大發生的時刻，如果好幾個外行星的停滯周期重疊在一起的話，那麼狀況會更加慘烈。例如 2014 年 7 月的時候，土星天王星先後於同一天停滯，那三四天總共

有三四宗飛機失事意外，包括馬航、台灣復興航空以及阿爾及利亞。同時那時候的政局也相當不穩定，當時以巴戰火非常激烈，經濟局勢也說不上好。財經占星師們對於外行星停滯都非常敏感，我們要做的功課是觀察靠近這些停滯周期的四季圖及日蝕圖，注意受影響的地區。

當你打開一張日蝕圖的時候，我們可以使用專業軟體繪製出它的占星地

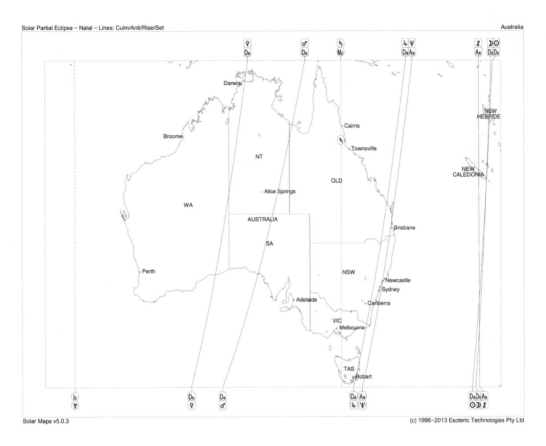

（圖 04-24）

圖，然後觀察有哪些地區有重要的行星線經過。我們可以忽略太陽、月亮、水星及金星，把注意力放在餘下的外行星之上。例如在這張由 2015 年 9 月日蝕圖所繪製的占星地圖中（圖 04-23），我們看到華中一帶有天王星線經過，在海南島廣西一帶有冥王星上升線經過，這告訴我們，這些地區會是未來一年中最容易受到突發事件驚嚇的地區。

又例如，我知道澳洲的煤礦業在東北部昆士蘭一帶，但我看到澳洲東部有海王星線經過（圖 04-24），那麼我可能會懷疑接下來這地區會不會暴雨或洪水為患、或是化學污染事件。土星線經過凱恩斯到墨爾本，我會想它有沒有可能跟土壤或土地事件有關？是否跟機械操作不良事件有關？這會不會影響到我的投資？這是我會考量的地方。

我們解釋了如何在財經占星學中觀

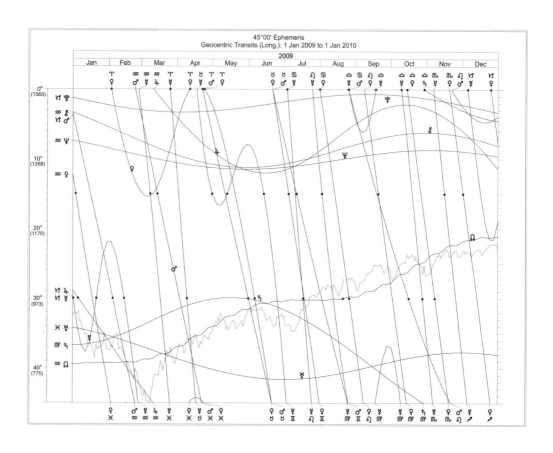

（圖 R4-025）

察行星逆行相關的現象，但要記住，我們觀察的不是逆行本身，水星及金星需要關注的時間點是停滯前後一周，這是市場通常發生反應的時刻，至於外行星，我們則需要觀察它們的停滯周期。

讓我們嘗試用 45 度星盤去驗證一下，我們在上圖（圖 R4-025）左下角看到水星線，它兩次停滯的時候對市場的影響不算很明確，但三月當金星停滯的時候，股價在停滯前幾天的確出現了下跌的現象，五月的時候水星停滯跟土星停滯同時發生，六月則發生木星停滯，八月中的冥王星停滯相當重要，市場也從那時候開始掉下來。不要忘記的是，我們同時要考量外行星的位置及彼此間所形成的相位，然後要把停滯周期當作觸動時刻，也就是如果我們預測某一年經濟景氣不是很好，那麼外行星停滯周期可能會是發生重大自然災害或人為災害的時刻。這些事件會間接影響經濟市場並導致經濟表現不佳，所以我們

必須先從外行星星座及相位開始觀察，
而外行星停滯及逆行則是觸發點。

✵ 日蝕、新月、滿月

我們在前面已經討論了一些比較重
要的內容，包括行星順行、逆行及停滯

25 Sep 2015
Natal Chart
25 Sep 2015, Fri
11:39:20 AWST –8:00
taipei, China
25°N03' 121°E30'
Geocentric
Tropical
Placidus
True Node

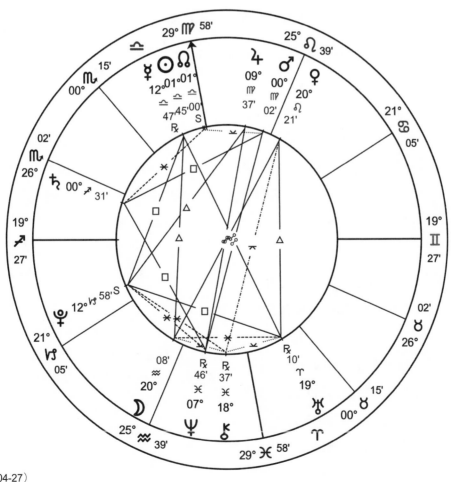

（圖 04-27）

的時間點，很多占星師都會在水星逆行的時間才做出提醒，但是我在財經占星學中觀察到的境況是，水逆發生前幾天或完成後幾天才是影響發生的時間點，而我也經常會看到這樣子的狀況。當然也別忘了外行星的停滯，我們已經在日月蝕圖的討論中探討過它們的影響，日月蝕圖會告訴我們未來半年到一年的影響，而入境圖會給我們未來三個月的預測，所以當進行觀察的時候，如果行星的停滯出現在日月蝕圖或四季圖之中的四個角落，那麼你自然會知道這影響會持續多久。

有時候，四季圖會提前幾天產生影響，原因是四季圖是太陽進入開創星座的時間點，而開創星座暗示的是積極的動能，所以有可能預先提前反應，我認為多半不會提早超過一周，但我也的確曾經看過日蝕圖中的危機暗示提前了三個月出現。

日蝕發生的前後十五天很容易同時發生月蝕，它們發生的時間點非常接近，如果有人告訴你明天有日蝕的話，那麼你可以看看十五天前或十五天後是否有月蝕發生，這是關於日月蝕的重要概念。另外，很多老師都習慣把一些天文現象數據化，這包括我自己，但這其實是我不太喜歡的方式，我希望大家能

夠多觀察星盤。

在上頁圖中（圖 04-27），北交點在天秤座 1 度，差不多在 2015 年 9 月 25 日左右太陽會合相北交點，那麼一兩天之後，也就是 9 月 28 日左右就會發生月蝕，因為當日月對分發生於南北交點先後 11 度距離之內，那就會是月蝕。

如果是太陽跟月交點合相這種真正會發生日月蝕周期的時間點的話，請務必考慮一件事：通常在日蝕發生前後、以及月蝕發生之後一週到兩週，都非常容易引起變動、驚慌跟恐慌。

我們早前已經討論過月亮交點的 9 年及 18 年循環，根據姜恩的理論，這是以一個接近年度的單位，並且相當準確的循環觀察。事實上，除了年分外，月分會是另一個我們觀察的時間單位，你們如果去問那些研究姜恩理論的人，他們會告訴你他們是以月分為單位基礎。但事實上其實不是這樣子，如果是姜恩理論，那絕對不會是以一月、二月、三月這種邏輯推進的，他應該是根據每 28 天的月循環做為單位基礎。所以當你去看那些姜恩理論的翻譯本的時候，請千萬別搞錯，當它提及月分的時候，你要記著這裡所指的是月循環，但

外面很多一知半解的人都以為那是意指月曆上的月分，那絕對是錯誤的。

同時，姜恩所觀察的月循環不止28天而已，當中還包括了新月、上弦月、滿月及下弦月的周期，也就是新月到上弦月、上弦月滿月、滿月到下弦月、以及下弦月到新月這四個月相階段，所以，學習姜恩理論的人會一直告訴你，數字 7 跟 8 是非常重要的市場

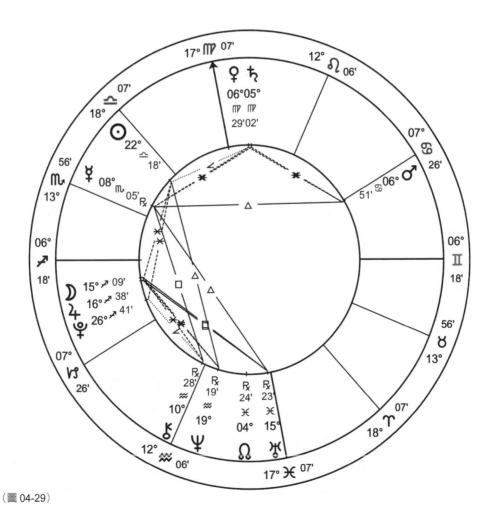

Transits 16 Oct 2007
Event Chart
16 Oct 2007, Tue
09:30 AWST −8:00
Shanghai, China
31°N14' 121°E28'
Geocentric
Tropical
Placidus
Mean Node

（圖 04-29）

翻轉日子。當你看到某股票來到一個高點，你會接著觀察這高點能否維持 3 天、7 天、14 天，至於下跌也是一樣，當你看到某大盤開始下跌的時候，如果它 3 天內沒有止跌的話，那看看 8 天左右它會否翻轉，如果仍然沒有的話，那你要看 14 天，熟悉占星學的人一定知道這些天數是根據新月、上弦月、滿月及下弦月周期做出預測。

讓我舉個例子說明一下（上頁圖 04-29）。2007 年 10 月 16 日，上海的股市來到高點。為什麼人家會告訴我們 3 天、8 天、14 天、21 天、28 天這些觀察周期呢？原因是因為 3 天之後月亮會來到半四分相的位置，月亮本身在射手座 15 度 9 分，3 天之後它會來到魔羯座 21 度 51 分，跟 3 天前的月亮形成了大約 45 度的相位；如果是 8 天的話，那麼月亮會來到跟當初的月亮形成四分相的位置。相信大家現在會明白那些神奇的數字來自哪裡，為什麼人家會強調這些特別的觀察周期，它們並不是魔法數字。所以，28 天後月亮又會回到當初的位置。

那 3 個月、7 個月又是怎麼來的呢？這其實是非常傳統占星學的內容。古代的占星師利用星盤預測病人可能再次發病的時刻，稱為危機圖（Crisis Chart）。假設一個人在 2007 年 10 月 16 日生重病，如果他患的是急性病，例如心肌梗塞，我擔心他可能撐不到一個月，假設他生病的星盤，月亮在射手座 15 度 9 分，那麼我就會看當月亮來到變動星座 15 度 9 分，也就是雙魚座、雙子座、處女座及下一次再次來到射手座 15 度 9 分的時候會發生什麼事，預測這個人會否在這四個危機點期間有生命危險。假設 15 天之後一切美好，太陽合相金星、三分木星等等，那麼我會預測 15 天之後他的狀況會和緩下來。這張星盤被稱為「危機圖」，透過行運月亮跟事發時候的月亮所形成的合相、四分相及對分相的時間點，去診斷危機的發展。

當代占星師把這技巧應用在股票市場上，那為什麼 3 個月及 7 個月會是觸發點呢？再次觀察上圖（圖 04-29），太陽在天秤座 22 度 18 分，3 個月之後它會來到魔羯座廿多度的位置，並會跟當初的太陽形成四分相，3 個月跟 7 個月的時間點也是因應這理論而出現的。

古代的醫療占星理論認為，如果這個人患的是慢性病，需要長時間才能康復的話，那麼我們就應該用太陽做為基礎，觀察行運太陽跟當初的太陽形成四分相、對分相及合相的時間點，並根據

這些時間點做出考量，這正是姜恩技巧的應用。當這些理論放到了股票市場裡不懂占星學的人手上，便出現了「3個月或7個月就會出現變動」的說法。股票分析甚至有「36個月」的看法，原因也是差不多，事實上，當你回到占星學的基礎，這些技巧你自然會一目了然。

月亮循環有助於幫助我們以星期、甚至以日數做單位進行觀察，我們可以根據太陽跟月亮之間的關係而得出不同月相，而新月、上弦月、滿月及下弦月通常會暗示了重大的影響。占星師 Pugh 甚至認為在期貨市場中通常都會出現一些跟月相有關的操作策略，他說人們如果在滿月的時候買進小麥，新月的時候賣出的話，多半都會有所獲利，但我會建議大家先不要急著背下這東西。在許多研究當中，我們找出了新月、滿月、上弦月跟下弦月的規律，在不同的研究中，人們很多時候發現在新月的時候，也就是日月合相那幾天進入投資市場獲利機會比較高，滿月那幾天進去投資市場的買賣獲利機會則低一點。不過這只是新月跟滿月之間的比較而已，重點在於通常在新月到滿月期間比較多人買進，滿月過後則比較少人買進，當然這也只是買進跟賣出的資料。

根據一篇專門研究道瓊指數的MBA論文，它指出了在消散月相到新月之間有著相當高比例的投資市場價格上揚的機會，道瓊指數經常在新月至第一象限月之間上揚，在消散月相至新月之間市場則溫和地上揚，上揚的次數非常多，但是漲得不高。總括而言，我們可以認為從消散月相開始到第一象限月之間，市場價格上揚的機會一般都很高，然後要注意：最不容易預測、價格最起伏不定的階段會是第一象限月至滿月之間，那是我們不易肯定漲跌的階段。但我們非常能夠肯定的是，滿月到消散月相之間市場多半是下跌的，而且機率非常高。

剛剛我們只觀察了下頁圖表中的日月蝕（圖R4-030），在資料中，N是新月，F是滿月，圖下方起伏的線條則是市場反應。我們看到每次新月之前市場上漲的機率還蠻高的，另外，別忘了月蝕是滿月，滿月之後下跌機率也很高；新月開始則變多是上漲的，當然，這不是百分百的鐵則，只是屬於非常容易操作的短周期預測，但絕對不是公式，它只是用來搭配之前討論的內容。

如果現在有著強烈外行星四分相，例如土海、土天或木土的強硬相位的話，我們估計市場反應不佳，同時如果

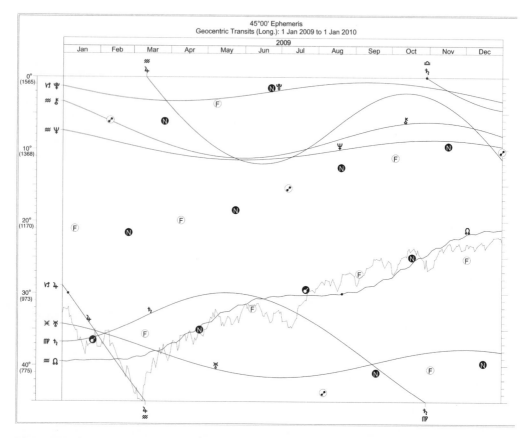

（圖 R4-030）

外行星停滯的話，估計市場或災難發生的機率會非常高。也就是說，我們之前討論的是關於如何做出判斷的資訊，那部分的討論是最重要的，它是關於觸發點的資訊，雖然我們知道新月之前到新月之後這幾天市場上揚的機率非常的高，但不保證每一次都會出現同樣狀況。同樣地，雖然我們知道滿月到消散月相之間市場下調的機會率相當高，但這同樣地不是百分之百一定會發生的，如果到時候遇到了其他同樣暗示下跌的指標的話，那麼我們可以勇敢地預計市場會在這時候下跌。

❊ 公司盤及首次交易星盤

在這部分，我們會討論兩種重要的星盤，並了解觀察這些重要星盤的技巧。我們每個人都有自己的出生盤，每個國家的成立也有自己的國家盤，事實上，一家公司、一個投資市場、以至一

檔股票的誕生都有它們自己出生時間的星盤，這在財經占星學中被視為相當重要的基礎概念。我們接下來會討論兩種星盤：公司盤跟首次交易星盤，我們會討論及觀察這些星盤的技巧，同時透過一張分析表格，重新複習一下已經討論過的內容。

透過公司盤及首次交易星盤這兩種概念，我們可以研究一個地區其交易所的交易指數及大盤，例如上證、恆生指數或台灣的加權指數。首次交易星盤對我們相當重要，之後我們會結合這兩種技巧，並綜合之前所討論的各種技巧做出綜合觀察。

每個人誕生時都有自己的星盤，證券交易所也有，證券交易所成立的時間就如同它的生日，學過占星的人都知道每當行運行星經過星盤重要位置，例如跟月亮、太陽產生相位，或行運外行星來到星盤四個軸點的時候，都會對這個人產生影響，如果這是一家公司的話，它也會受到影響。在我們找尋資料的同時，也需要對占星學有相當充分的了解，當你有充足的資訊，知道某家公司的開業時間，例如美國證交所是 1752年 5 月 17 日上午 7 時 52 分，由這時間所建立的古老星盤到今天一樣適用，我們也可以按照這個方法尋找 NASDAQ

的星盤。

除了這些大盤以外，我們也可以從公司的角度進行觀察。如果你有一家證券交易所開張的日子，那麼，你必須知道的是這家證券交易所開始營業的時間，有些時候，這家公司的結構可能會出現一些變動，我們也可能會找不到太久遠的資料。舉例來說，香港交易所是由香港聯合交易所、香港期貨交易所、香港中央結算公司，在公元 2000 年進行合併，但香港的證交紀錄是從 1891年香港經濟協會開始成立的，如果你可以找到 1891 年的成立日期及時間，那或者就可以追溯到香港最早期股市投資活動的星盤。

但是，到 1986 年 4 月 2 日，香港證交所、遠東交易所、經營證券交易所與及九龍證券交易所四大交易所合併成為一家香港交易所，那麼，我們就可以從那一天，也就是 1986 年 4 月 2 日的開市時間為準去建立星盤。我知道港股是九點半開始交易，但是從九點就會開始競價，那麼我們就必須去看 1986 年 4 月 2 日當天是否有任何開幕儀式，交易所是否從那一天開始運作，如果可以找到 1891 年的時間的話當然很好，但如果找不到的話，我們可以用 1986 年 4 月 2 日的星盤。

不過 2000 年 6 月 27 日的時候又出現了變化，當時香港交易所出現第三次合併，港交所變成了唯一的控股公司，當時香港交易所跟香港聯交所進行合併，所以我們必須找出這幾個日期的星盤。越古老的星盤影響力越強，我們應該可以輕鬆找出 1986 年跟 2000 年這兩張星盤的時間，而這兩張星盤都擁有值得參考的價值。這其實就像是之前所討論的，某些國家有好幾張國家星盤，在這種情況下，我們最好每張星盤都注意一下。

交易所的資料一般來說都比較容易找得到，但也有一些資訊不太好找，例如在台灣，我就不太能夠找得到台灣證券交易所的開幕時間，我只能找到日期，當時很有可能是九點開幕，但也有可能是八點或中午十二點。

接下來我會跟大家分享兩個例子說明：

右頁是紐約證券交易所的成立星盤（圖 04-34），如果你本身有觀察道瓊及標普 500 這些指數的話，我想你也可以觀察紐約股市，而這張星盤會是一個重要的經濟指標，相當值得把它記下來。以後當你每次觀察美股的時候，不要忘記使用這張星盤去進行行運的比對，觀察行運的新月及滿月是否來到了四個軸點，莉莉絲是否來到了附近，外行星的行運是否合相四個角落等等。

2016 年的時候，冥王星在這星盤合軸下降點，而且近幾年會在這位置徘徊；另外，位於牡羊座 18 度的月亮於當時也相當敏感，因為行運天王星相當接近這位置。凱龍於 2016 年年初也在雙魚座 17 度，它很快就會經過這星盤的天頂。這些行星的相位都影響著我們，當我們知道行運冥王星在天頂，行運天王星在下降點，如果新月或滿月跟冥王星合相的話，那麼你估計那個月美股會有好的市場反應嗎？我們當然會估計那一個月市場會下跌，而 2015 年 12 月的新月正好發生在這位置，當時月亮跟冥王星相當靠近。

注意這些行星位置的特質，這些特質是我們可以分析的，我們可以用這些方法及技巧去分析一個股市交易所跟它所代表的地區的經濟。

上海證券交易所於 1990 年 12 月 19 日開幕（第 244 頁圖 04-35），我使用的時間是上午 9 時 15 分，那是它集合競價的時間，但我必須先澄清這不是它開幕的時間點，因為我找不到可靠的參考資料，而我之所以選擇這時間，因

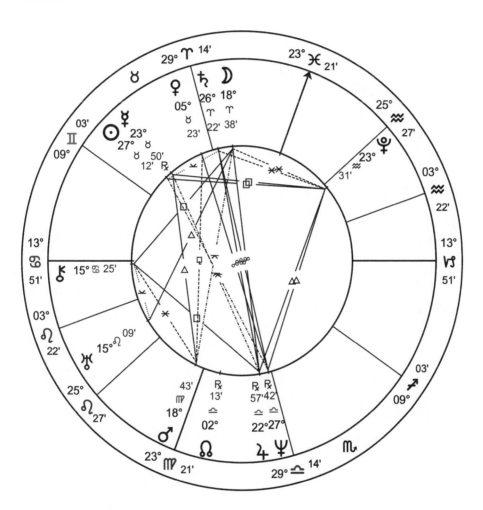

NYSE
Natal Chart
17 May 1792 NS, Thu
07:52 LMT +4:56:02
new york, New York
40°N42'51" 074°W00'23"
Geocentric
Tropical
Placidus
True Node

（圖 04-34）紐約證交所的成立星盤。

為這是上海證券交易所的眾人規範一起開始交易的時間，除非在當天他們有一個開幕典禮，而且有一個首次交易的動作。

開幕儀式可以被視為是重要的，就我個人來說，我覺得這張星盤很有用，原因在於這星盤的上升點。為什麼我會單憑上升點就認為這星盤可靠呢？如果

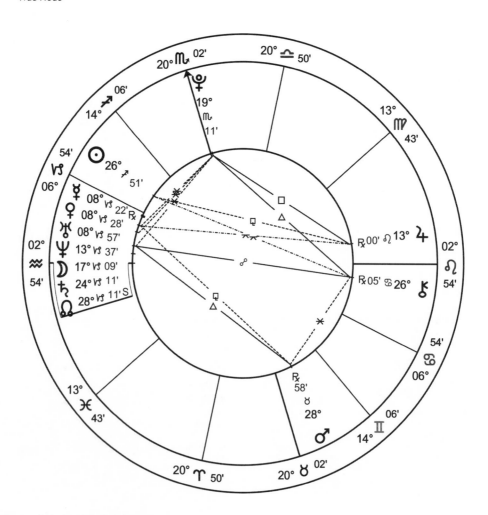

SSE 1990
Natal Chart
19 Dec 1990, Wed
09:15 AWST -8:00
shanghai, China
31°N14' 121°E28'
Geocentric
Tropical
Placidus
True Node

（圖 04-35）上海證交所的成立星盤。

你看過中國國家盤，你會發現中國國家盤的月亮落在水瓶座 3 度，跟上海證券交易所這張星盤的上升點緊密合相，另外我也認為獅子座 3 度這位置本身跟上海證券交易所有著密切關聯。如果我們看上海證券交易所這張星盤，就會知道需要去注意一些重要的時間點。例如這張星盤整個魔羯座星群在最近幾年一直

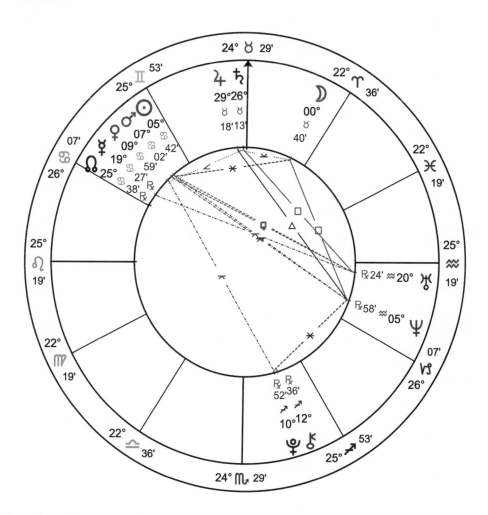

HKSE
Event Chart
27 Jun 2000, Tue
09:30 AWST −8:00
Hong Kong, China
22°N17' 114°E09'
Geocentric
Tropical
Placidus
Mean Node

（圖 04-36）香港證交所的成立星盤。

被冥王星所影響，當中包括了海王星，而海王星是這張星盤的二宮守護；這星盤另一個需要注意的位置是冥王星合軸天頂，靠近這位置的行星我們都需要注意。

我知道中國除了上證之外也有深證，那裡也是創業板買賣交易的地方，

所以你也可以把深圳證券交易所視為創業板的交易市場。當然你也可以分開來看，分別觀察深圳證券交易所及創業板分別成立日期的星盤。

上頁圖 04-36 是 2000 年 6 月香港證券交易所再度合併當天的星盤，怎樣可以測試到這張星盤是否準確呢？我們可以找出在這張星盤成立之後歷年以來發生重大漲跌的日子，越是單獨的事件，例如上證或美股沒有發生大漲大跌、只有港股獨自發生大幅度起跌的日子，這些日子的行運非常能夠測試出這張星盤能否反映出當中的特質。當然我們也可以觀察全球股市大漲大跌的日子，看看當時的新月或滿月是否落在這星盤的重要位置。

另外，我們觀察到這星盤中有著木土相位，在之前的內容中，我們已經討論過木土相位對經濟景氣循環影響力有多強大，而在交易市場星盤或公司盤中，越是有木土相位的星盤，越能夠反映經濟活動的特質。當然這也有機會暗示了這交易所成立後五年左右，也就是木土上弦四分相的時候可能會遭遇危機或發生重大事件，但換一個角度看，香港證券交易所的第三次合併發生於木土合相的階段，全世界不論是美國、英國、歐洲還是上海股市如果出現了一些

狀況，香港股市也都會跟著震動，這能夠反映出香港股市的敏感度。

除了交易市場的首次交易星盤外，我們接下來會討論另一個重要的星盤技巧——從公司成立日期去建立星盤，並觀察當中暗示的影響。大家應該都知道上市跟成立不一樣，我們需要的是公司成立的日子，如果能夠找到那當然最好，但問題是很多人找到的公司成立資料都只是公司登記日期，那麼我們要怎樣觀察呢？這時候，許多占星師會使用中午十二點去繪製星盤，在邏輯上這做法是被認可的，因為中午是一天中最活躍的時刻，也是太陽日正當中的時刻，當公司把資料送到商業登記的時候，它會有一個登記的日期，但那只是核可日期，官員蓋章確認公司正式成立。大家不妨想一下，老闆能否知道自己公司是在哪一刻誕生的？應該不知道對不對？所以，這時候有一些不一樣的討論。第一，如果這是一家小公司，或在成立一天、登記之前有辦成立活動或宣告儀式的大公司，例如你在 11 月 2 日上午 10 時舉辦酒會慶祝公司成立，那麼這時候就可以被視為公司的出生時間，因為不論是否已經登記，你都在這時間宣布了公司的成立。對於公司而言，它是一個重要的歷史日期，如果你要像某些占星

師一樣使用登記日期及中午十二點的話，那我也不反對。

另外，有些人可能會問：「為什麼不使用午夜十二點？」需知道很多時候世俗占星學的星盤之所以會使用半夜十二點，例如非洲某些國家從 1965 年 1 月 1 日開始獨立宣布脫離殖民地政府，這個地方的確從當天凌晨零時零分開始成為新的個體，成為一個獨立的國家。以香港為例，香港在 1997 年 7 月 1 日凌晨宣布香港特別行政區政府成立並脫離英國統治，但是香港政府在當天凌晨一點三十分才完成宣布就職，所以對香港來說，凌晨 12 點 0 分的星盤有它的意義，1 點 30 分的星盤也有它的意義。

在這裡，很多時候一些沒有時間點的社會事件、某個法規的通過、或某法規的開始實施，因為現代人的一天是從零時零分開始的，所以很多占星師會習慣使用零時零分。但你必須知道一家公司的蓋章時間幾乎不可能在晚上的零時零分發生，我認為如果是法規這種列明在某月某日開始生效的東西，而且是二十世紀之後發生的事情的話，那麼我們可以用零時零分。你必須思考該用中午還是零時零分，我知道很多人胡亂使用中午，但很多國家的成立時間使用零時

零分，這是我們必須知道的，例如我真的不知道台灣證券交易所的時間，那麼我可能會使用中午時間，因為它不是在當天凌晨零時開始的，但成立活動的確是在那一天舉行；公司盤可以使用中午時間，我知道很多財經占星老師都這樣使用，公司很少在凌晨成立，所以我會建議不要在公司星盤使用零時零分。

另外，比較古老的占星學認為日出標示了一天的開始，不過這只是一個簡單的概念，我建議如果你找不到正確時間的話，不妨還是選擇使用中午，但要注意它的準確性相對沒那麼高，這是你需要注意的。當我們觀察的是公司盤的時候，要非常小心謹慎。

如果一家公司推出股票的時間有紀錄的話，那麼所有在證券交易所的股票都會登記其上市日期，我們可以從上市那一天開始交易的時間，做為這家公司股票上市的時間。此外我們也可以同時參考兩件事情，一個是這家公司可能的成立星盤，另一方面是這家公司股票上市的日期時間。

在下頁（圖 04-37）我們看到雷曼兄弟在紐約證交所上市那一天的星盤，它們曾經發生過多次合併及拆股的過程，最後一次是 1994 年 5 月 2 日。我

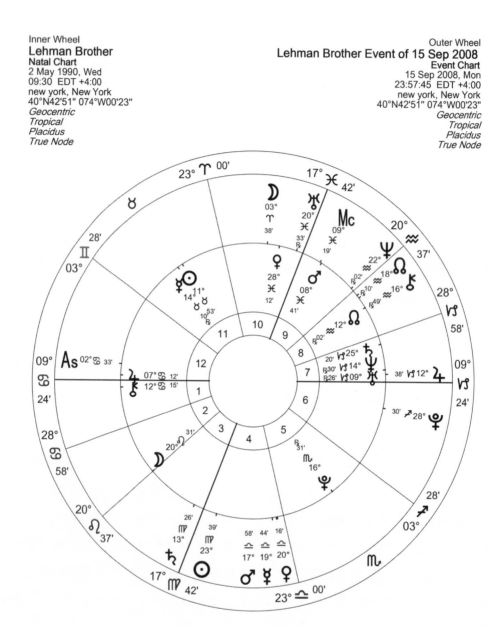

Inner Wheel
Lehman Brother
Natal Chart
2 May 1990, Wed
09:30 EDT +4:00
new york, New York
40°N42'51" 074°W00'23"
Geocentric
Tropical
Placidus
True Node

Outer Wheel
Lehman Brother Event of 15 Sep 2008
Event Chart
15 Sep 2008, Mon
23:57:45 EDT +4:00
new york, New York
40°N42'51" 074°W00'23"
Geocentric
Tropical
Placidus
True Node

（圖 04-37）

們都知道雷曼兄弟在 2008 年的金融風暴中所發生的事情，對於我們來說這相當重要，它在 2008 年 9 月 15 日破產，當時香港及台灣有相當多的投資者因為投資了雷曼兄弟的迷你債券或連動債券而受到影響，引發相當多的抗爭，當時台灣也發生了許多抗爭，一年後當我去香港的時候，仍然看到有抗議者坐在花

旗銀行外面。記住，我們必須知道上市的時間，也需要知道公司的首次交易時間及歷史高低價位。

我們知道雷曼兄弟於 2008 年 9 月 15 日倒閉，左圖（圖 04-37）內圈是雷曼兄弟首次交易星盤，外圈則是它宣布破產那天的行運星盤。那天落在天頂的行運天王星是相當重要的位置，而那天同時出現了日天對分，很多重要事件都有這個相位；同時這一天也是滿月，月亮非常靠近天王星，這時候我就會懷疑雷曼兄弟有沒有位於 23 度的行星：雷曼兄弟的海王星落在魔羯座 23 度，而南北交點軸線也在 23 度的位置，這都是值得我們觀察的。

注意，無論如何都請不要忽略傳統守護星，例如在這星盤中，天頂在雙魚座，其傳統守護星是木星，現代守護星則是海王星，我知道很多人會不習慣使用傳統守護星，要注意這個部分，注意行運木星正在下降點附近，土星也即將過天底，木星、土星及天王星基本上形成了一個寬鬆的 T 三角，並且同時遇到了滿月，對於一個占星師來講這幾個星象就已經足夠了。此外，行運土星也對分本命土星，是土星半回歸，這也是重要的日子。

所以，當我們找到一隻單一股票的上市時間的時候，我們可以用非常簡單的行運法則去觀察，只要你有步驟跟邏輯就可以，如果你們不知道哪些影響是最強烈、最重要的話，那麼你們就會失去判斷的準則。不要因為水星金星同時來到天秤座 19 度並四分海王星、月亮在雙魚座 27 度合相天頂就認為市場會怎樣，要記住內行星的這些相位都只是一個小小的觸發動作，如果沒有天王星合相天頂、沒有土星靠近天底、木星沒有在下降點的話，滿月、火火對分、土土對分這些都不會是最重要的暗示，即使冥王星靠近銀河中心也是一樣。

我把 2006 年至 2008 年的信貸危機跟冥王星經過銀河中心掛勾，2016 年 9 月火星也會經過銀河中心，大家要記得分清楚輕重，記得一定要先判斷外行星的影響，例如天冥四分、冥王星靠近銀河中心、同年即將形成的土天對分及木土三分，記得不要因為是三分相或六分相就掉以輕心，行星只要有接觸就會有反應。

在分析完外行星的狀況之後，我們可以開始觀察內行星，水金在天秤座 19 度合相，這組合相跟本命火星有寬鬆的對分相，當然這組水金合相同時也合相行運火星，除了內行星外，最重要

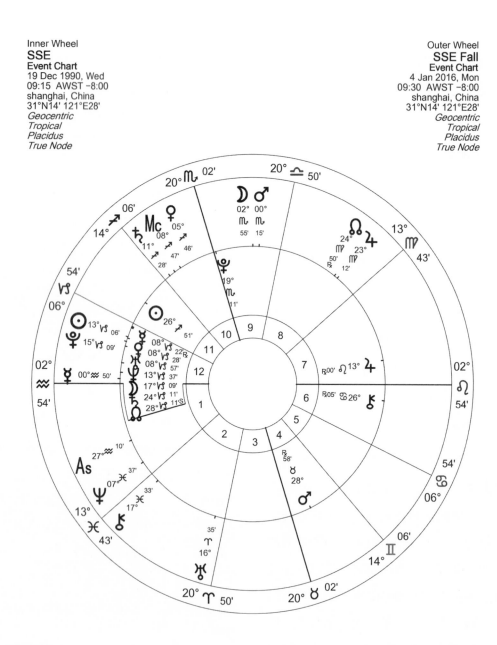

（圖 04-38）

的莫過於月相，我們要觀察月相的位置
有否觸動什麼，而在上頁圖中（圖 04-
37）明顯是有觸動到，滿月將會發生在
23 度，貼近天頂天底軸線，同時也貼

近天王星，這會是一個能夠影響股價的
重要指標。

　　我們可以用同樣方法，去觀察

2016 年 1 月 4 日上海證券交易所大跌當天的狀況（圖 04-38）。首先，就像之前所講，先觀察外行星的狀況，記住外行星位置、星座、相位是分析的基礎，是最重要的根基。行運冥王星落在魔羯座 15 度，這張上證成立星盤有沒有行星落在這位置附近呢？我們看到海王星跟月亮都落在這裡，月亮相當敏感，它代表人民，也代表這交易所的股民，而它跟火星同時都守護這星盤的天頂的守護星；海王星在雙魚座 7 度，它會不會影響上證星盤的行星呢？目前不算有直接的影響；天王星在牡羊座 17 度，同樣影響上證的月亮；土星在射手座 11 度，三分本命盤的木星，木星是上證的二宮守護，它在這裡非常的重要。行運木星來到處女座 23 度並合相北交點，木星合相北交點的確有一種發展的意味，但畢竟木星同時三分了上證的土星，整組相位都同時影響著北交點；加上木星正在處女座，另外木星北交點也三分了上證的火星，火星是天頂守護，我覺得這統統都是需要注意的。

上證的土星在魔羯座 24 度，兩者形成三分相，注意，這裡行運木星跟本命土星三分，行運土星也跟本命木星三分，如果你依照古書所言，認為三分相就是好的話，那麼在這裡你會做出一個

完全錯誤的判斷，我不是說三分相就一定是壞事，但是要記住這畢竟是木星跟土星的接觸，是兩個行星之間的相互作用，木星是發展，土星則是限制，所以這一定會有一些影響。當然，我們也要相當注意這裡的土天三分、土海四分及天冥四分，記住土天雖然是三分相，但有接觸就會有影響，所以不要掉以輕心。

當我們解讀完這些跡象之後，接下來要觀察內行星，我們看到行運水星在水瓶座 0 度合相上升點，正如我們之前內容討論過，這一天的水星相當接近停滯狀態，這絕對會帶來影響，它會是一個觸動機制。行運金星在射手座 5 度，沒有太重大的影響；火星在天蠍座 0 度，一般來說這是一個不錯的火星位置，但是它明顯地跟行運水星形成緊密的四分相，記住火星是上證天頂守護之一。

我們也提及過，在古代天頂跟天頂守護星象徵了獲利、利潤，是投資的收獲及盈利，著名財經占星師 Louise McWhirter 認為紐約證交所的天頂非常敏感，每當有行星影響的時候，通常就會有非常多的買賣或非常多的股價落差出現，特別是當新月及滿月影響天頂的時候。例如當它們發生在天頂天底軸

線，或者當它們跟天頂或天頂守護星產生相位的時候，這些都會是紐約證交所敏感的時刻。我們可以運用同樣技巧，把新月及滿月套在其他證券市場星盤之上做出觀察。

接下來讓我們練習一下，運用附錄的表格（請參閱本書第 295 頁附錄表單）做出分析，這表格乍看起來細節相當多，但如果你有認真閱讀本書的話，你應該會發現這表格的架構順序其實正正是從大格局的外行星開始，並運用我們所討論的技巧慢慢收窄範圍而得出的判斷方向，它應該是一份對大家相當有用的表格，你也可以把自己認為重要的資訊加進去。

關於證券星盤及證券市場星盤中宮位的定義，其實跟公司星盤十二宮的定義一樣，我們同樣需要注意四個角落，要記得象徵獲利狀況跟利潤的天頂十分重要。

• 第一宮是公司的整體跟門面。

• 第二宮是公司的資源。

• 第三宮是這家公司的通訊、文件、溝通，但我認為不太需要注意這一宮。

• 第四宮是這家公司擁有的物業及資產，在傳統占星中，第四宮象徵這家公司正在進行買賣中的貨物的狀況。

• 第五宮可以不用太在意，因為它象徵的是娛樂遊戲，除非你要觀察的是一家演藝公司。

• 第六宮通常是它的員工、下屬、工會。

• 第七宮是這家公司的競爭者。

• 第八宮是這家公司對外投資的狀況，例如跟別家公司的合作資產，或是它手上持有的別家公司的股票。

• 第九宮是這家公司的遠洋貿易及國外關係。但別忘記第九宮同時也象徵了這家公司的法律事務，可以觀察這公司有沒有違法的事情，如果南交點、火星、土星經過軸點或是在第九宮、第一宮或天頂的話，有時候暗示公司有違法的行為出現。

• 第十宮象徵獲利，是眾人關注的焦點，它也象徵老闆還有跟政府的關聯。

• 第十一宮象徵公司內部的福利委員會或工會，但有些時候公會也可能由第七宮所象徵，如果要觀察一家公司當

下面對勞資糾紛問題的態度，注意它的六宮、七宮及十一宮狀況，因爲這些位置都可以代表公會組織。

在傳統角度上，第十一宮的確是公會本身，但從公司的角度出發，如果公司把工會視爲大敵的話，那麼公會就應該由第七宮所象徵；至於爲何牽涉第六宮，原因是公會由員工所組織，如果是公司上市圖的話，注意第十一宮的象徵，而如果你觀察的是公司本身星盤，我會認爲公會其實不太像由第十一宮所象徵，因爲第十一宮通常是一個對公司有利的地方，跟工會的角色不太吻合。

• 第十二宮是隱藏的敵人或這家公司的內部問題，第八宮跟第十二宮是一個陷阱的位置，也是傳統占星學中不太好的宮位

此外，公司的產品研發我傾向著眼於木星、天王星及第十一宮，公司未來發展方向我也會觀察第十一宮。

相信大家都已經掌握觀察上市圖的技巧，記得套用之前所討論的預測技巧，按部就班的做出分析。來到這裡，大家應該已經能夠對於經濟市場做出不同時期的預測。新月、上弦月、滿月及下弦月的時候，記得要注意股票市場的變化，但同時要記住月相只是表象的活動，真正應該著眼的地方是導致這些大漲或大跌的外行星因素所帶來的、更長期的影響。占星底子越好，對財經占星的判斷會越全面。

✳ 大循環：高價圖與第八泛音盤的應用

本書中所討論的財經占星學預測技巧，坦白講需要大家不斷反覆練習、不斷應用，如果你眞的有興趣進行練習及研究的話，你可以找一個有興趣的研究對象、股票或商品，並研究它相關的資訊，從中你會有越來越多的心得，也會越來越掌握到各種技巧如何使用。例如有些人可能不看好黃金價格，但是我們其實可以找出這些商品或投資目標的價格起伏翻轉時間點，如果你有學過一些投資技巧的話，就會發現我告訴大家的內容有其根據。

我仍然記得當年自己第一次教授的財經占星課課程完結後，有同學告訴我他現在終於知道某位投資老師發展的某種時間跟圓弧相關技巧，其理論出處來自哪裡。在這裡我必須重申我只是占星師，不是股票投資老師，所以我研究的對象是占星學的內容跟投資市場起伏之間的關聯，我本身有做一些投資，但畢

竟我不是專業投資人，而這本書的財經占星學預測技巧，只是我盡力協助、提供大家能夠使用的工具，以助大家預測重大的轉變跟起伏。

我們之前了解到首次交易星圖的原理，它是某檔股票第一次在某市場上市開賣的時間點，那是它的誕生日期及時間，我們可以根據這日期看到行運對它的影響。我們也可以用某個投資市場或某個指數開始的日期畫一張星盤，注意這張星盤中是否有重要的外行星（火星、土星至冥王星及凱龍）出現在四個軸點，日月蝕、新月及滿月是否接近軸點，以及是否有強烈相位接近這軸點，這都可以給我們重要的觀察。非常著名的財經占星師就指出了美國紐約證交所通常會在新月或滿月、有火星接近天頂的時候出現劇烈的指數變化，這些都是我們在上一章結尾部分曾經討論的。

我們接下來會延續對於單一投資目標（單一股票或商品）的研究，首先我會從占星師們比較習慣的技巧開始，然後帶進一丁點的姜恩技巧。事實上他的技巧不難，但是需要非常多的想像力，這也是為什麼很少人能夠真的掌握到他的精粹。姜恩是一個充滿想像力的投資人，他巧妙地把占星跟投資的概念結合在一起，如果你有看過他的著作或傳記就會明白這一點，事實上他的理論內容有非常多是從占星學內容演化衍生的。

我們知道如果研究的市場是一個國家，那麼國家盤及世俗占星學中的各種星圖技巧，便能夠突顯出這個市場的劇烈變化。如果要觀察的是一檔股票，假設是中國國航的話，那麼我們首先要知道的是首次交易圖將會跟這檔股票的起伏有關，但股價頭上往往有一個咒——整個國家的大環境、經濟狀況及相關產業會對它有影響，我們必須記住這些大格局及脈絡才能謹慎準確判斷。

例如，假設整個市場當下是下跌的，但這檔股票成立的時間跟行運行星有著良好相位，而且行運木星跟它的太陽或金星有寬鬆的良好相位，那麼你就知道當整個市場下跌的時候，這股票仍然是有機會上升的。這時候你必須結合現實層面去觀察研究，要看它在新聞中的表現是否值得投資，所以你必須結合占星學跟投資的觀察。占星學是幫忙你觀察、判別危險的輔助工具，但這不代表你不需去學投資人都懂得的投資技巧。這也是為什麼我一直強調這本書不是教你如何選股，因為如果你連那公司做什麼生意都不知道的話，我真的很懷疑你怎麼敢用自己辛苦賺來的錢去投資它。

我們之前討論過首次交易圖，那是根據一個市場或公司首次交易時的年、月、日、時間及地點去建立的一張星盤。現在我現在要帶給大家另一個概念——高價圖及大循環，雖然我叫它高價圖，但事實上高價圖包括了高價及低價，它背後原理其實非常簡單：特殊的紀念日往往有重要的意義。更有趣的是，在股票或大盤上，紀念日也有其顯著的影響。

我曾經透過紀念日效應搭配姜恩技巧，找出過原油及黃金價格的變化時間點。一檔股票除了其上市日之外，有哪些事情發生的時間點最為重要？停牌、復牌、重組及公司成立日，在進行股票投資買賣的時候，我們要優先考慮股票上市日期，如果公司重組，或者股票有新的變化發生的話，這些發展有時候會被視為階段性的日期。通常一檔股票上市之後，無論它重組還是怎樣，只要它沒有產生重大影響，我們都會續用原有的日期；如果它停牌後再復牌，我們可以考慮使用新的日期，但原有日期星盤仍然會有影響。

有些人可能認為最重要的是「突破價格壓力點」，這概念非常的棒，但事實上我們要預測的正是如何突破這些壓力點本身，所以我們真正在意的是，當一檔股票或一個大盤來到歷史上的敏感點，或當看到一些人分析大盤或股票時提起曾經在某年某日來到最高點、觀摩現在能否突破的時候，這些字句都是我們日常在新聞中經常聽到的。歷史高點是大家印象最深刻的，當價格來到歷史高點，市場會出現不同反應，在真正市場分析中，歷史高點是一個非常重要的指數，它是重要的轉折點。

假設當市場來到歷史高點然後開始跌到幾年內低點的時候，我們可能又會期望它是否觸底反彈，所以在一般的投資學中，歷史高點及低點的指數是需要相當在意的敏感指數。當投資的時候，日期越接近發生這些歷史高點或低點的紀念日指數，投資人與分析師就越見緊張或興奮。但問題是我們在乎的不是這指數，而是在歷史上的哪一天這股票來到高點或低點。你可以不使用高點的時間點，例如上海指數在 2007 年 10 月 18 日上午 10 點 18 分創下高點，你可以不這麼準確，可以用這一天的開盤時刻去研究就好；我們也可以用歷史低點的時刻做目標研究，這也是接下來我要帶著大家研究的第一個內容。

坦白講，雖然我比較喜歡研究商品跟共同基金，不太喜歡投資股票，但道理是一樣的，股票、大盤、黃金、原油

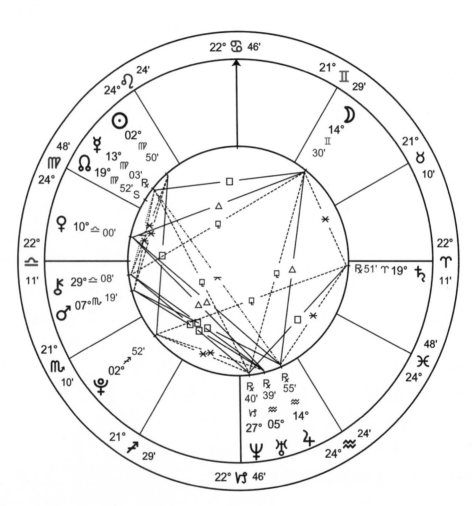

Taiwan 1997
Event Chart
26 Aug 1997, Tue
09:15 AWST −8:00
taipei, China
25°N03' 121°E30'
Geocentric
Tropical
Placidus
True Node

（圖 04-40）1997 年 8 月 26 日台灣股市圖。

的最高日跟最低日都是同樣道理，都相當值得我們研究。

如果你觀察的是股票或基金，你可以使用那一天開盤的時間，而我也真的沒有觀察過最高點一刻或最低點一刻那個時間點的星盤，你們如果有興趣的話可以研究一下，它們說不定也有一定的

研究價值。上圖（圖 04-40）是台灣股市於 1997 年 8 月 26 日來到高峰時的星盤，使用的是開市時間；事實上，在這種使用開市時間的星盤，我很少會把太多的注意力放在四軸上，我知道很多人會這樣觀察，並認為土星合軸下降怎可能會造就高點的誕生。關於這一點，大家應該思考一下：如果我正在觀察的是一檔股票或市場從最高點到最低點的變化，那麼，請問我在觀察的是長時間還是短時間的狀況呢？那當然是長時間的狀況，所以，每當在占星學中聽到長時間變化的時候，幾乎可以忽略內行星。事實上，接下來我們必須觀察的標的有三個：短時間注意太陽、長時間注意木星跟土星。

太陽的確帶給我們非常多的指標，但如果我們觀察的是長時間的狀況，那麼成為焦點的會是木星跟土星，除非你在那天星盤中關注到其他的特色。記得要找出你想要投資的目標它在達到最高點當天木星跟土星的位置，所以當我們觀察台灣股市的時候，我們就必須記住1997 年 8 月 26 日，也就是台股攀上歷史最高點的這一天，好讓我們可以建立星盤做出全面性的觀察；同時要記住我們可以忽略星盤的四個軸點，它們在這裡不太重要。這時候，我最在意的是哪些行星有強硬相位，而我更在意的是木星跟土星的位置。

接下來，我們會從最簡單到最複雜的方式做出觀察，最簡單的方式是當往後木星或土星來到跟這一天星盤的木星或土星產生強硬相位的時候，那就暗示著這一天的歷史記憶會被觸動，也就是說很有可能這一天股市會有一些激烈的反應，讓人非常興奮或緊張，這種反應多半會維持一段時間。假設木星在水瓶座 14 度，它的對分相位置是獅子座 14 度，四分相位置是金牛座及天蠍座 14 度，它提醒我們每次行運木星或土星來到以上這些位置的時候，這個效應就會被觸動，並出現占星學上的共鳴效應，道理就像我剛解釋的紀念日效應一樣，角距容許度可以使用 1 至 2 度。

由於我們這裡強調的是紀念日效應，這個星盤的紀念日效應位置是固定星座 14 度 55 分，我們嘗試以這星盤中的木星位置為基礎，當行運木星及土星來到剛才我們所講的對分相及兩個四分相位置、並觸動星盤中的本命木星的時候，它就會是一個大盤翻轉的時刻，會是台灣股市相當敏感的時間。在未來的日子中，不論是木星還是土星來到固定星座 14 度附近位置的時候，它都會跟台灣歷史高點這一天產生衝突並引起強

烈的共鳴，這可能是激烈的上漲或下跌；至於土星也一樣，於第 256 頁這張星盤中（圖 04-40），土星在牡羊座 19 度，所以最簡單的紀念日效應位置就是開創星座 19 度的位置（也就是對分相位置及兩個四分相位置）。因此，我們可以大概推測固定星座 14 度跟開創星座 19 度會是敏感位置，這些位置很可能是台灣股市的敏感點——這會是我們觀察的基礎，當然我們也斷不能夠單憑一張星盤就斷定一切。

除了合相、對分相跟四分相之外，在財經占星學中有兩組非常重要的相位——它們是半四分相（45 度）及八分之三相（135 度），到目前為止我們已經知道的其中四個敏感點，那就是合相、對分相及兩個四分相的位置。現在我們要知道的是，在上述例子中，水瓶 14 度跟金牛 14 度之間有一個敏感點，金牛 14 度到獅子 14 度之間也有，如此類推，因此一共會有八個敏感點。

這又被稱作第八泛音盤技巧，是占星學其中一門技巧，它是根據占星學中的泛音盤理論而產生的變化。姜恩以及其他使用這個技巧的分析師製作了相當多不同的變化星盤，第八泛音盤是指你要從行星所在位置去找出它在星盤的八個敏感點，這些敏感點最易找到的是合

相、對分相及四分相所衍生的四個，那另外四個在哪呢？其實非常簡單，你只要把這四個敏感點各自加上 45 度就可以。因為當你把一個圓形 360 度除以 8，答案正是 45 度，從水瓶座 14 度 55 分往前移動 45 度就會是雙魚座 29 度 55 分，所以基本上這位置非常接近牡羊座。

當年我研究這個的時候有點心灰意冷，覺得有做跟沒做一樣，因為這彷彿告訴我們每次木星跟土星接近開創就會有變化——第一張星盤告訴我們它的敏感點包括了固定 15 度之前與及開創 19 度之前，如果你有投資台股，你真的要注意這些位置，姜恩則稱之為「38 法則」。這法則有兩個變化，第一個變化是指股價轉化之後 3 個時間單位之內會出現變化，不然就是第 8 個時間單位之內，所以股價開始下跌後，第 3 天跟第 8 天會是翻盤的時機，這是我們之前曾經討論過的簡單姜恩理論。如果第 8 天沒有出現翻盤的話，那就等第 3 周，第 3 周沒有的話就第 8 周，這是非常粗淺的姜恩理論，也是很多學習姜恩理論的人都朗朗上口的東西。

事實上，身為占星師，姜恩真正告訴我們的是第三及第八泛音盤。第八泛音盤把圓形星盤如上述分成八等分，根

據木星所在的水瓶座 14 度，我們能夠找出八個敏感點；至於第三泛音盤則是三分相的位置，從上述例子的木星出發，水瓶座 14 度 55 分的三分相位置會是雙子座 14 度 55 分及天秤座 14 度 55 分，一般學習姜恩理論的人以為三跟八只是小時、月、星期，事實上它講的是黃道上的泛音盤位置。

所謂的泛音盤講的其實就是把圓切成幾等分的技巧，雖然很多人聽過不同的泛音盤，但姜恩告訴我們，財經占星學上最重要的敏感點落在第三跟第八上面；同樣地，土星在牡羊座 19 度 51 分，所以它的第三泛音盤位置會是兩個三分相位置，也就是獅子座 19 度 51 分及射手座 19 度 51 分，至於其第八泛音盤位置，會是固定星座的 19 度 51 分與及變動星座 4 度 51 分的位置。於是，綜合這張台灣股市高價圖的木星及土星資訊，我們得出了下列敏感點：開創星座 19 度 55 分，固定星座 14 度 55 分，變動星座 29 度 51 分，變動星座 4 度 51 分。

下頁圖（圖 04-41）是 1999 年 6 月台灣股市來到另一高點的時候，我們要注意剛剛幾個敏感的時間點：注意這星盤中木星跟土星的位置，土星落在固定星座 13 度 21 分，也就是說 1999 年

的土星來到跟 1997 年星盤的木星四分相的位置，它們的確在這裡出現了一些關聯，通常我不會把其他行星考慮進來，但如果是外行星的話，我也許會考慮。例如 1999 年天王星在固定星座中間，對我來說那是非常重要的；同樣地，在分析這些跡象的時候，我們要問自己有沒有一些其他行星的效應是需要注意的。

另一個是 2007 年 10 月 8 日台灣股市開市時間的星盤（第 261 頁圖 04-42），木星在變動星座 15 度，土星在變動星座 4 度，在這幾張台灣股市來到最高點位置的星盤中，我們都看到了類似的木星土星呼應。

剛剛說過的 H38 法則（第三泛音盤加上第八泛音盤）可以應用到所有的高價圖及低價圖中，同時我們也要習慣去思考黃道上的第三泛音位置及第八泛音位置。在姜恩技巧中，他最後把這變成了另一個概念，包括時間及價格上的概念，但他仍然是以 3 跟 8 做基礎。事實上，我們可以從歷史高點及歷史低點的木土位置所衍生的第三泛音盤敏感點跟第八泛音盤位置敏感點，去得知變盤或波動的時間點，這是比較長時間的、跡象比較明顯的。

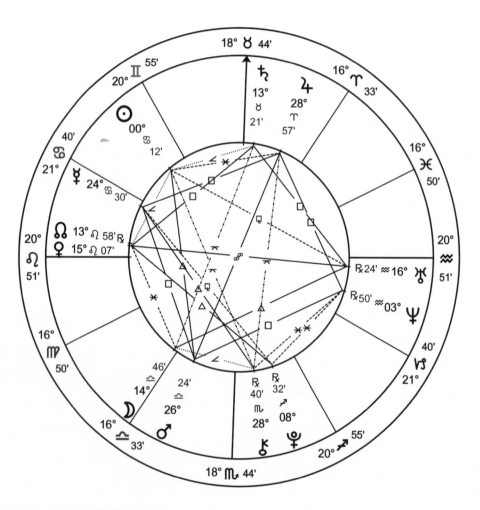

Taiwan 1999
Event Chart
22 Jun 1999, Tue
09:00 AWST -8:00
taipei, China
25°N03' 121°E30'
Geocentric
Tropical
Placidus
True Node

（圖 04-41）1999 年 6 月台灣股市圖。

至於變盤的方向，我要老實跟你們說這其實沒那麼簡單，你也大概猜得出我的答案——你必須觀察那一陣子的走勢，其實這也是比較實際的態度。我不

能告訴你行運土星經過就會跌市，例如1997 年跟 1999 年的星盤都是高價圖，1999 年土星在金牛 13 度，跟 1997 年木星的位置形成四分相，而且我們知道

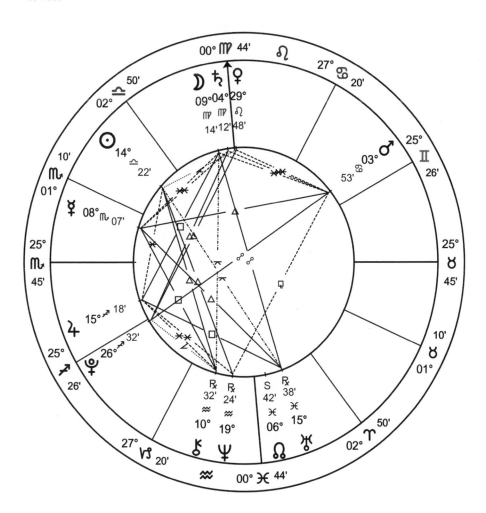

Taiwan 2007
Natal Chart
8 Oct 2007, Mon
09:00 AWST -8:00
taipei, China
25°N03' 121°E30'
Geocentric
Tropical
Placidus
True Node

（圖 04-42）2007 年 10 月 8 日台灣股市圖。

1999 年 6 月 22 日的時候台股漲到了階段性的高點，當時土星擋到了木星，我們可以推測有可能下跌；同時我們要根據當時的股票做出判斷，如果當時市況不斷上漲，我們可以推測當土星踩到木星的位置時，這個高點就有可能被攔截下來。所以你必須同時參考那一陣子現實層面的跡象，變盤點越接近，你越會

知道變盤的方向。另外，如果出現了新的歷史，那麼往後的高點很有可能被這新出現的高點所影響。

事實上，圖象星曆是非常好用的工具，我們可以把歷史高價圖或低價圖的木土位置當作是敏感點，每次當木星、土星、三王星或者凱龍來到它們的敏感點，而且你預期正將變盤的時候，你就可以抓出它的簡單時間區塊，然後再運用我們之前學習的技巧，例如新月、滿月、等等技巧縮小範圍，抓出更精準的時間點。

我們先從下面這張 1997 年 8 月的 45 度圖象星曆中（圖 04-43），找出台灣股票指數於 8 月下旬的高點位置，方法很簡單：第一，根據我們之前討論的理論，記得優先關注土星跟木星的敏感點。現在要知道的是，如果象徵這敏感點的橫線有被觸碰到的話，那可能就是市場翻轉的時間點。

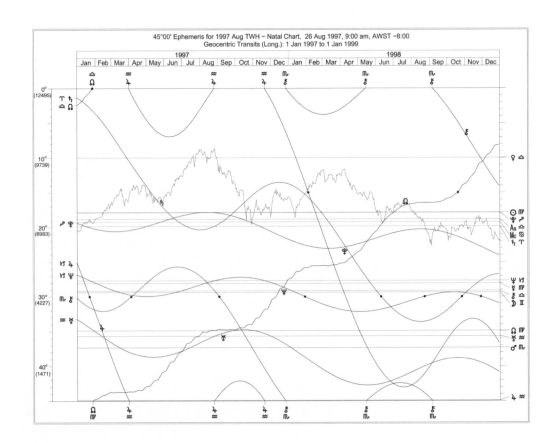

（圖 04-43）

　　非常有趣的是，台灣股市其實從最高點開始滑落，如果你是投資人的話，你會不會問：「股市會跌到什麼時候才停？」在之前的討論中，我們知道在 1997 年 8 月 22 日台灣股市的高價圖中，木星來到固定星座 14 度的位置，土星在開創星座 19 度，所以，止跌的位置可能落在木星、土星或其他外行星觸碰到這些位置的時候。1997 年 10 月 28 日的時候，木星已經從 2 度滑進來；11 月 18 日的時候，行運木星觸碰

到自己的敏感點。至於土星，1998 年 5 月 18 日的時候，行運土星開始接近自己的敏感位置，當時股市也已經漲到了一定程度，1998 年年中股市開始下調的時候，我們看到凱龍開始接近土星的敏感位置，去到 1998 年 9 月上旬最低點的時候，那裡有行運凱龍分別跟木星及土星敏感點的關聯。

　　讓我們再看看 1999 年跟 2000 年，一樣使用 1997 年的木星及土星做為敏

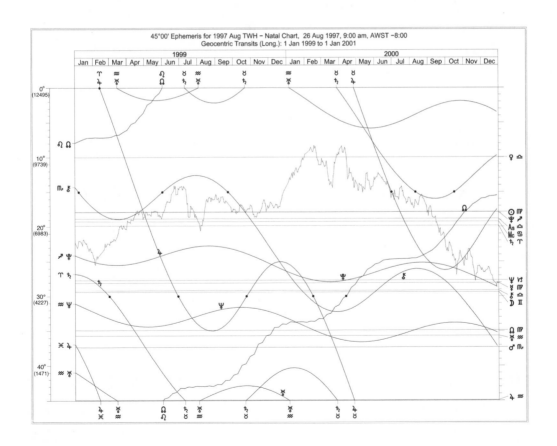

（圖 04-44）

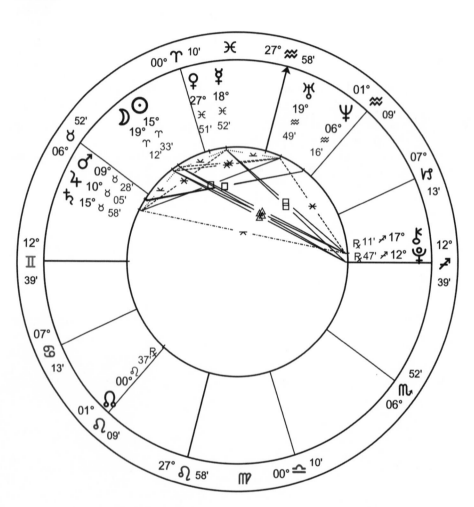

Taiwan 2000 B
Event Chart
5 Apr 2000, Wed
09:00 AWST -8:00
taipei, China
25°N03' 121°E30'
Geocentric
Tropical
Placidus
True Node

（圖 04-45）2000 年 2 月台灣股市圖。

感點的基礎（圖 04-44）。在 1999 年 2 月 3 日的時候，那是木天相位距離敏感點大約兩點的位置，不久後木星又來到自己的敏感點；2000 年 2 月 17 有一個

高點，我們也需要利用這一天去畫一張高價圖來進行研究。圖象星曆是一個比較簡單的方式，讓我們預測大概什麼時候木星土星會觸碰到敏感位置，讓我們

注意大盤也許即將轉向了。

2000 年 2 月台灣股市再次來到高點的時候，其中天王星在固定星座中間，火星來到變動星座 29 度，木星土星合相，這個合相位置雖然沒有落在剛才的敏感點，但這時候的木星相當接近 1997 年的木星。至於在 2000 年 4 月 5 日的星盤中，土星也來到了金牛座 15 度的位置，我們剛才討論過，這是台股攀上歷史高點並且準備滑落的階段，這星盤的土星映點也觸碰到了 1997 年星盤中木星的位置。由這些高價圖的示範中，我們明白到一個市場或商品高價圖，其敏感點包括了第三泛音盤和第八泛音盤的位置。

我希望告訴大家的是，在財經占星學中，被簡化為「第 3 天」跟「第 8 天」、「第 35 週」跟「第 8 週」或「第 3 個月」跟「第 8 個月」的第三泛音盤跟第八泛音盤技巧與及映點都不應該被忽略。事實上，兩種泛音盤技巧計算的是黃道中的 8 個敏感點及 3 個三分相位置，我們也討論了要同時把映點及反映點納入考量。所以，如果你明白這些方式的話，不妨開始嘗試找出你所投資的市場當中的這些敏感點，觀察你想要投資的目標，它在某一天來到最高或最低點的時候，找出當中的這些敏感

點，當外行星觸碰這些敏感點的時候，那通常會是我們需要注意的時刻。

✳ 沙羅周期及銀河中心

在個人占星學中，沙羅周期跟銀河中心這兩個主題並不特別重要，但當從世俗占星角度出發的時候，我們很有可能透過它們觀察到一些比較特殊的局勢。

沙羅周期

日蝕在意象上是「太陽被吃掉」，是不太好的兆頭。在日全蝕的十多分鐘之間，太陽會變得黯淡無光，同時也會引起很大恐慌。太陽在古代象徵君王，當太陽被擋住的時候，古人們想像太陽被怪獸或龍吞掉，占星師會在這時候向國王做出建議，以免影響其安危。於是就有傳說指國王必須於日蝕前暫時離開其王位，並且立一個假君主，待日蝕過後再把這假君主趕走。由此可見，在古代君王眼中日蝕是重要的，因此預測下一次日蝕何時發生是當時占星師的重要工作，占星師也因而透過不斷觀察整理出一套相當科學的計算方式。

簡單來說，如果今天在北京發生了

一次日蝕的話，占星師會肯定地告訴你，下一次要在北京看到相似的日蝕會是 56 年後的事。我們知道日蝕跟南北交有密切關係，地球的軸線是傾斜的，所以太陽及月亮也會圍著我們打轉，它們越過赤道並穿梭於南北半球之間，太陽也是這樣子在南北回歸線之間運行。日蝕的發生是因爲新月發生在南北交界的地方，也就是太陽、月亮跟地球軌道交會之處，屆時太陽的光線會被月球擋住，所以地球某個角落的人們會看到太陽完全被月亮擋住，這就是日蝕發生的時候。當占星師觀察的時候，他們看到的是南北交點 18 年又 9 個月的循環，他們也把這循環命名爲沙羅周期（Saros）。

天文學家及科學家把沙羅周期重新編排大概是八十年代發展的事，占星師用的是古代的沙羅周期，它告訴我們一種日月蝕發生的秩序，跟現在天文學家使用的不一樣。南北交點每 18 年 9 個月會回到黃道上同一位置，但是新月滿月也有這種循環，當它們走在一起，就會形成一個複雜的循環——歷時大概 18 年 9 個月的沙羅周期。每相隔 18 年 9 個月，日月蝕會發生在黃道上相近的度數，這些發生在相近位置的日月蝕被視爲屬於「同一組沙羅周期」，南半球及北半球各自編排了 1 至 19 號日月蝕變化。

所謂沙羅周期影響，19 年一次循環的沙羅周期會發生在黃道上同樣度數，每 54～56 年（每 3 次）會回到相近地區，並會在地球上由極地往赤道移動。我們知道最近一次全新周期發生於 2011 年，假設它是編號 5 的第一次，18 年又 9 個月後，編號 5 的日蝕會發生在相同時間的南極上空，19 年後 2029 年的日蝕會發生於再靠近赤道一點點的緯度位置，然後移動經度，2048 年又會再往上一點點然後經度移動 120 度，這 3 次日蝕都發生在不同地區，到第 4 次，它會回到黃道上 54 年前相近的地方並靠近赤道一點點的位置，就這樣一直移動到赤道，歷時將近一千多年，一直到它去到另一頭或是另一極，這個周期就會結束，同時會有新的沙羅周期在南極發生（也可能是由南往北，到赤道結束）。

同一沙羅周期的日蝕每次會移動 120 度經度，假設第一次在格林威治 0 度的話，1925 會發生的位置會往前移 120 度並往南一點，1943 又再移 120 度，最後又回到格林威治 0 度。

公元 2011 年 6 月及 7 月同時發生

日蝕，7月1日那次是日偏蝕，發生在南極附近，2029年7月11日也會發生一次日偏蝕，位置從非洲南邊移到南美洲，再下一次會發生於2047年，將發生於澳洲附近，2066年則會發生於印度洋上空——每18年9個月發生於相近日期，一邊往西移動一邊往另一極前進，每56年回到原來地點附近。

同樣地，2011年6月那一次日偏蝕正在消失，所以2028年6月那次會發生於更北邊，2047年6月它會更加接近北極，占星師用這種方法設計了19套沙羅週期，發生位置越接近赤道則越會是日全蝕。

貝爾納德・布雷迪（Bernadette Brady）是著名的沙羅週期研究者，她的一些技巧是比較不電腦化的，很多占星師都認為她的研究相當有趣，她其中一本名為 *Predictive Astrology* 的著作，其中一半章節都在介紹沙羅週期，她認為每一次的沙羅週期都會有一個所謂誕生的時候，也就是這個沙羅週期第一次在兩極其中一方被觀察到的時候，這是過去的占星師無法觀察到的。當2011年第一次的沙羅週期出現在南極的時候，很有可能就用那一天南半球的地理位置去建立那一次日蝕產生時間的星盤，並根據當時的行星相位及中點去判斷這一系列的日蝕大致上有怎樣的氛圍，我們可以使用7月11日南極的星盤，從中判斷出一些跟這系列日蝕相關的特別事情。

下頁圖SNN13是這系列日蝕的誕生星盤，編輯為南半球13。當中有土天冥日月大十字，因此，往後每18年9個月一次的日蝕都會有著這個大十字的氛圍。布雷迪會使用中點，所以我們也可以用中點去觀察這些星盤。

2016年的南半球日蝕編號為南半球18（圖SNN18），它於1096年8月20號下午6點第一次被觀察到，當時日月處女，金星巨蟹20度，水星獅子25度，我們看到木星在水瓶20度，所以當中重要氛圍會是金木150度，金星木星都跟金錢有關，這一系列日蝕也許暗示了跟財富有關的危機。同時布雷迪也用簡單的文字描述了日蝕誕生星盤中的金土中點：「這一系列的日蝕是一個象徵分手、分離、結束的日蝕，很有可能有人會離開或移民國外，政治上可能象徵時代的結束，並帶來新的機會。」

沙羅週期編號北半球19發生於2016年9月1處女座9度，它於1331年7月5號晚上第一次在北極被看見（第270頁圖SNN19），這系列的星

盤告訴我們一種踏實、把眼光放在當下的氛圍。對個人來說，這可能暗示我們看見舊有狀況如何影響我們，讓我們透過它們看到更實際的畫面，而當中的金

木土四分暗示了現實與理想的差距及對未來懷抱的夢想。

透過沙羅周期，我們可以看到

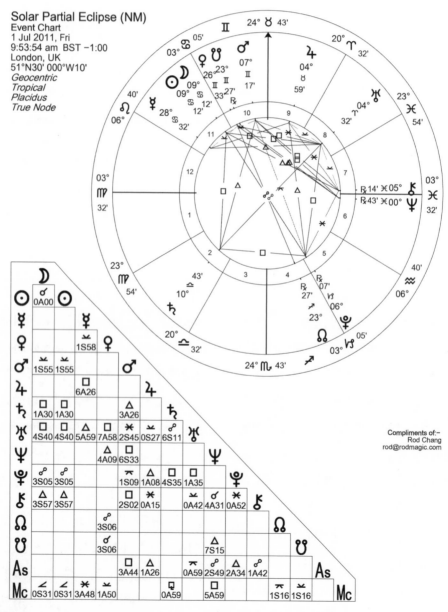

（圖 SNN13）

2016 年春天的日蝕發生於峇里島附近，它會重覆 1998 年的特質。沙羅周期第一次在兩極被看見的時間所建立的星盤非常重要，並爲同系列的日蝕帶來了近似的氛圍，這需要豐富的想像力，它同時也告訴我們每次的周期發生的第一次日期在哪裡。有些日蝕非常古老，例如在 2015 年遇到的第 18 號日蝕，它

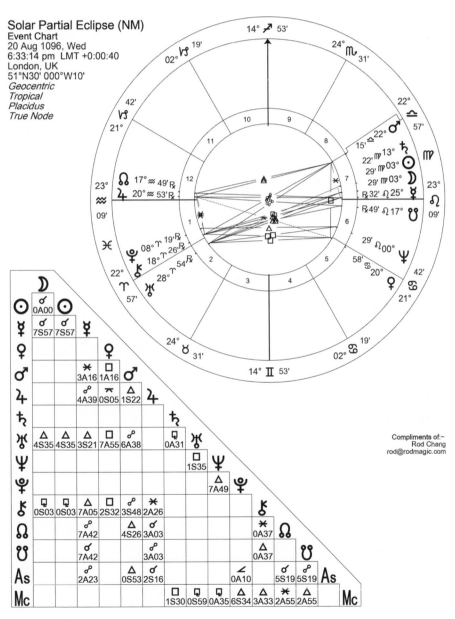

Solar Partial Eclipse (NM)
Event Chart
20 Aug 1096, Wed
6:33:14 pm LMT +0:00:40
London, UK
51°N30' 000°W10'
Geocentric
Tropical
Placidus
True Node

Compliments of:-
Rod Chang
rod@rodmagic.com

（圖 SNN18）

第一次出現在地球的時間是公元 1060
年 2 月 4 號 9 點北極，沙羅周期的誕生
星盤告訴我們這日蝕家族的特性。

2015 年 3 月我在英國看到日偏
蝕，如果我把它發生的年分減去 54，
代表這是 1961 年曾經在英國發生過的
日蝕，同樣地，如果我把 2015 加上 54

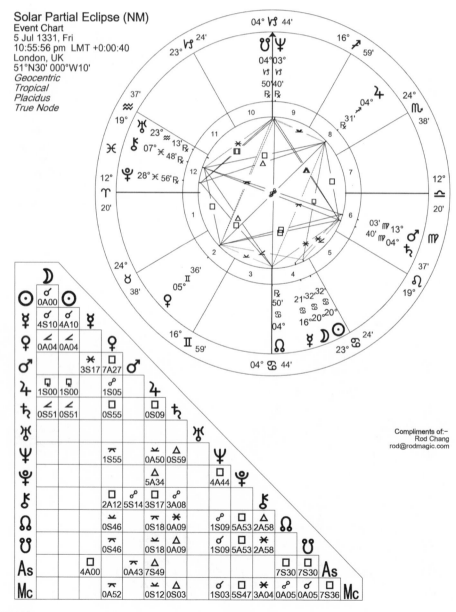

Solar Partial Eclipse (NM)
Event Chart
5 Jul 1331, Fri
10:55:56 pm LMT +0:00:40
London, UK
51°N30' 000°W10'
Geocentric
Tropical
Placidus
True Node

Compliments of:-
Rod Chang
rod@rodmagic.com

（圖 SNN19）

的話，2069 年的時候會有日蝕發生於 4 月 21 日，而且會是一次整個歐洲都看到的日偏蝕，這系列的日蝕同時也會走向北極並慢慢消失。

如果想要預測明年沙羅周期，我們可以觀察上一次同系列日蝕時的重大社會事件。1997 跟 1998 年曾經有兩項重大事件發生：東南亞經濟危機及俄羅斯經濟危機，我們目前也已經看到各地有太多經濟問題發生。

銀河中心

我們都知道地球圍著太陽公轉，它位於太陽系的特定位置，而太陽事實上也在圍繞著某更大的中心點旋轉——太陽系是銀河系的一部分。因此，如果要觀察太陽系跟銀河之間的關係的話，我們可以把注意力放在銀河正中央上。根據科學家的研究跟描述，那裡應該有一個巨大的黑洞，它有強大的吸引力讓整個銀河系圍著它打轉，從地球觀察的話，銀河中心會被投射到射手座 26 度的位置，這個位置在當代占星師眼中是相當重要的敏感點，它尤其是世俗占星研究所在。

在占星學上，銀河中心可能意味著事件發展的中心、以及事件與人們環繞

的焦點（意識與無意識的）這一類的意涵。如果你能夠讓全世界的人圍著你打轉的話，你可能就是領袖、核心、重點所在。

德國總理梅克爾（Angela Merkel）誕生於 1957 年 7 月 17 日，本命火星正好落在銀河中心；另一位歐洲領導也有火星落在這位置——普京的火星跟梅克爾的火星合相，法國總統的本命火星也在這裡，他們擔當歐洲領袖的時候，歐洲居然沒有戰爭或衝突其實還蠻讓我訝異的。另一個案例比較讓我不吃驚，羅馬天主教教宗的太陽也在銀河中心 25 度 54 分，所以我們看到這些人物都有讓人圍繞著他打轉的本事。愛德華·史諾登（Edward Snowden）的南交點及海王星也在射手座 26 度，當他洩露機密後，全世界都圍著他打轉，這裡並不限於人物，只要有行星落在射手座 25 至 27 度的話（1 度角距容許度），不論那是人物本命盤還是事件盤，它都很有可能可以運用銀河中心做出重大事件及改變。

冥王星於 2006 至 2008 年期間一直落在銀河中心，所以我們看到當時非常重要的金融危機，從歐洲、美洲到亞洲都被捲入；2001 年則是凱龍落在銀河中心，當時發生了 911 事件，所有人都

被捲入這種「生命消失」的感受。1980 年代末期，中國及東歐政局都不穩定，當時有著天海摩羯的影響，但事實上 1988 年左右這些事情就開始蘊釀，蘇聯總統戈巴契夫改革時就已經有跡可循，當時天王星都落在銀河中心。同期，台灣跟南韓也有相當大程度的政治解放；1929 年華爾街崩盤的時候，土星就正好在銀河中心，而火星每次進入銀河中心的時候我們也會提高警覺，它相當有可能是另一次危機及衝動，因為它會觸動三位歐洲領袖的本命盤。

火星會在 2016 年 9 月 20 日靠近銀河中心，但目前土星在射手座，它會在 2017 年 2 月 5 號進入射手座 25 度，整個 2017 年的二月都會停在銀河中心，一直到三、四月會開始在那裡逆行，停留在這位置一直到五月繞回射手座 26 度，於六月退出到 24 度，最後於十一月再一次經過銀河中心，這些時間點都是人們應該注意的。

每當土星經過銀河中心，像是 1929 年我們可以看到土星帶來全球的重大蕭條，1958 年當時有明顯的全球民權運動，所以我們看到每次有外行星經過銀河中心的時候，都應該注意重大事情的發生。外行星經過銀河中心會帶來這些特質：第一，所有人跟所有國家都會被捲入，圍繞某些事情打轉；第二，黑洞的特質，人們會體驗相當大的壓力，也會有看不見光芒的感受，所有東西都會被黑洞吸入並處於混沌、失控、失序的狀態，這樣的騷動會讓舊有秩序鬆動，新的秩序繼而產生。

黑洞本身是恆星的結束、死亡、崩塌，一個恆星在死亡後會產生大爆炸，那是往內的塌陷，所有東西都會被拉往那邊，然後形成黑洞，但這樣的過程同時也造就了新星系的誕生。在過去的事件當中，如果沒有 1986 年戈巴契夫的改革，1989 年就不會有東歐的政治改革，因為戈巴契夫當時鬆綁了很多事情，讓東歐國家開始想做自己渴望的事情。注意射手座 26 度的位置，所有行星進入摩羯座之前都會經過銀河中心點，如果外行星進入摩羯象徵重要世俗工作的開始的話，那麼銀河中心很有可能就是把舊有的東西打掉、鬆綁舊有秩序讓新的事物發生。這些所謂誕生在銀河中心的人物不一定會是名人，但是如果你有個人行星落在這裡的話，你很有可能運用這行星的力量，讓人們跟你合作或繞著你打轉，你也有機會成為重要人物。

這幾年，只要火星靠近銀河中心，通常都會發生一些重大的戰火，例如

2014 年 10 月當火星經過銀河中心的時候，巴基斯坦與以色列因為耶路撒冷恐怖攻擊衝突加劇，而美國芝加哥因為黑人被射殺的事件引發大舉抗議。但火星經過銀河中心歷時相當短，外行星經過時則通常會有非常重要的事情發生。

Chapter 5
2016 年變盤時刻

在這個部分，我會示範如何綜合本書中討論過的各種技巧，計算出一年之中重要的變盤時間點。

我們已經討論了相當多關於如何計算出國際投資市場變盤時刻的占星學技巧，討論過姜恩技巧跟占星學之間的連結，也有一些相當專注於占星學之上的內容。我想要提醒各位讀者，如果你想要研究變盤技巧的話，我已經說過很多次，不要跳進星盤中抓住其中一組相位，然後無限上綱說那代表變盤時刻，外行星的相位也許還有一定程度的可靠性，但內行星的話真的盡量避免這樣做。

在高價圖或低價圖的技巧中，當你看到某一組相位跟這市場的高價或低價有關的話，一般來說我都建議「從頭開始分析」，先研究這個市場或這個地方，無論你研究的是香港、中國還是美國，我們都要優先觀察日月蝕圖跟四季圖對這區域帶來的影響。要觀察日蝕圖及月蝕圖中有沒有行星落在星盤的四個軸點，如果有的話，這個行星可能會影響未來一整年的氛圍。另外，我們也可以觀察當中的第二宮，因為它跟這個區域的金融財富有關，當然也別忘了天頂，我已經多次重覆它在傳統占星學中象徵「獲利」，所以，觀察天頂跟天頂守護星的吉凶、分析它是否受到其他行星干擾會很有幫助。

當分析了將會持續影響一年及半年的日蝕跟月蝕後，接著要觀察四季入境圖。每張入境圖都會帶來持續三個月的影響，雖然我自己習慣比較著重春分圖及多至圖，但比較適當的方法是四張入境圖都要做出觀察，因為這會比較準確。看看四個軸點附近有沒有行星、跟金錢、金融及交易有關的金星的位置、第二宮及第八宮，當然不要忘記天頂、天頂守護星及木星，木星多半也跟財富有關；然後，我們可以把日蝕圖、月蝕圖及四季入境圖套到國家星盤及市場星

盤之上，例如紐約證交所的星盤，從而觀察這些占星技巧的星盤對當地的影響。

這是非常基礎的判斷，也只有進行了這些步驟，我們才能夠斷定這一季期間市場是否面臨重大變化，接著才跳到高價圖及低價圖的分析之中。

我們會以美股及上證做為分析例子，因為這兩個市場跟我們中港台地區比較有密切關聯。

✳ 2016 年紐約證交所變盤時刻

我們先觀察以紐約為基礎的 2016 年 3 月日蝕圖（圖 05-01），記住當觀察日蝕圖的時候，別忘了日蝕發生的度數，因為那個度數會非常敏感。我們都知道一張星盤有很多地方需要關注，以至於有時候連我也會一時疏忽而忘了某些重點，事實上日蝕的度數非常敏感，例如在上面的日蝕圖中，日蝕發生於雙魚座 18 度 55 分，在 2016 年 3 月 29 日，埃及發生了一宗劫機事件，當時很多占星師就指出劫機發生時金星剛好在雙魚座 19 度，當時我就想：「居然連金星觸動日蝕度數也會發生這種程度及

性質的事件。」而因為那是金星，我當時還在想至少事件應該會比較溫和，或至少會有金星氛圍的特質，然後我就從媒體那兒聽到關於這名劫機者的故事：他先要求政府庇護，然後要求跟前妻通話，據說他劫機就是為了跟前妻聯繫。

這聽起來是非常罕見的劫機事件，因為一般來說我們可能覺得劫機事件會牽涉傷亡或衝突，但這次劫機完全沒有任何人受傷，乘客還跟劫機者自拍，這的確是非常金星特色的劫機事件。我覺得當時還好是金星經過這位置，因為聽說劫機者的確有把炸彈綁在腰帶上，如果觸動這個日蝕位置的是火星的話，恐怕事情發展就不一樣了。更有趣的是，這航班原定從埃及飛往賽普勒斯，賽普勒斯是神話中維納斯誕生的島嶼，整件事情都充滿了占星學的各種符號。

如果我們觀察這時候的紐約的話，身為第二宮守護星的火星跟土星都在第二宮，這告訴我們以紐約為主的投資市場絕對需要注意，很有可能會有火星的爆衝跟土星的蕭條同時出現。另外，雖然我們一直強調影響最大的真的是靠近四個軸點的行星，但在這張星盤中我們沒有看到任何行星靠近四個軸點。

我們也可以用傳統的方法觀察天頂

Solar Total Eclipse (NM)
Natal Chart
8 Mar 2016, Tue
20:54:25 EST +5:00
New York, New York
40°N42'51" 074°W00'23"
Geocentric
Tropical
Placidus
True Node

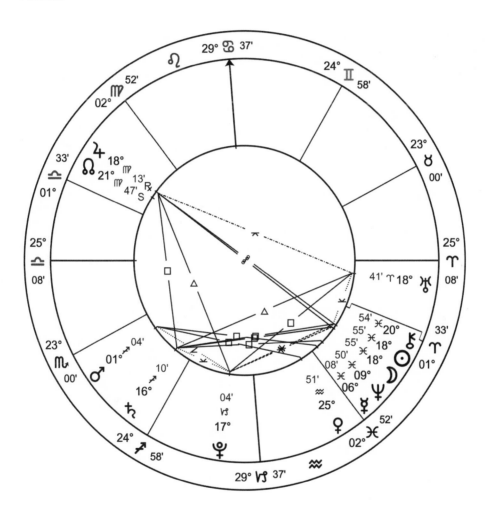

（圖 05-01）

守護星及二宮守護星，二宮守護星火星在射手座 1 度，它跟水星及金星都有相位，這可能暗示了交易上的一些狀況；天頂的守護星是月亮，月亮在雙魚座，靠近日蝕位置，這可能告訴我們這一年的獲利或許不是太好。

接著，我們觀察兩星期後的月蝕

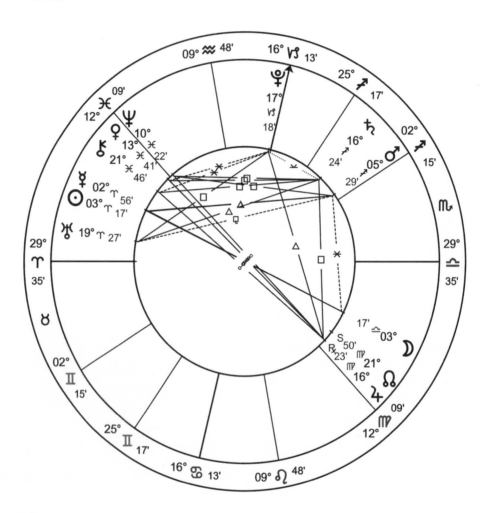

Appulse Lunar Eclipse (FM)
Natal Chart
23 Mar 2016, Wed
07:00:46 EST +5:00
New York, New York
40°N42'51" 074°W00'23"
Geocentric
Tropical
Placidus
True Node

（圖 05-02）

（圖 05-02），這星盤就更嚇人了。當中有冥王星合天頂，天王星則靠近上升點，這兩個位置告訴我們這個區域在月蝕過後的半年之內應該會有重大事件。

要注意的是，古代占星師有一種說法，在那些能夠用肉眼看到日蝕或月蝕的區域中，人們可以把接下來一年分成四個區塊，當日蝕或月蝕出現於第十宮至第

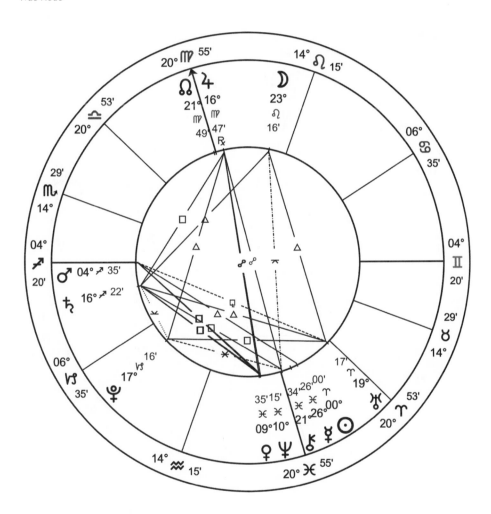

2016 Aries Ingress
Natal Chart
20 Mar 2016, Sun
00:30:08　EDT +4:00
New York, New York
40°N42'51"　074°W00'23"
Geocentric
Tropical
Placidus
True Node

（圖 05-03）2016 年紐約春分圖。

十二宮的位置，相關事件通常會於日蝕或月蝕後三個月之內發生；如果是在第七宮至第九宮之間的話，那麼它會在距離日蝕或月蝕三個月到半年左右發生。

以剛才的日蝕圖爲例（圖 05-01），日蝕發生在第五宮，所以相關事情會在日蝕之後大概六到九個月左右發生，火星跟土星落在第八宮，所以這一

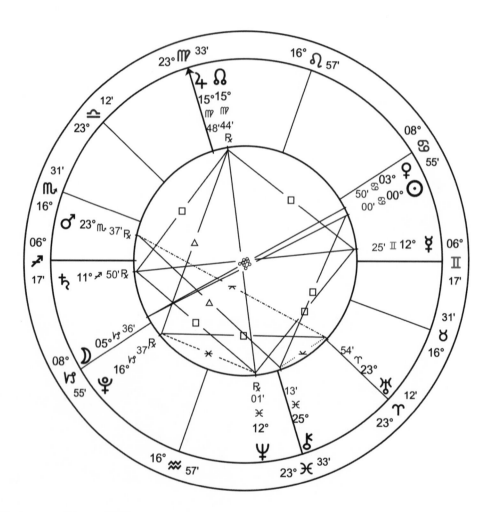

2016 Cancer Ingress
Natal Chart
20 Jun 2016, Mon
18:34:08 EDT +4:00
New York, New York
40°N42'51" 074°W00'23"
Geocentric
Tropical
Placidus
True Node

（圖 05-04）2016 年紐約夏至圖。

年不論日蝕圖跟月蝕圖都告訴我們，不論是紐約股市本身還是環球經濟狀況，都相當值得注意。接著，我們要觀察跟獲利有關的天頂守護星，天頂守護土星落在第八宮，這也許暗示了獲利與否受到別的市場的影響或左右。

上一頁是 2016 年紐約的春分圖

（圖 05-03），冥王星落在第二宮，這剛好也是美國國家盤第二宮的宮首位置。火星在上升點，要記住四季入境圖的影響並不局限於財經，所以它告訴我們 2016 年春季紐約應該會發生一些比較火爆的事件，而且它還跟金星及海王星四分相。通常火海相位會讓我們聯想到公共衛生的問題，別忘了海王星同時也跟市場有關，當它這麼靠近天底的時候，是否暗示了問題跟房屋或土地有關？而且凱龍同時也落在天底，所以我當時預計紐約證交所於 2016 年第一季就會出現明顯的變化，而且是非常劇烈的。

接著是同年的夏至圖（左頁圖 05-04），當中同樣地有一些讓我們不是很看好當季的市場狀況。凱龍賴在天底不肯走，而且注意在天頂天底軸線有一組木星凱龍的寬鬆對分相，2016 年的凱龍一直在紐約證交所的天底，木星稍後會跟凱龍緊密對分並觸動它。在這張夏至圖相當令人擔憂的是落在二宮宮頭的月亮與及落在第二宮的冥王星，而且月亮跟金星及太陽對分相，這會是一個不太好的預兆，當時很多占星師已經預言 2016 年 6 月的星象一點都不好玩，而當時的市場要預測其實還蠻有難度。

同年的秋分圖（下頁圖 05-05），

土星卡在二宮宮首，火星則同樣落入第二宮，但第三季就再沒有明顯的合軸行星跡象，這是比較讓人鬆一口氣的。木星剛進入天秤座，它算是終於脫離艱難狀況的木星，因為我們都知道處女座不是太適合它，現在木星終於離開弱勢的位置，所以我當時預測那一季或許仍然有一些低迷的氣氛，但是當我們稍後在觀察完四季入境圖、仔細觀察每一季之中重要相位形成時間點的時候，又會發現好像不是那麼一回事。

最後是冬至圖（第 283 頁圖 05-06），冥王星依然卡在第二宮裡面，水星也在第二宮逆行，土星則落在第一宮，我們可以看到水星跟冥王星位於同一組 T 三角裡面，另外兩顆行星是木星跟天王星。因為我們知道木天相位比較像是資本家得到發展擴充的一種特質，針對冥王星及逆行的水星，當時還有土天三分，同時天冥四分又開始慢慢形成，綜合來說，2016 年的危機比較集中在上半年。紐約證交所四張入境圖分別都有它危險的地方，比較輕鬆的會是第三季，冬至圖中凱龍仍然在天底附位，也是一個需要注意的地方。

財經占星全書

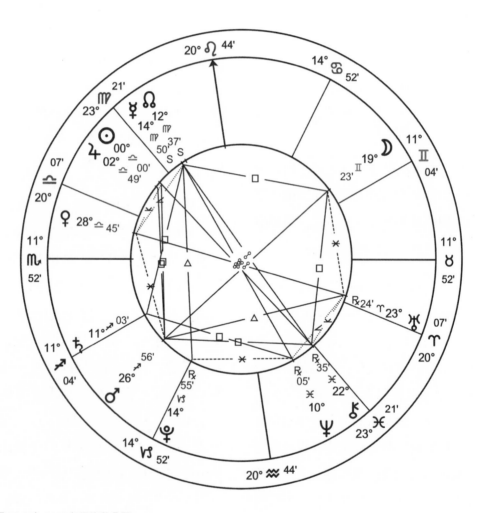

（圖 05-05）2016 年紐約秋分圖。

2016 Capricorn Ingress
Natal Chart
21 Dec 2016, Wed
05:44:09 EST +5:00
New York, New York
40°N42'51" 074°W00'23"
Geocentric
Tropical
Placidus
True Node

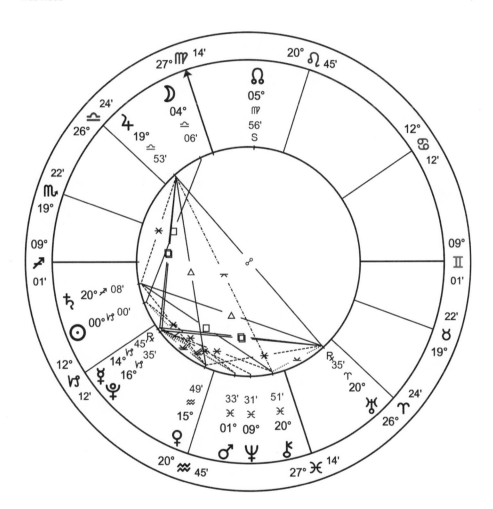

（圖 05-06）2016 年紐約冬至圖。

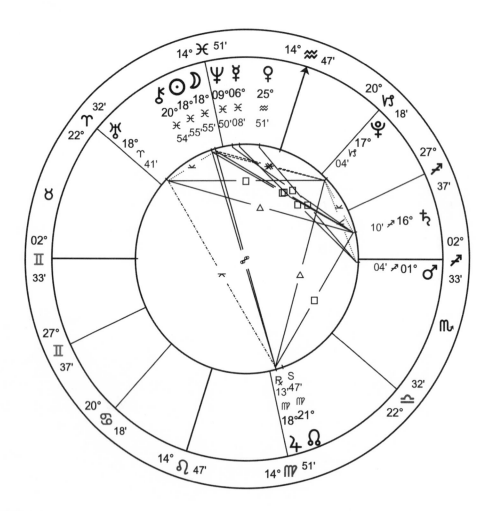

Solar Total Eclipse (NM)
Natal Chart
9 Mar 2016, Wed
09:54:25 AWST −8:00
Shanghai, China
31°N14' 121°E28'
Geocentric
Tropical
Placidus
True Node

（圖 05-07）

✳ 2016 年上海證交所變盤時刻

接著讓我們觀察上海。當我們把 2016 年的日蝕圖地點改爲上海（圖 05-07），可以看到火星合軸下降點，這就已經非常精彩了。當然，日蝕圖顯示的

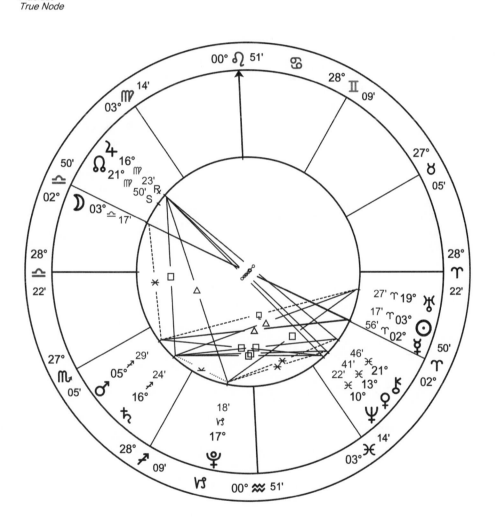

Appulse Lunar Eclipse (FM)
Natal Chart
23 Mar 2016, Wed
20:00:46 AWST -8:00
Shanghai, China
31°N14' 121°E28'
Geocentric
Tropical
Placidus
True Node

（圖 05-08）2016 年 3 月月蝕圖。

不單指經濟事件，出現在這裡的火星很有可能暗示了一些暴力事件或衝突事件出現在上海地區；第二宮的守護星水星也不是很強勢，天頂守護星土星當時正跟木星四分相，而且跟日蝕位置的日月形成 T 三角，土星是當中的壓力端點，木星的氛圍不會不存在，它的氛圍仍然會是擴張膨脹，但會讓人感到威脅。

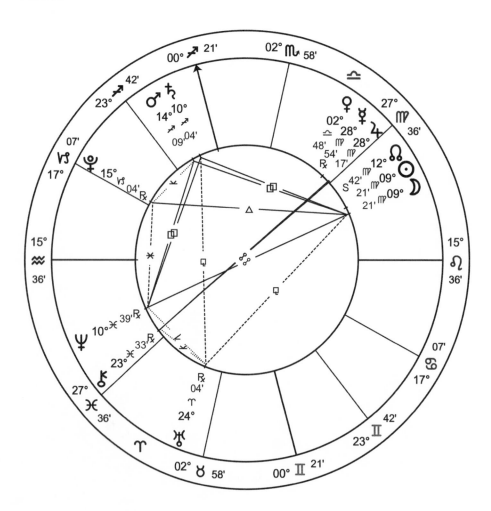

Solar Annular Eclipse (NM)
Natal Chart
1 Sep 2016, Thu
17:03:02 AWST −8:00
Shanghai, China
31°N14' 121°E28'
Geocentric
Tropical
Placidus
True Node

（圖 05-09）2016 年 9 月日蝕圖。

上一頁是上海 2016 年 3 月的月蝕圖（圖 05-08），它比較沒有顯著的影響，火土一樣在第二宮，所以三月到六月上海證券的狀況真的非常值得注意。

上面是 9 月的日蝕（圖 05-09），木凱對分落在二八兩宮，木星是天頂守護，它在處女座 28 度不算是好事情，原因首先是它弱勢，另外它也四分了

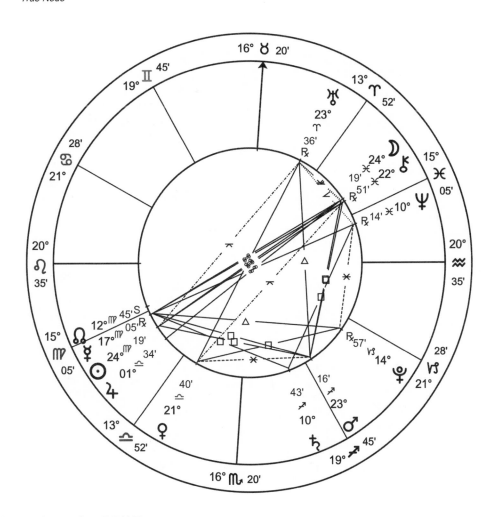

Appulse Lunar Eclipse (FM)
Natal Chart
17 Sep 2016, Sat
03:05:02 AWST −8:00
Shanghai, China
31°N14' 121°E28'
Geocentric
Tropical
Placidus
True Node

（圖 05-10）2016 年 9 月月蝕圖。

銀河中心，同時第十宮也有火土緊密合相，而且木星落在第八宮，很有可能一些一直沒有曝光的事情會逐漸被揭露。

上面這個是 2016 年 9 月的月蝕圖（圖 05-10），我們看到很多行星都跑到二八兩宮去了，綜合以上這四張上海地區的日蝕圖及月蝕圖，我們看到二宮

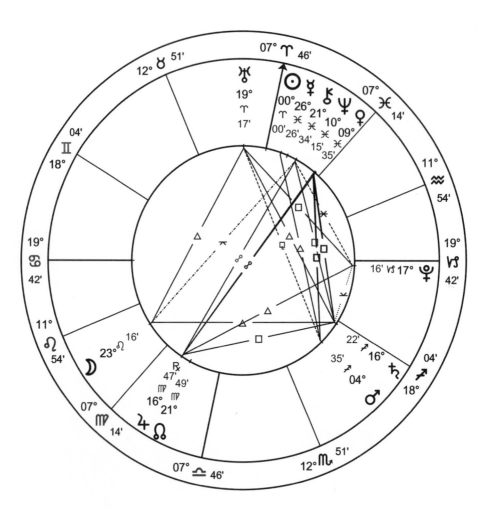

2016 Aries Ingress
Natal Chart
20 Mar 2016, Sun
12:30:09 AWST −8:00
Shanghai, China
31°N14' 121°E28'
Geocentric
Tropical
Placidus
True Node

（圖 05-11）2016 年上海春分圖。

八宮軸線的主題絕對是 2016 年人們值得注意的。接下來，我們同樣再用四張入境圖去做季度預測。

首先是上海的春分圖（圖 05-11），二宮守護位於天頂，而且這是它擢升的位置，雖然這看似對經濟會有非常正面的影響，但別忘了天頂附近同時

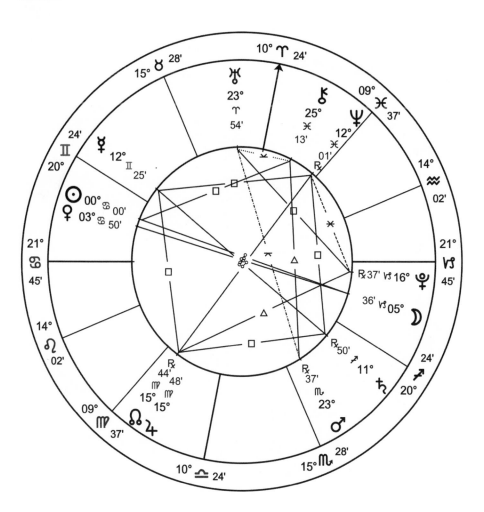

2016 Cancer Ingress
Natal Chart
21 Jun 2016, Tue
06:34:09　AWST −8:00
Shanghai, China
31°N14'　121°E28'
Geocentric
Tropical
Placidus
True Node

（圖05-12）2016年上海夏至圖。

有天王星，天王星代表劇烈的變化，所以我們可以預期它會帶來突發的震撼；同時，天頂的守護星是火星，它三分太陽，因此基本上我認為這一季上海的股市還是不錯的。

　　上圖是2016上海的夏至圖（圖05-12），首先我們看到天頂守護星火

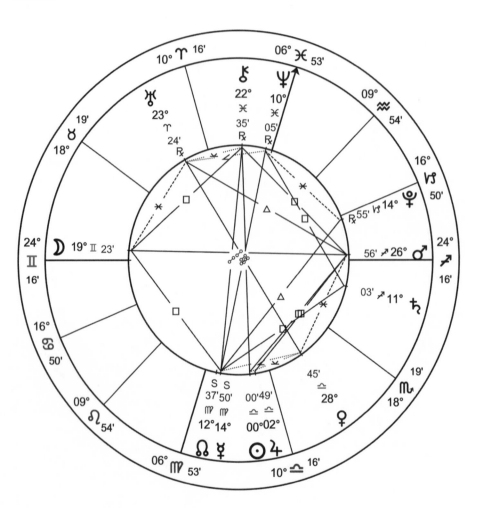

2016 Libra Ingress
Natal Chart
22 Sep 2016, Thu
22:21:06 AWST −8:00
Shanghai, China
31°N14' 121°E28'
Geocentric
Tropical
Placidus
True Node

（圖 05-13）2016 年上海秋分圖。

星在第五宮逆行，十宮依然有天王星在裡面，它象徵劇烈的變化；第二宮跟第八宮沒有行星，但冥王星相當靠近下降點，這暗示了第二季出現問題的機率可能會比較大一點；另外，土海四分落在五宮跟九宮，這會是需要值得注意的，別忘了它是比較全球性的相位。

2016 Capricorn Ingress
Natal Chart
21 Dec 2016, Wed
18:44:08 AWST −8:00
Shanghai, China
31°N14' 121°E28'
Geocentric
Tropical
Placidus
True Node

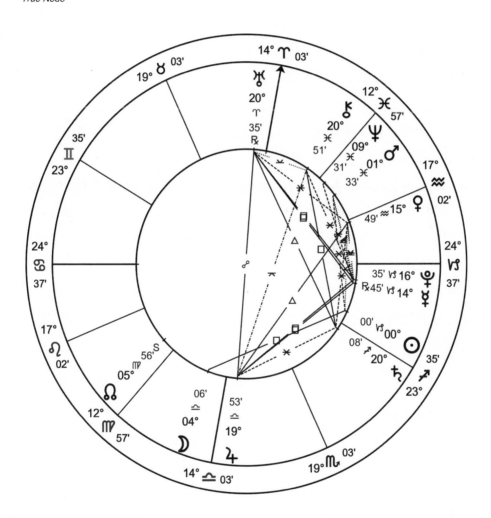

（圖 05-14）2016 年上海冬至圖。

左圖是 2016 年的秋分圖（圖 05-13），我認為這張圖相當值得一看：海王星落在天頂，而且它是天頂守護星，天頂的另一守護星是木星，正跟太陽緊

密合相，它落在天秤座並跟火星四分相；注意火星的位置，火星正經過銀河中心，記得我們在之前曾經討論過，每次當火星及外行星經過銀河中心的時

候，世界都會出現一些非常劇烈的變動。

圖 05-13 這張星盤中月亮是二宮守護，它落在上升點上面，對經濟及財富的關注會是 2016 年秋季上海的焦點所在。另外，海王星在天頂，火星在下降點，它們正呈現共軸關係，會在這裡產生共鳴。火海象徵騷動及混亂，而且這時候海王星也相當靠近南交點，記住靠近月交點的行星特質會是那陣子所有人都感受到的，海王星讓很多事情變成泡沫，這會是上海第三季需要注意的事情。海王星的另一層面是暴漲，如果整體外行星的形勢是好的，那麼的確會有暴漲的可能，但是根據行情以及到這為止的分析，我們清楚知道當下應該只是等它下滑而已，上海於 2016 年秋天期間相當值得注意。

最後是冬至圖（上頁圖 05-14），冥王星相當靠近下降點，天王星則相當靠近天頂，海王星在第八宮靠近第九宮的地方，火星在雙魚座靠近南交點；南交點有著「你過去所做的東西的呈現」的意涵，記住不要只為占星符號賦予一層意涵，南交點也不是只跟業力有關，北交點是吸收，南交點則是釋放，當海王星跟火星都這麼靠近南交點、而且都落在第八宮的時候，我懷疑重大的公共

安全、公共衛生或食物安全相關事件也許有可能爆發並影響到股市，因為這都跟火海有關。尤其冥王星同時出現於軸點的時候，我懷疑會不會有重大傷亡，這些會是第四季上海需要注意的主題。

同時，這張冬至圖是 12 月 21 日星盤，待會當檢查準確時間點的時候，我們會看到 2016 年聖誕節假期期間會有非常多的星相變動，也就是說，當聖誕節及新年假期一放完，市場可能就已經到頂，可能要救也來不及。雖然這張冬至圖會跟 2017 年最初三個月有關，但是如果你要在投資市場進行任何動作的話，也許在聖誕節之前完成會比較適合。每當看到這種長假期間有那麼多星相變動的時候，難道要等到假期完結之後才出手嗎？

接下來，我們要一步步的做出整理。在上面討論過的紐約跟上海眾多星盤中，基本上我們知道 2016 年整體來說都不算太好，但當中其實有兩個特別重要的時間點：首先是 2016 年 4 月至 6 月這段時間，當中會有相當多激烈的行星主題；另一個時間點則是第四季的時候，記得要習慣觀察日蝕及月蝕的技巧，我們會一直運用到。

2016 年 3 月的日蝕發生於雙魚座 18 度 55 分，於是，任何行星來到變動星座 18 度 55 分附近的時候都會成爲觸動日蝕的媒介。我通常建議先找出一些重要的星相，例如逆行、停滯等等，當這些星相發生的時間點一個個慢慢累積起來，我們就會歸納出一些日期，這些日期會很明顯地指出整體不算很好的狀況。同樣地，月蝕在 3 月 23 日發生在牡羊天秤軸線的 3 度 17 分，我們也需要注意這個度數，有非常多的國家成立日期在 1 月 1 日，它們的太陽多半都落在開創星座 8 至 9 度，每當看到牡羊天秤或巨蟹魔羯軸線的月蝕，我們就知道那幾乎會涉及全球，沒有人能夠倖免。

2016 年下半年的日蝕會比較特殊，9 月 1 日的日蝕發生於處女座 9 度 21 分，月蝕則於 9 月 16 日發生在處女座 24 度 17 分，距離跟銀河中心形成緊密四分相只有三度距離，如果當時有行星在這些位置附近的話，例如 2017 年 1 月水星逆行的位置會在射手座 28 度，那會帶來一定程度的影響。

根據習慣，我接下來會著手觀察上弦月跟下弦月的觸動，這是我在前面內容中沒有提及過的，也就是說，我們要找出太陽跟月亮每次四分相的時刻與度數，如果新月、滿月、上弦月或下弦月發生的位置落在日蝕或月蝕的度數的話，通常就會觸動，很多重大事件都會發生於這些時間點當天或前後一兩天。

我記得 2007 年英國的爆炸案剛好發生在上弦月，而那次上弦月就剛好觸動到那一年的日蝕，自此之後我就開始持續的觀察，並發現很多重要事件都發生於上弦月或下弦月觸動日蝕或月蝕的時候。2016 年需要注意的時間包括 6 月 5 日的下弦月到新月期間，它發生在雙子座 14 度，會觸動到 3 月 9 日發生於雙魚座 18 度的日蝕；而 6 月 12 日的上弦月會觸動日蝕點，加上海王星停滯，6 月 27 日的下弦月則會觸動日蝕點，加上火星停滯。

所以大家現在應該會明白爲什麼我之前說六月會是死亡陷阱，這時候大家可以做的是觀察市場反應，看看有沒有哪個金融機構或公司有報告要發表。9 月 9 日上弦月會觸動日蝕點，9 月 23 日下弦月也會觸動日蝕點，10 月 1 日新月會在天秤座 8 度，並寬鬆地觸動月蝕，未來一個月循環會有很大機率被影響。有趣的是，同時行運火星也落在月蝕度數上，加上冥王星停滯，我們必須特別注意這段時間，不要忘記我一直提到開創星座前面幾度不是好玩的度數，同時這一天會是中國國慶，所以如果這

時候有什麼消息的話，等到國慶假期回來之後，大家或許就來不及反應了。雖然那個月蝕點在 3 度，這次新月沒有真的很準確地觸動它，但事實上它們還是有關聯。一般來說，如果沒有其他星象的重覆暗示的話，我真的會認為不用太在意它，但這裡除了新月之外，火星同時也有觸動到，而且火星的度數真的落在月蝕點之上，而當冥王星同時也在這裡停滯的時候，加上又是中國的國慶，這意味著它的太陽回歸，國家盤的太陽回歸絕對會釋放一些訊息。

12 月 7 日上弦月會觸動日蝕點，12 月 14 日落在雙子座 22 度的滿月會跟處女座的日蝕點產生寬鬆四分相，土星射手也會與日蝕點四分，這些四分相帶來了一些緊張感，它們有機會意味著事情已經發生然後大家開始趕忙救市。最後是 12 月 29 日發生在魔羯座 7 度的新月，它會觸動月蝕，同時土星會觸動三月的月蝕點，加上天王星停滯，這也是需要高度警戒的日期。

接下來，我們會觀察 2016 年中一些重要的相位，首先是我們在這本書中已經討論了很多次的木土相位，它會在 2 月 20 日至 6 月 26 日期間出現，所以這段時間會是我們需要警戒的，越接近 3 月 23 日正相位的時間，同時也是月蝕那一天，就越需要注意。

同時 5 月 26 日會是另一次正相位的時間，這也相當接近 2016 年 6 月危機時間點的地方。此外，越接近 5 月我們越要注意，因為在接近 5 月 26 日正相位的同時，到時候土海四分相也會慢慢形成中，這絕對會添加多一層的危機。此時水星跟火星也會準備逆行，也就是說木土四分跟土海四分會同時出現；6 月 17 日是土海正相位的時間點，我們都知道要注意這一天，越靠近這一天越危險，壓力也越來越增加，6 月 17 日之後土星跟海王星就會慢慢出相位。另一個緊湊的時間點會是 9 月，那時候會有日月蝕，這個我們待會兒會再次討論到。

一般來說，土天三分相不太得到人們重視，土星可能會是拯救，所以土天相位可能會是救市。那什麼時候需要救市呢？1 月至 4 月期間沒有土天正相位出現，12 月 24 日的正相位剛好也在聖誕假期之間。中國的朋友也許需要特別需要注意土冥相位，因為如果你有觀察上海證券指數的重要變盤時間星盤的話，當中都有土冥相位的出現，所以 10 月 30 日至 11 月 21 日期間也許需要注意一下。

而土冥會於 11 月 10 日正相位，此外，出現火冥相位的夏季也需要注意。一般來說火冥相位跟油價有關，我們知道 2016 年第一季油價曾經創新低，4 月初的時候又回來一點，如果它一直回穩的話，當 5 月 17 日至 24 日（21 日正相位）火冥相位慢慢形成的時候，我們會需要注意一下；另外的火冥相位時間點會是 8 月 1 日至 6 日（4 日正相位）及 9 月 1 日至 4 日（2 日正相位），由於火冥相位會是油價變動的時間點，透過油價跟股市的互動，我們需要留意火冥相位的這三個時間點，縱使這火冥相位會是次要相位。另外要注意 9 月及 10 月火冥相位的時間點，包括 10 月 12 日至 26 日（19 日正相位）、11 月 29 日至 12 月 1 日（11 月 30 日正相位）與及 12 月 19 日至 22 日（21 日正相位）。

日金半四分相同樣是過去比較少人關注的，但透過我們的討論跟整理，現在我們應該已經清楚它跟市場之間的關係，它尤其跟上海股市有著密切關聯。2015 年 6 月上海股市崩盤的時候，當時也出現了日金相位，記住當我們在討論高價圖及低價圖技巧的時候就已經提及過，如果你不打算使用姜恩技巧，打算只回到占星學做觀察的話，注意在日金正相位那一天，市場往往會從最高點開始滑落，而在崩盤那一天曾經出現的星相，當它們再次出現的時候也往往會衍生紀念日效應。所以，當你觀察 2015 年 6 月中旬的上海股市星盤的時候，你會看到土冥相位及日金相位。

接下來我們需要整理好 2016 年所有行星停滯與順逆行的轉變日期，要特別注意與日月蝕關聯的日期。很多人覺得當行星從某某天開始逆行的話，它就只會在轉向當天出狀況，學習世俗占星及財經占星的人則相當明白，其實我們要注意的是停滯那幾天。所以，3 月 25 日土星逆行，但是 22 至 29 日期間它都處於停滯周期，3 月底的時候台灣發生了非常多的事情，那是土星停滯的時候，而且土星氛圍相當濃厚，彷彿所有人都想把對方關起來，疑神疑鬼的覺得某某有精神病要把他抓進精神病院去。我們可以看到土星停滯在射手座 16 度，那裡相當靠近處女座 18 度，也就是日蝕點的位置。記得如果停滯發生的位置相當靠近日蝕點或日蝕點、或國家星盤的行星或軸點上的話，那麼我們就要特別注意。

例如射手座 16 度是比利時的上升點，比利時在 2016 年 3 月 22 日發生爆炸案，土星在那一天開始在比利時的

上升點上停滯；更需要注意的是 4 月 6 日至 29 日的火星停滯，它發生在射手座 8 度，這位置四分了 2016 年九月的日蝕，雖然那時候日蝕還沒發生，它的影響也不會提早半年那麼多，但如果這個火星停滯發生在 2016 年 9 月之後的話，情況又會變得不一樣，或許就會更多危機事件發生。

另外，冥王星也會在 4 月 15 日至 24 日停滯，這個非常需要注意，原因是冥王星是外行星，它停滯的時間比較長，同時它會在魔羯座 17 度停滯，這位置相當接近美國國家盤的二宮宮首，這次停滯對美國相當具威脅。我不會把水星逆行放太大，而 5 月 6 日至 13 日的木星停滯發生於處女座 13 度，跟處女座 18 度的日蝕點有相當寬鬆的相位，不過因爲是木星，所以我覺得威脅一般而已。最後，6 月 19 至 7 月 11 期間的火星停滯相當值得注意，我們在之前已經討論過。

2016 年 6 月期間有很多重要星相暗示了重大事件的發生，從土海四分、加上火星停滯，然後到 2016 年 7 月 23 日到 8 月 5 日的天王星停滯，這也需要注意一下，原因同樣地是因爲它是外行星。

同時土星也在 8 月 10 日至 17 日於射手座 9 度停滯，而這時間點也相當靠近 9 月，所以它非常可能會觸動 9 月的日蝕。9 月的日蝕發生於處女座 9 度，兩者會形成正四分相，所以相當需要注意。然後 8 月 29 日至 31 日的水星停滯發生於處女座 28 度，而當這次水星逆行於 9 月 22 日於處女座 14 度回復順行的時候，它會觸動 3 月的日蝕。

總歸來說，8 月至 9 月的境況會是越來越緊張，同時 9 月也會發生一次月蝕，另外冥王星會於 9 月 19 日至 10 月 4 日期間停滯在魔羯座 14 度 56 分，這時候有日蝕月蝕的狀況。到 11 月的時候，海王星會在雙魚座 9 度停滯，這位置接近中國的天頂，並且相當緊密的觸動了 9 月日蝕的度數；12 月的水星逆行我認爲對財經市場影響不大，比較重要的是 12 月 24 日至 2017 年 1 月 4 日期間的天王星停滯，而 2017 年 1 月的水星停滯也相當接近銀河中心。

附錄表單

日期	觀察市場或公司資料		
年			
月			
日			
A. 長周期與強烈影響外行星黃道位置	星座 是否順逆行或停滯	映點	考量與判斷
木星			
土星（注意 7 年周期）			
天王星			
海王星			
冥王星			
北交點（注意獅子水瓶）			
B. 外行星之間是否有相位			考量與判斷
木土／土海／木天／土天			
北交點相位			
其他			
注意是否為 150? 270?			
C. 赤緯相位考量			
出界			
0 度			
合相或對分			

D. 日蝕月蝕		現在是否在顫動周期	
年度日蝕月蝕特點			
公司星盤是否受到日月蝕影響			
長期分析是否有利經濟發展			
E. 中短周期影響	月亮狀態		
月亮是否出界或赤緯0度			
月亮是否在靠近近地球點或遠地球點			
北交點是否停滯且準備轉換方向			
消散月到新月／滿月到下弦			
F. 內行星的影響			
內行星與外行星相位			
內行星與北交合相（包括赤緯相位）			
太陽與北交的相位			
金星相位			
內行星其他重要相位			
內行星是否逆行			
內行星赤緯0度或出界			
內行星赤緯相位			
當下是否來到了內行星所暗示的市場劇烈指標或轉向指標			

國家圖書館出版品預行編目資料

財經占星全書／魯道夫、馮少龍著. -- 初版 .-- 臺北
市：春光出版：家庭傳媒城邦分公司發行, 2017（民
106.04）
　　　面；　公分

ISBN 978-986-94595-0-1（平裝）

1. 占星術

292.22　　　　　　　　　　　　　　　　106003770

財經占星全書

作　　　　者	／魯道夫、馮少龍
企劃選書人	／劉毓玫
責 任 編 輯	／劉毓玫

行 銷 企 劃	／周丹蘋
業 務 主 任	／范光杰
行銷業務經理	／李振東
副 總 編 輯	／王雪莉
發 行 人	／何飛鵬
法 律 顧 問	／台英國際商務法律事務所　羅明通律師
出　　　　版	／春光出版
	台北市104中山區民生東路二段 141 號 8 樓
	電話：(02) 2500-7008　傳真：(02) 2502-7676
	部落格：http://stareast.pixnet.net/blog
	E-mail：stareast_service@cite.com.tw
發　　　　行	／英屬蓋曼群島商家庭傳媒股份有限公司城邦分公司
	台北市中山區民生東路二段 141 號11 樓
	書虫客服服務專線：(02) 2500-7718 / (02) 2500-7719
	24小時傳真服務：(02) 2500-1990 / (02) 2500-1991
	讀者服務信箱E-mail: service@readingclub.com.tw
	服務時間：週一至週五上午9:30～12:00，下午13:30～17:00
	劃撥帳號：19863813　戶名：書虫股份有限公司
	城邦讀書花園網址：www.cite.com.tw
香港發行所	／城邦（香港）出版集團有限公司
	香港灣仔駱克道 193 號東超商業中心 1 樓
	電話：(852) 2508-6231　　傳真：(852) 2578-9337
	E-mail : hkcite@biznetvigator.com
馬新發行所	／城邦（馬新）出版集團 Cité (M) Sdn. Bhd.
	41, Jalan Radin Anum, Bandar Baru Sri Petaling,
	57000 Kuala Lumpur, Malaysia.
	電話：(603) 90578822　傳真：(603)90576622
	E-mail：cite@cite.com.my.

封 面 設 計	／黃聖文
內 頁 排 版	／游淑萍
印　　　　刷	／高典印刷有限公司

■ 2017 年（民 106）4 月 11 日初版　　　　　　　Printed in Taiwan
■ 2021 年（民 110）1 月 15 日初版2刷

售價／650元

城邦讀書花園
www.cite.com.tw

104台北市民生東路二段141號11樓

英屬蓋曼群島商家庭傳媒股份有限公司
城邦分公司

- -

請沿虛線對折，謝謝！

愛情・生活・心靈
閱讀春光・生命從此神采飛揚
春光出版

書號： OC0077　書名：財經占星全書

讀者回函卡

謝謝您購買我們出版的書籍！請費心填寫此回函卡，我們將不定期寄上城邦集團最新的出版訊息。

姓名：＿＿＿＿＿＿＿＿＿＿＿＿＿＿＿＿＿＿＿＿

性別：□男　□女

生日：西元＿＿＿＿＿＿年＿＿＿＿＿＿月＿＿＿＿＿＿日

地址：＿＿＿＿＿＿＿＿＿＿＿＿＿＿＿＿＿＿＿＿＿

聯絡電話：＿＿＿＿＿＿＿＿＿＿　傳真：＿＿＿＿＿＿＿＿＿

E-mail：＿＿＿＿＿＿＿＿＿＿＿＿＿＿＿＿＿＿

職業：□1.學生 □2.軍公教 □3.服務 □4.金融 □5.製造 □6.資訊

　　　□7.傳播 □8.自由業 □9.農漁牧 □10.家管 □11.退休

　　　□12.其他＿＿＿＿＿＿＿＿＿＿＿＿＿＿＿＿＿

您從何種方式得知本書消息？

　　　□1.書店 □2.網路 □3.報紙 □4.雜誌 □5.廣播 □6.電視

　　　□7.親友推薦 □8.其他＿＿＿＿＿＿＿＿＿＿＿＿＿

您通常以何種方式購書？

　　　□1.書店 □2.網路 □3.傳真訂購 □4.郵局劃撥 □5.其他＿＿＿＿

您喜歡閱讀哪些類別的書籍？

　　　□1.財經商業 □2.自然科學 □3.歷史 □4.法律 □5.文學

　　　□6.休閒旅遊 □7.小說 □8.人物傳記 □9.生活、勵志

　　　□10.其他＿＿＿＿＿＿＿＿＿＿＿＿＿＿＿＿＿